参議院と議院内閣制

大西祥世 著

立命館大学法学叢書第20号

信 山 社

はしがき

　日本国憲法が施行されてから60年目の2007年に，参議院で野党が議席の過半数を占めた。同年8月，参議院議長に，同院の第一党となった野党・民主党出身の江田五月議員が満票で選ばれた。議院運営委員長は，同じく民主党の西岡武夫議員が選ばれ，野党主導の議会運営が始まった。こうした事情の下で，参議院の議会運営では憲政史上初めての経験になるか，あるいは日本国憲法の運用開始の初期には経験があったがいわゆる55年体制が確立してからは半世紀以上途絶えていた議会運営を，経験するという事態が多数生じた。その2年後の2009年8月の第45回衆議院議員総選挙によって衆議院でも議席の大きな変動があり政権交代が実現したので，事態はもう一度流動化した。民主党を中心とした政権が発足して参議院少数与党は解消したが，2010年7月の第22回参議院議員通常選挙の結果，参議院では野党・自民党が過半数を占めて再び少数与党内閣となった。その後，2012年12月の第46回衆議院議員総選挙では3分の2を超える議席が自民党と公明党で占められ，政権交代が再び起きた。参議院少数与党は解消した。

　政権交代は，大日本帝国憲法下においても経験があり，日本社会にとっては当然に起こることとされていた。日本国憲法においても，与党と野党が入れ替わる，政権交代が可能な議会制および議院内閣制が想定された。ところが，いわゆる55年体制が確立すると，一つの特定の政党が衆参両院でともに安定した与党であり続けるという予想外の事態となった。これは，自民党が過半数の議席を獲得することができなかった1989年の参議院議員通常選挙まで30年以上続いた。

　2007年期の参議院は，久しぶりにそうした日本国憲法が本来持っている性質が表れて，従来の慣例や憲法解釈が問い直される事態となった。とくに，

i

はしがき

法律案の審査，その他の議院の権限行使における衆議院との関係，責任追及や行政監視を含めた内閣との関係，予算および決算の審議を含む財政・税制のコントロール，皇室との関係が憲法上の焦点となった。しかし，参議院少数与党といういわゆる「ねじれ」国会は，数十年ぶりに出現した事態であったので，憲政の激動期にもかかわらず，当時は混乱が目立ち，それを落ち着かせるための学界からの助言や問題提起は限られたように思われる。

筆者は憲法学の研究者であるが，2007年に参議院少数与党が生じた後には政務公務員として，2012年12月に再び政権交代が起きて参議院少数与党が解消されたときは行政公務員として，この主権者国民が実行した政権交代の流れで生じた議会制と内閣の激動を間近に見る機会があった。こうした過程を通じて，国会のあり方や内閣との関係の新しい展開も見えてきたように思う。

筆者は，2007年期の激動の参議院を率いた江田五月第27代参議院議長の立法調査スタッフ・議長秘書として，議会運営の実務の一端に関わった。この時期は憲政の変動が大きく，そこで，国会のあり方や，参議院と内閣の関係の新しい展開も見据えて既成の憲法慣習を整理して執務を進める必要が生じ，参議院議長において事務担当および政務担当の秘書と別に法務担当のスタッフを身近に置く問題意識が生じたのであろう。筆者は以前に政策担当秘書資格を取得しており，それが採用の根拠となった。その仕事は，具体的には，少数与党となった参議院を運営するなかで顕在化した憲法と憲政に関する論点(1) のメモを作成して議長に提出することであった。3年間で提出したメモは50テーマ・A4判で200頁に及んだが，いずれも，そこで検討する論点について，それが実際に参議院の運営の焦点となり決着をつけなければならない数日のうちに間に合うように提出することが求められた。時には，その日のうちに処理することが求められたこともあったし，中には，想定して検討を命じられた論点が実際の議会運営では不発のままで事態が収拾されて，大急ぎで作成したメモが空振りに終わった事例さえあった。それらは目の前で

───────────────

(1)　大西祥世「参議院における憲政と憲法」ジュリスト1395号（2010年）22-30頁。

はしがき

刻々と変化して進行する事案に対応するためのものであるから，かなりのスピード感で遂行しなければならない作業であり，私にとっては連日憲法学の論文試験ないし口述試験を受けている大学院生のような忙しさでもあった。こうして蓄積された論点メモが本書の第一次稿であり，その後，内閣府での勤務を経てアカデミアに再び戻り，本書の構想が徐々に具体化していった。

筆者は，こうした憲法と憲政の実践の現場に立ち会うことで，国会の意思とは，原則，衆参両院の意思が合致することが必要であるにもかかわらず，これまでの憲法学界では，二院制も議院内閣制も，衆議院の視点からの考察が中心であり，参議院は軽視されていたのではないか，ということに改めて気づかされた。先行研究は必ずしも十分ではなく，参議院について以前に考えられていたものと実態はかなりちがうことや，議会運営における憲法慣習の豊かな知恵にも気がついた。このように実際に仕事をするなかで，おぼろげながら，参議院の実体が見えてくるような気がした。そこで，たいへん非力であるがこの状況を少しでも改善して実務と学界の間に新しい架け橋を設けたい，また，学生が憲法学や政治学を学ぶ際にも下記のような憲政の実例を示すことでその存在を身近に感じて欲しいという思いで執筆したのが本書である。

すなわち，本書は，参議院を中心に，憲法に基づいた国会や議院内閣制の運営の経過を整理して，日本の憲政の実績をまとめたものである。憲法典と憲法を比較法的に研究するのは学問の手法として当然の課題であるが，憲法学の研究と憲政実務の関係を扱った本書の性質上，諸外国のケースに基づく比較研究はそれほど簡単には扱えない。そこで，本書ではまずは日本で近年に参議院少数与党となった期間である2007年期（2007年7月30日～2009年8月30日）および2010年期（2010年7月11日～2012年12月16日）において浮かび上がった課題を中心に検討した。既出の論文は，発表後の動向などを適宜補充した。

第1章「国会の活動実態」は，参議院の実例を検討する前提として，憲法施行から70年間の国会の活動を整理した。

第2章「国民代表議会としての参議院の誕生」は，日本国憲法や国会法の制定過程および第1回国会の開会式を取り上げて，日本国憲法が参議院をど

のような位置づけをもつ議会として構想したのか，またそれを議会において
どのように実現しようとしてきたのか，日本国憲法という「原作」と議会関
係者による「シナリオ」の作成を検討した。

　第3章「議会運営による憲法慣習の形成」は，具体的に，衆参両院の議案
の審議，常任委員会，一事不再議原則，先例の形成などに焦点を当てて，日
本国憲法の実務においては下院優位型の二院制や議院内閣制が常に前提とな
るものではないことを扱った。

　第4章「両院間の意思の相違と調整」は，両院協議会を扱って，衆参両院
の意思が異なる場合の調整のあり方について検討した。

　第5章「内閣の国会に対する責任と二院制」は，参議院の問責決議を中心
に，内閣の形成にかかわる参議院の「強さ」について考察した。

　第6章「国会の予備費承諾議決と財政統制」は，予備費承諾議決や決算の
是認を取り上げて，衆参両院対等型の二院制について検討した。

　第7章「参議院と議院内閣制」は，衆議院の3分の2による議案の再可決
と国会同意人事を検討し，日本国憲法の条文を素直に解釈すると，参議院は
実は「強い参議院」として機能することを明らかにした。

　第8章「『強い参議院』と緊急集会」では，参議院の緊急集会制度は衆議
院よりも「強い」参議院として機能する一面をもつことを考察した。

　本書の検討により，日本国憲法という原作が本来予定していた参議院の位
置づけや憲法学説が原作に加えた「解釈」というシナリオ，実際の演者であ
る衆参各院の運営や内閣との関係とのギャップを明らかにして，施行後70年
を迎えた日本国憲法に新しい展望が見えてくれば，望外の幸せである。

　なお，本書は立命館大学法学会の出版助成を受け，「立命館大学法学叢書
第20号」として刊行される。

　＊旧漢字は現在の表記に改めた。
　＊衆参両院の先例は委員会も含め，衆議院は平成29年版，参議院は平成25年版
　　に基づく。議事運営の実例に関するデータは，とくに注記のない限り，参議
　　院平成22年版先例諸表および同追録を参照した。

目　　次

はしがき　（ⅰ）

第1章　国会の活動実態 ………………………………………………… 1

はじめに（1）

1　立法機関としての国会（1）

2　内閣総理大臣の指名（3）

3　討議と決定——多数決とコンセンサス（5）

4　連立内閣を生み出す要因となる参議院（9）

小　括（10）

第2章　国民代表議会としての参議院の誕生 ………………………… 17

はじめに（17）

1　第二院としての参議院の創設（18）

(1)　一院制の構想から二院制へ——参議院の創設（18）

(2)　参議院議員の選挙の方法（21）

(3)　「慎重審議の府」と位置づけられた参議院のジレンマ（26）

2　国会法の制定（29）

(1)　憲法附属法としての国会法（29）

(2)　常任委員会の設置と委員会中心主義の導入（33）

(3)　衆参両院の共通性と独自性の模索（35）

(4)　会派に基づく活動（37）

(5)　国政調査権（38）

3　会期制の導入（40）

目　次

(1)　会期の始期（40）

(2)　会期の決定と延長（42）

4　国会の始動と開会式（45）

(1)　国会の召集と開会式（45）

(2)　開会式における国会と天皇との関係の変遷（49）

小　括（52）

第 3 章　議会運営による憲法慣習の形成 ……………………………… 53

はじめに（53）

1　議会運営を支える各機関（55）

(1)　議　長（55）

(2)　委員会（59）

(3)　事務局，法制局，国立国会図書館（60）

2　議案審議における与党と参議院の一体化（63）

(1)　法律案に関する議案の処理（64）

(2)　与党における事前審査という憲法慣習の形成（65）

(3)　議案の処理に関する内閣の不関与（69）

(4)　与党事前審査による衆議院，参議院，内閣の意思の調整（70）

(5)　議員立法での事前審査と機関承認による議員の意思の束縛（73）

(6)　違憲とされた法律への対応（75）

3　コンセンサスを礎石とする常任委員会の運営（77）

(1)　議案の付託（78）

(2)　常任委員会の編成の変化による内閣との接近（80）

(3)　委員会中心主義の例外（84）

(4)　少数意見の尊重（87）

(5)　コンセンサス方式による合意形成（89）

(6)　議院運営委員会と国会対策委員会（92）

目　次

4　両院関係における一事不再議原則の処理（96）

　　(1)　「同一の議案」の意義の変遷（96）

　　(2)　二院制がうまく機能せずに，一事不再議原則の処理が問題とされた実例（99）

　　(3)　衆参両院の「同一の議案」解釈のちがい——対案か修正案か（102）

5　参議院における議事運営に関する憲法慣習の形成（106）

　　(1)　不文の憲法慣習と先例（106）

　　(2)　先例形成と2007年期の参議院（108）

　　(3)　後議の院としての参議院の位置づけ（111）

　小　括（114）

第4章　両院間の意思の相違と調整 ……………………………………… 115

はじめに（115）

1　両院協議会の成り立ち——帝国議会（116）

　　(1)　しくみ（116）

　　(2)　両院協議会の性格と，両院議長による協定（118）

2　日本国憲法と国会法による両院協議会の成立（119）

　　(1)　憲法の本則に挿入された経過（119）

　　(2)　国会法への挿入（121）

3　両院協議会のしくみ（122）

　　(1)　協議委員（123）

　　(2)　特　色（124）

4　両院協議会の運用（125）

　　(1)　初期（1947年〜1953年）の運用（125）

　　(2)　55年体制期（1954年〜1989年）の運用（125）

　　(3)　参議院与野党逆転期（1989年〜2007年）の運用（126）

　　(4)　参議院少数与党期（2007年〜2009年，2010年〜2012年）の運用（127）

vii

目　次

5 その他の衆参両院の協議機関の運用（128）

　(1) 両院法規委員会（128）

　(2) 両院合同審査会（130）

　(3) 両院合同協議会，両院合同会議（130）

　(4) 議院運営委員会両院合同代表者会議（132）

　(5) 国会議員の互助年金等に関する調査会（133）

6 両院協議会の活用への展望（133）

　(1) 参議院で審議中の法律案（134）

　(2) 協議委員の選任方法（135）

　(3) 両院協議会小委員会の設置（137）

　(4) 両院協議会における議事手続の整備（137）

　(5) 議案の範囲（138）

　(6) 合同審査会の活用（139）

小　括（140）

第5章　内閣の国会に対する責任と二院制 ………………………… 149

はじめに（149）

1 参議院による内閣の責任の追及と問責決議（150）

　(1) 貴族院における問責決議の考え方（151）

　(2) 内閣への反省を促した問責決議（152）

　(3) 問責決議による内閣の責任追及の開始（153）

　(4) 問責決議の可決とその後の大臣辞任（154）

　(5) 参議院少数与党期における政治的効果の発見（155）

2 議院内閣制における内閣の法的責任と政治的責任（156）

　(1) 問責決議によって追及する責任の内容の変化（156）

　(2) 内閣の国会に対する責任の取り方（158）

　(3) 法的責任と政治責任の関係（159）

viii

目　次

3　参議院による不信任と国会による不信任（161）

　　⑴　国会の不信任という意思における衆議院の優越とその限界（162）

　　⑵　問責決議をした参議院の責任（164）

　　⑶　信任決議との関係（165）

4　二院制の中での問責決議のあり方（166）

小　括（168）

第6章　国会の予備費承諾議決と財政統制権 ……………………… 173

はじめに（173）

1　「予備費」の性質と運用（174）

　　⑴　日本国憲法における予備費規定の制定経過（175）

　　⑵　予備費の設置と使用手続（177）

2　予備費の使用状況（181）

　　⑴　一般会計予備費の使用状況（182）

　　⑵　特定目的に使用を限定した予備費の設置（183）

　　⑶　1兆円規模の予備費の妥当性（187）

　　⑷　予算額の9割を占める予備費の妥当性（188）

3　「予見し難い予算の不足」が生じた場合の支出は，「補正予算」を組
　　むか，「予備費」を使うか（189）

　　⑴　国会開会中の予備費の使用の是非（190）

　　⑵　巨額な予備費と，その「国会開会中の使用」への示唆（191）

　　⑶　補正予算への組み入れの例（192）

4　参議院の不承諾の実例（193）

　　⑴　国会による予備費の事後承諾（193）

　　⑵　参議院の「不承諾」の例（196）

　　⑶　不承諾の理由から，その意義を問い直す（200）

ix

目　次

5　「決算」と「予備費の承諾」との関係（201）

　　⑴　決算の「報告」という憲法上の位置づけと「不承諾」（201）

　　⑵　会計検査院による監査との関連（204）

小　括（205）

第7章　参議院と議院内閣制 …………………………………… 207

はじめに（207）

1　内閣の国会に対する責任と参議院の劣位（210）

　　⑴　設計の不備①──憲法第66条第3項の「国会」の2つの意味合い（210）

　　⑵　設計の不備②──矛盾を抱えた衆議院優位の包含と顕在化（215）

　　⑶　設計の不備③──内閣・衆議院 vs. 参議院という対立への対応（218）

　　⑷　設計の不備④──内閣・参議院 vs. 衆議院という対立への対応（223）

2　「3分の2による再可決」と参議院の劣位──内閣との関係（224）

　　⑴　再可決の例（226）

　　⑵　再可決条項が日本国憲法に盛り込まれた経緯（229）

　　⑶　再可決条項の本来の意義（231）

3　同意人事における参議院の位置づけの転換──劣位から対等へ（235）

　　⑴　衆参両院の同意が任免に必要とされる国家公務員の範囲（236）

　　⑵　人事案件の趣旨および範囲（239）

　　⑶　不同意の例（242）

　　⑷　「国会」の同意と「両議院」の同意の異同（243）

　　⑸　人事案件における議会の同意の性質（248）

小　括（257）

第8章　「強い参議院」と緊急集会 ……………………………… 261

はじめに（261）

1　緊急集会の開催──「強い参議院」の顕在化（264）

目　次

(1) 第14回国会閉会後の緊急集会（第1回目）（265）

(2) 第15回国会閉会後の緊急集会（第2回目）（268）

2 緊急集会の制度設計——「強い参議院」への懸念（272）

(1) 日本国憲法に規定された経緯（273）

(2) 緊急集会開催の要件，手続（276）

(3) 権　能（281）

(4) 効　果（284）

(5) 公　示（287）

(6) 国会法の改正（287）

3 緊急集会と議院内閣制——「強い参議院」からの揺さぶり（288）

(1) 内閣が衆議院に対抗する手段としての活用（288）

(2) 「事後の同意」における衆議院の意思の束縛（290）

(3) 予算における衆議院先議原則の反故の可能性（293）

小　括（295）

第9章　まとめ …………………………………………………………… 297

1 憲法典と憲法附属法（298）

2 憲法慣習という知恵の活用（300）

3 二院制を担う参議院（302）

あとがき　（305）

〔年表〕参議院に関連した主なできごと　（307）

基本参考文献　（311）

事項索引　（319）

初出一覧

第 1 章　国会の活動実態
　　　　書き下ろし

第 2 章　国民代表議会としての参議院の誕生
　　　　書き下ろし

第 3 章　議会運営による憲法慣習の形成
　　　　書き下ろし

第 4 章　両院間の意思の相違と調整
　　　　「両院間の意思の相違と調整」立命館法学354号（2014年）

第 5 章　内閣の国会に対する責任と二院制
　　　　「内閣の国会に対する責任と二院制」立命館法学359号（2015年）

第 6 章　国会の予備費承諾議決と財政統制権
　　　　「憲法87条と国会の予備費承諾議決」立命館法学362号（2015年）

第 7 章　参議院と議院内閣制
　　　　「参議院と議院内閣制」立命館法学367号（2016年）

第 8 章　「強い参議院」と緊急集会
　　　　「『強い参議院』と緊急集会」立命館法学368号（2016年）

第 9 章　まとめ
　　　　書き下ろし

第 1 章　国会の活動実態

はじめに

　重要な国の最高法規が憲法典に直接規定されずに，憲法附属法に委譲されて規定されることもある[1]。国の最高法規は，憲法の条文の中にあるものもあれば，条文の外にあるものもある。憲法の条文の外に置かれるものは，国会法などの憲法附属法や議院規則といった成文法と不文の憲法慣習がある。憲法慣習は明文化されていないが，憲法構造を構成する大きな柱の一つである。

　日本国憲法の施行から今日までの70年間に，国会を舞台にしてさまざまな法律が制定され，さまざまな内閣が誕生した。十分な海図がないままに手探りで議会を運営する歴史が始まり，多くの事項が日本国憲法下の憲法慣習として蓄積されるようになった。こうして，国会を舞台にして，日本国憲法の規定したところを原作とし，議会人が実現可能な筋書きに整えて制作した憲政のシナリオを用いて，国会議員を主役とする数々の政治ドラマが展開された。

1　立法機関としての国会

　国会は唯一の立法機関である（憲法第41条）。憲法が施行された1947年 5 月から本書執筆の2017年 9 月までの70年間の運用実績をまず数量的に確認しておきたい。

　この期間に開催された第 1 回から第193回までの国会に提出された法律案

---

(1)　浅井清『日本憲法講話』（巌松堂，1947年）47頁。

第1章　国会の活動実態

は，憲法第72条に基づき内閣が提出した議案および憲法第41条と国会法第56条第1項に基づき議員が発議した議案（議員立法）をあわせると15,570件である。そのうち9,977件（64.1％）が成立した。なお，法律案15,570件のうち，内閣が提出した議案は9,899件であり，うち8,427件（85.1％）が成立した（閣法）。衆議院議員が提出した議案は3,928件であり，うち1,337件（34.0％）が成立した（衆法）。参議院議員が提出した議案は1,743件であり，うち成立した（参法）のは219件（12.6％）にとどまった[2]。日本の法律は，原案を内閣が作成したものが圧倒的に多いことがわかる。

　衆参各院の議員は国民の選挙によって選出される。1947年4月から2017年10月までの70年間に，衆議院議員総選挙は26回，参議院議員通常選挙は24回行われた。あわせると50回となり，単純計算すると約1年半ごとに1回，国会のいずれかの議院で国政選挙が行われていることになる（後掲表1）。これをさらに詳細にみると，衆参各院の選挙が同日またはほぼ同日に行われたのは4件，選挙の間隔が1年未満は9件，1年以上2年未満は27件，2年以上3年未満は6件，3年以上は2件である。また，衆議院議員総選挙と参議院議員通常選挙はほぼ交互に実施されてきた。国政選挙において参議院議員の通常選挙を間にはさまず，衆議院議員の総選挙が2回連続して実施されたのは，第25回・第26回，第35回・第36回，第37回・第38回の3件のみである。いずれも後回の選挙は衆参同日選挙かほぼ同日選挙である。こうしてみると，参議院議員通常選挙は3年ごとに定期的に実施されるため，1年半ごとに1回という国政選挙は，参議院の選挙日程を念頭に置いて衆議院の選挙日程が考慮されてきた結果として実現されたといえよう。国政選挙が行われる日程は参議院がベースとなり，衆議院がその中間選挙の位置づけが与えられたような錯覚さえ感じる。また，2007年から2012年までの国政選挙からは，参議

---

(2)　参議院「国会概観」。内閣法制局「最近における法律案の提出・成立件数」（http://www.clb.go.jp/contents/all.html）。茅野千江子「議員立法序説」レファレンス2015年9月号（2015年）28-30頁。なお，本書におけるインターネット資料の最終アクセス日は2017年9月1日である。

院議員の選挙の結果として生じた与野党逆転現象が，衆議院の与野党逆転と政権交代を引き起こしたことがわかる。これまでの憲法学説では，日本国憲法の議院内閣制においては，内閣を構成する基盤となるのは第一院である衆議院の選挙結果であると解されてきた。しかし，実際には，国政選挙の日程だけではなく，結果についても，第二院である参議院議員の選挙がベースとなり，その影響が反映されるように見える。

平均して1年半に1回の国政選挙があるということは，そのたびに政権がその信任を国民に問うという政治のあり方を生み出している。イギリスの下院議員選挙など，他国の例と比べれば日本の政権審判の頻度は著しく高い。これは，必ずしも日本国憲法の制定時に望まれていた事態ではないにしても，日本国憲法が定めた議会制の中に埋め込まれていたストーリーの一つであり，時々の政府の判断で実現されている。

2 内閣総理大臣の指名

国会は，内閣総理大臣を指名する（憲法第67条第1項）。日本国憲法施行から70年間に，日本国憲法下では初代ではあるが，明治時代の初代内閣から通算すると第46代の片山哲総理大臣から第97代の安倍晋三総理大臣（第3次安倍内閣）(3)まで，30人が誕生した(4)。

歴代の内閣総理大臣の中で，連続した在任の期間が最も長いのは第61〜63代の佐藤栄作総理大臣である（1964年11月19日〜1972年7月7日，2798日）。ついで，第48〜51代の吉田茂総理大臣（1948年10月15日〜1954年12月10日，2616日），第87〜89代の小泉純一郎総理大臣（2001年4月26日〜2006年9月26日，1980日）である。他方，在任期間が60数日(5)と短期である場合もある。2006年から2012年までは毎年総理大臣が変わるという異例の状況もあったが，

---

(3)　第90代，第96〜97代の安倍晋三総理大臣の通算在職日数は2138日（2006年9月26日〜2007年9月26日，2012年12月26日〜2017年11月1日）であり，第98代総理大臣としてさらに延ばしている。

(4)　http://www.kantei.go.jp/jp/rekidainaikaku/index.html

第1章　国会の活動実態

単純計算すると平均して，約2年4か月ごとに新しい内閣総理大臣が選出されていることになる（後掲表2）。衆参各院で内閣総理大臣の指名が異なり，両院協議会が開催されて成案が得られず衆議院の議決が国会の議決となった例は，これまでに5件ある[6]。

　日本国憲法の議院内閣制は，議会や内閣の変化が大きく，主役の大臣がめまぐるしく入れ替わることが特徴といえよう。大臣は短期間で繰り返される内閣改造でも入れ替わるが，主役の最も大きな交替の場面は，政権交代である。日本国憲法はもともと政権交代が可能な議院内閣制を想定していたが，それが常に意識されて国会の運営にあたられたのは，21世紀に入った平成年間後期である。とくに，2007年の参議院議員通常選挙以降の国会は，改めて憲法慣習というシナリオの確認，あるいは見直しを求め，議会運営のあり方が根本的に問い直される時期であった。すなわち，2007年7月の第21回参議院議員通常選挙の結果，参議院では野党が過半数を占めた。参議院議長に，同院の第一党となった野党・民主党出身の江田五月議員が満票で選ばれた。議院運営委員長は，同じく民主党の西岡武夫議員が選ばれ，野党主導の議会運営が始まった。

　内閣との関係でいえば，安倍晋三総理大臣は同選挙後の2007年9月の国会開会中に辞任した。その後の福田康夫総理大臣ならびに麻生太郎総理大臣は，参議院が指名した者とは別の者が衆議院の指名に基づいて総理大臣になったのであり，参議院においては支持勢力が常に過半数に達しない少数与党内閣

---

(5)　第80代の羽田孜総理大臣（1994年4月28日〜同年6月30日の64日），第55代の石橋湛山総理大臣（1956年12月23日〜1957年2月25日の65日），第75代の宇野宗佑総理大臣（1989年6月3日〜同年8月10日の69日）の例がある。

(6)　1948年の第2回国会（衆議院は芦田均議員，参議院は吉田茂議員を指名），1989年の第115回国会（衆議院は海部俊樹議員，参議院は土井たか子議員を指名），1998年の第143回国会（衆議院は小渕恵三議員，参議院は菅直人議員を指名），2007年の第168回国会（衆議院は福田康夫議員，参議院は小沢一郎議員を指名），2008年の第170回国会（衆議院は麻生太郎議員，参議院は小沢一郎議員を指名）の5例である。

4

となった。江田議長在任中の 3 年間は内閣が毎年総辞職しており，参議院に
おいて同一議長在任中に 4 回，おのおのが異なる 4 人の内閣総理大臣の指名
が行われた唯一の例である[7]。

3　討議と決定──多数決とコンセンサス

　日本国憲法は，第二次大戦前の体制が非民主的であった要因を議会の弱さ
ととらえて，国会の権限を強化し，国政の中心としての地位を与えた。法律
や国の基本的な政策は立法府（国会）が決定し，行政府（内閣）が執行する
という伝統的な権力分立の原理に基づくものである。しかし，実際にはそれ
は形式的に過ぎず，法律や国の基本的な政策決定は内閣がリードして行って
いる。国会が国民の意思を代表したり反映したりすることが十分にできず，
憲法の予定するような「国権の最高機関」（第41条）という文言どおりの強
固な地位を確立することはできていない。他方，大日本帝国憲法体制で伝統
的な行政権優位の構造も，そうした意識とともに十分に克服できていないと
いえよう。そうしたなかでの国会の役割は，「政策を決定することにあるの
ではなく，政府が行おうとする政策の内容をその長所短所を含めて国民の前
に明らかに，国民の判断に材料を提供することにある[8]」という見解もある。
しかし，衆参両院ともに審議時間は減少する傾向にあり，1995年の段階で昭
和50年代（1975年〜1984年）と比べてもすでに半減していて[9]，判断材料提

---

(7)　その他に 4 回以上の指名が行われたのは，議長在任期間が 1 期では松平恒雄
　議長（在任：1947年 5 月20日〜1949年11月14日，第 1 回国会〜第 6 回国会）
　の 4 回・3 人，議長在任期間が 2 期では，河野謙三議長（在任：1971年 7 月
　17日〜1974年 7 月26日，第66回国会〜第73回国会および1974年 7 月26日〜
　1977年 7 月 3 日，第73回国会〜第80回国会）の 4 回・3 人，斎藤十朗議長（在
　任：1995年 8 月 4 日〜1998年 7 月25日，第133回国会〜第142回国会および
　1998年 7 月30日〜2000年10月19日，第143回国会〜第150回国会）の 5 回・3
　人である。
(8)　高橋和之はこれを「国民内閣制」と呼ぶ（高橋和之「現代デモクラシーの課
　題」高橋和之編『岩波講座現代の法 3　政治過程と法』（岩波書店，1997年）
　27頁）。

第1章　国会の活動実態

供の機能も十分には発揮されていない。

　ところで，そもそも近代の議会制における議会とは，国民の代表である議員が，討議と決定を行う府であるといえよう。それを支える原理はデモクラシーであり，日本の憲法学や政治学では，アメリカの政治学者のアーレンド・レイプハルトの業績に基づき，多数派が決定権を握って支配する「多数派支配型（マジョリテリアン・モデル）」に基づく統治と，できるだけ多くの人々の合意による統治をめざす「合意形成型（コンセンサス・モデル）」に基づく統治に対比して分析されることが多い[10]。日本国憲法は合意形成型の理念型に属するものといえるとの指摘[11]もあれば，「マジョリテリアン・モデルが適合する政治過程が大部分を占め」[12]るとの指摘もある。

　議会において議員がその意思を表明して決定する「表決」の方法には，異議なし採決，起立採決のほか，無記名投票，記名投票がある。すなわち，コンセンサス方式になじむもの，多数決方式になじむもの，その両方に用いられるものがある。実際の運営でも，多数派支配型の多数決方式と，合意形成型のコンセンサス方式が常に共存している。討議した結果，決定を行う際に，票決を行ってその多数を形成したものを「決定事項」とすることを良しとする考え方もあるが，参加した者全員の合意形成をめざし，少なくとも反対意見がないような討議を行うことで，票決をあえて行わないで決定することを良しとする考え方もある。日本国憲法には多数決方式を用いて決定すべき事

---

(9)　衆参両院の委員会における審議時間の合計を1975年以降10年間（昭和50年代）と1995年とで比較すると，衆議院は1970時間から931時間2分に，参議院は1281時間から738時間46分に減少した（大山礼子「審議手続」高橋和之編『岩波講座現代の法3　政治過程と法』（岩波書店，1997年）182-183頁）。

(10)　レイプハルトが当初主張していた，言語，宗教，民族などの亀裂により分裂した社会をモデルにした多極共存型（民主主義）に注目するものとして，只野雅人『代表における等質性と多様性』（信山社，2017年）244-246頁。

(11)　高見勝利「デモクラシーの諸形態」高橋和之編『岩波講座現代の法3　政治過程と法』（岩波書店，1997年）58頁。

(12)　川人貞史『議院内閣制』（東京大学出版会，2015年）138頁。

6

3 討議と決定

項は条文で明示されているが，コンセンサス方式によるべき事項については
ほとんど書かれていない。そこで，議会の実務がこの欠缺を補って実例を積
み重ねて憲法慣習を形成し，議会制を生きたものにして動かしてきた。

コンセンサス方式は，ダイナミックな政権交代から日々の議会運営まで，
議会制の運用においてさまざまな場面で活用されている。選挙に基づく政権
交代は，過半数の議席を獲得した政党が与党として活動を開始する契機とな
る多数決方式の典型例であるが，その一方で，前政権の実績をすべて否定し
て政府を転換して革命を起こすようなものではなく，政権移行の時期を経て，
行政府の大部分の取り組みを円滑に継続させるというコンセンサス方式の知
恵をいかしてきた。

日々の議会運営は，基本的には衆参両院ともにコンセンサス方式による合
意に基づき行われている。たとえば，議員の議席の区分は会派別に指定され
る（衆議院先例集第21号，参議院先例録第11号）が，この区分は衆議院では議
院運営委員会または総選挙後初めて召集される国会では各派協議会において，
参議院では議院運営委員会理事会に諮って，決定される。すなわち，多数派
単独による決定ではなく，議員間での協議と合意に基づき，議会運営の基礎
が築かれる。議事運営においても同様に，基本的にはコンセンサス方式によ
る合意にもとづいて審議の日程や議案の扱い方などが決定されている。多数
決方式を押し通して「決定」を行えば多数派による強硬な議会運営と国民か
ら批判されてその会派の支持率の低下に結びつくため，反対意見や小会派の
少数意見にも配慮し，妥協してコンセンサス方式を取り入れることもある。
いわば，事前の調整や妥協によって合意に至らない場合にはコンセンサス方
式による決定プロセスから外されて多数決方式へ移行するという，コンセン
サス方式を基礎とする安定した議会の運営が円滑に進行しているという論点
は，これまでの憲法学の研究では十分に扱われているとはいえないだろう。

また，日本の議院内閣制は，政府と与党が別個に存在感を主張することも，
その特徴である。政党は憲法条文上に明示された制度ではないが，比較憲法
学的には憲法上の制度とみなされている。日本国憲法でも同様に政党の存在

第1章　国会の活動実態

が当然視されて，日本の議会制や議院内閣制の前提とされている[13]。ウェストミンスター型の議会では，与党は政府に吸収されて活動は同一化する。他方，日本の議会では，内閣提出法案についてもまず与党内での意思決定が行われ，その後，政府内の意思決定，国会の意思決定と進行する。与党内の意思決定は「事前審査」といわれ（詳細は第3章で扱う），衆参各院の与党議員は国会では別々の議院のメンバーとして活動するものの，事前審査の段階では同じ党のメンバー同士で対等に審議と意思決定に参画することになる。その結果，「強い参議院」という日本国憲法の特徴のもと，「国会」の意思決定に深く関わる与党の参議院議員が強い影響力をもつことになった。与党の事前審査は2001年の中央省庁改革によって，政治主導，官邸主導のしくみが導入された結果，弱体化し，いわば単なる手続の一つのような様相を強めているとはいえ，今日まで制度として残っている。

　なお，政治主導を加速し，日本の議院内閣制を「国民内閣制」としようと内閣の機能を拡充し，内閣および内閣総理大臣の総合調整権を強化したことにより，政府主導，官邸主導はますます強まった。内閣の強すぎるリーダーシップは，内閣や与党内において，多様な論点や意見を示す「討論」というプロセスがないままに「決定」が行われる事態を招いた[14]。そうした現象は今日では「強すぎる官邸」や「決めすぎる政治」ともいわれている。与党と政府の二元的な権力という日本国憲法下での憲法慣習を変更して，官邸主導で一元化しようとした試みは必ずしも成功していない。

　参議院は，日本国憲法制定直後の憲法学界では「慎重審議の府」「理の府」という役割が期待されていた（第2章参照）が，実際にはその選挙はひんぱんに行われる国政選挙の一つとして衆議院と同様に扱われて，国民の意思を示す「民意の府」としての役割を担ってきた。内閣や衆議院の決定が民

---

(13)　山岡規雄＝間柴泰治『シリーズ憲法の論点11「政党」』（国立国会図書館調査及び立法考査局，2006年）3頁。

(14)　野中尚人＝青木遥『政策会議と討論なき国会』（朝日新聞出版，2016年）245-246頁〔野中尚人〕。

意に反するものであれば，その影響は次の衆議院議員総選挙だけではなく，直近の参議院議員通常選挙において，与党の議席が減少するという結果として現われる。参議院が当時の国民の民意に沿って行ったことが，内閣や衆議院に対する抑制を招いたとすれば，それは主権者たる国民の意思であると見るべきであろう[15]。

4 連立内閣を生み出す要因となる参議院

　法律案は，衆議院の再可決の例を除き，衆参両院で可決されてはじめて法律となる。衆議院では1党単独で過半数の議席を確保して与党となっても，参議院の議席で過半数に満たない場合は，参議院において野党と是々非々で協議を深めて成立をめざすか，他党と組んで参議院の多数派の賛成を得るために連立内閣を形成して，その事態を乗り切ることになる。参議院の議席，すなわち，参議院の意向が内閣の形成にも大きく影響しているのである（第7章参照）。

　1989年の参議院議員通常選挙で議席を大きく失って，参議院で単独過半数の議席を獲得できなかった自民党（109議席）は，参議院少数与党となった。自民党単独の賛成により成立する法律案はなくなり，参議院で多数となった野党と法案修正協議を積極的に行ったが，国会の運営は困難が続いた[16]。その後，1993年の衆議院議員総選挙の際に自民党の内紛，分裂で衆議院での第一党の223議席（43.6％）を獲得したものの，単独過半数を失い，野党8会派を支持基盤とする細川護熙内閣が誕生した。この連立政権は長く続かず，その後，1994年の羽田孜衆議院少数連立内閣が極めて短期間で崩壊し，社会党，自民党，新党さきがけが与党となった村山富市内閣が誕生した。その後，社民党が閣外に出て橋本龍太郎内閣が形成され，自民党は，次々と連立の相手方を変更しつつ，連立内閣を維持した。2003年11月の第43回衆議院議員総

---

(15)　前田英昭「二院制」ジュリスト1177号（2000年）41頁。
(16)　竹中治堅『参議院とは何か』（中央公論新社，2010年）165-166頁。

第1章　国会の活動実態

選挙後に誕生した第2次小泉純一郎内閣以降，公明党との二党連立政権を維持した。

2007年の参議院通常選挙では，野党の民主党が第1党になり，与党の自民党および公明党が他の党と連立内閣を組んで参議院で過半数の議席を確保するということができなかった。ここに，日本国憲法の設計に組み込まれて「強い参議院」という二院制の性質が顕在化した。ただし，衆議院では与党が3分の2以上の議席を確保していたため，法律案は衆議院の再可決によって成立させる（憲法第59条第2項）ことができた。これが参議院少数与党である。

この参議院少数与党は，2009年の衆議院議員総選挙で民主党が308議席（64.2％）を獲得し，民主党，社民党，国民新党を与党とした鳩山由紀夫内閣が形成されて解消した。翌2010年の参議院議員通常選挙では，与党の民主党は引き続き第1党になったが大幅に議席を失って，非改選議席を合わせて106議席となった。国民新党との連立内閣を組んでも，参議院において過半数の議席を確保することができず，衆議院では3分の2以上の議席数を確保できなかったので，再可決によって法律案を成立させることができず，ここに，参議院が強い議院内閣制という日本国憲法の一面がさらに顕在化したのである。再び「ねじれ国会」と呼ばれる事態となったが，2010年期は衆参両院の意思の相違を調整する方法がほとんど機能せず，「決められない政治」と批判されることとなった。

小　括

日本国憲法施行直後に，中村哲は，民主政治とはすべての人の意思によって行われる政治であるならば，全会一致（コンセンサス）が理想であることはいうまでもなく，それが不可能であるから多数決の方法をとること，多数決は力の関係ではなく対立する意見をとりまとめる便宜的な方法であると指摘した[17]。

また，議会制は，政権交代が可能な議院内閣制としてイメージされた。実

10

小　括

際，日本国憲法制定直後の数年間は，衆議院の第一党が入れ替わって政権交代が実現し，連立政権，衆議院での少数与党政権，参議院での少数与党政権なども経験された。しかし，1955年以降にいわゆる「55年体制」が確立し，保守の一政党が安定的な与党で，革新勢力は万年野党という体制になった。衆議院と参議院の関係は，衆議院の優位で固定化した。それを機に，政権交代のない議院内閣制に変質した。これがもう一度再流動化して，政権交代が視野に入る理解に転換したのは1989年以降の平成年間である。平成年間は再び衆議院と参議院の関係が2つの国民代表議会であるという性格を強めた。本章では，そうした日本国憲法のもとで運用された議会制の70年間の概略を振り返り，その特色を明らかにした。

　参議院の位置づけを評価した二院制擁護論は，政治学者から，衆参両院は議員の構成が異なり，法案審議も異なるということが前提であったが，統計的に分析すると必ずしもそうとはいえないため，参議院が無意味であると批判されることもある[18]。議員の学歴，知的専門性，在職年数を統計的に比較すると，参議院はメンバーは当選年齢が高い「シニア」であるが，在職年数と学歴は低い「ジュニア」なハウスである。衆参両院の議事手続，修正の有無，審査回数等の審議活動は，かなり高い程度で一致し，衆議院の方が審議活動の質が高い傾向を示すという。参議院改革論の目玉である参議院先議案件の増加，審議期間の確保，予備審査制度の活用は，必ずしも有効でないという指摘である。

　なお，1947年4月の第1回参議院議員通常選挙の結果から，1948年秋に早くも宮沢俊義は，日本国憲法制定時にめざされた「慎重，練熟，耐久」を特色とする参議院を前提とした二院制は，衆議院議員に対して参議院議員の方が劣位になって動揺をきたしたので，冗談と前置きしつつ，衆議院は1〜2年で解散になるが，参議院は解散ができないので議員は総辞職して選挙をや

---

(17)　中村哲『国会』（要選書，1947年）25-29頁。
(18)　福元健太郎「無意味な二院制」『立法の制度と過程』（木鐸社，2007年）91-161頁。

11

第1章　国会の活動実態

り直した方がよいと指摘した[19]。

　他方，日本国憲法が施行された直後に開催された第1回国会では，1947年
8月に労働省設置法案について，衆議院が可決して参議院に送付した法律案
を参議院が修正議決して衆議院に回付した[20]。衆参両院の意思が異なった
例であるが，衆議院はその修正議決にすみやかに同意し，成立した[21]。参
議院の審議の際に，原案の「部局の設置は政令による」という内容が国会の
議決を経ないで政令により行政組織の部局の設置を行うのは新憲法の精神に
反するとして問題とされた。この修正にはGHQの影響が推察される[22]が，
参議院は今日でいう「行政組織法律主義」という日本国憲法の原則に反する
内容の法律案の成立を未然に防いだことになり，二院制の妙味が発揮された
好例である。

　日本国憲法の条文が，日本の議会制とその運用に関する原作であるとすれ
ば，そこには条文は単純であっても，複雑で時には相矛盾しかねない内容が
盛り込まれているのであり，その原作を基に，ストーリーを整理して議会の
運営に筋道をつけようと努力してきたのが議会関係者の知恵である。その成
果は，成文あるいは不文の議会慣習法として蓄積されてきた。

　日本国憲法の実際は，こうした憲法慣習として発現しているのではないか
と思われる。次章以降で，具体的に考察する。

(19)　宮沢俊義，浅井清，山浦貫一，金森徳次郎，岩淵辰雄，入江俊郎が出席し
　　た座談会における宮沢の発言（『憲法改正と天皇の問題』（憲法普及協会，
　　1948年）10頁）。なお，同座談会では，金森と岩淵から，議員の任期について，
　　衆議院は2年，参議院は3年でよい旨，発言された（同12頁）。
(20)　第1回国会参議院会議録27号（1947年8月26日）326-329頁。
(21)　第1回国会衆議院会議録30号（1947年8月28日）355頁。
(22)　天川晃『占領下の議会と官僚』（現代資料出版，2014年）59頁。占領管理体
　　制の法律事項と政令事項の関係について，出口雄一『戦後法制改革と占領管
　　理体制』（慶應義塾大学出版会，2017年）341-342頁。

〔表1〕衆参各院の選挙期日

＊網掛けは衆参同日選挙またはそれに近い日程

衆　議　院		参　議　院		衆参各院の選挙日と選挙日の間の日数
選挙回次	総選挙期日	選挙回次	選挙期日	
		第1回	1947年4月20日	5日
第23回	1947年4月25日			約1年9か月
第24回	1949年1月23日	第2回	1950年6月4日	約1年5か月
第25回	1952年10月1日			約1年4か月
第26回	1953年4月19日	第3回	1953年4月24日	約7か月
				5日
第27回	1955年2月27日	第4回	1956年7月8日	約1年10か月
				約1年4か月
第28回	1958年5月22日	第5回	1959年6月2日	約1年10か月
				約1年
第29回	1960年11月20日	第6回	1962年7月1日	約1年6か月
				約1年7か月
第30回	1963年11月21日	第7回	1965年7月4日	約1年5か月
				約1年8か月
第31回	1967年1月29日	第8回	1968年7月7日	約1年7か月
				約1年5か月
第32回	1969年12月2日	第9回	1971年6月27日	約1年3か月
				約1年9か月
第33回	1972年12月10日	第10回	1974年7月7日	約1年6か月
				約1年7か月
第34回	1976年12月5日	第11回	1977年7月10日	約1年5か月
第35回	1979年10月7日			約8か月
				約1年3か月
第36回	1980年6月22日	第12回	1980年6月22日	約8か月
		第13回	1983年6月26日	約3年
第37回	1983年12月18日			約6か月

13

第1章　国会の活動実態

第38回	1986年7月6日	第14回	1986年7月6日	約2年8か月
		第15回	1989年7月23日	約3年
第39回	1990年2月18日			約7か月
		第16回	1992年7月26日	約2年5か月
第40回	1993年7月18日			約1年
		第17回	1995年7月23日	約2年
第41回	1996年10月20日	第18回	1998年7月12日	約1年3か月
				約1年9か月
第42回	2000年6月25日	第19回	2001年7月29日	約2年
				約1年1ヵ月
第43回	2003年11月9日	第20回	2004年7月11日	約2年3か月
				約9か月
第44回	2005年9月11日	第21回	2007年7月29日	約1年2か月
				約1年10か月
第45回	2009年8月30日	第22回	2010年7月11日	約2年1か月
				約11か月
第46回	2012年12月16日	第23回	2013年7月21日	約2年5か月
				約8か月
第47回	2014年12月14日	第24回	2016年7月10日	約1年5か月
				約1年8か月
第48回	2017年10月22日			

〔表2〕内閣総理大臣の在職期間と少数内閣

◎印：衆参両院において少数与党の内閣
＊印：参議院において少数与党の内閣

歴代	内閣総理大臣	期間 自	期間 至	日数	通算日数	指名された国会回次
46	片山　哲＊	1947年5月24日	1948年3月10日	292	292	1
47	芦田　均＊	1948年3月10日	1948年10月15日	220	220	2
48	吉田　茂◎　（第2次）	1948年10月15日	1949年2月16日	125		3
49	吉田　茂＊　（第3次）	1949年2月16日	1952年10月30日	1,353	2,616	5
50	吉田　茂＊　（第4次）	1952年10月30日	1953年5月21日	204		10
51	吉田　茂◎　（第5次）	1953年5月21日	1954年12月10日	569		16
52	鳩山　一郎◎　（第1次）	1954年12月10日	1955年3月19日	100		20
53	鳩山　一郎◎　（第2次）	1955年3月19日	1955年11月22日	249	745	22
54	鳩山　一郎＊　（第3次）	1955年11月22日	1956年12月23日	398		23
55	石橋　湛山	1956年12月23日	1957年2月25日	65	65	26
56	岸　信介　（第1次）	1957年2月25日	1958年6月12日	473	1,241	26
57	岸　信介　（第2次）	1958年6月12日	1960年7月19日	769		30
58	池田　勇人　（第1次）	1960年7月19日	1960年12月8日	143		35
59	池田　勇人　（第2次）	1960年12月8日	1963年12月9日	1,097	1,575	37
60	池田　勇人　（第3次）	1963年12月9日	1964年11月9日	337		45
61	佐藤　栄作　（第1次）	1964年11月9日	1967年2月17日	831		47
62	佐藤　栄作　（第2次）	1967年2月17日	1970年1月14日	1,063	2,798	55
63	佐藤　栄作　（第3次）	1970年1月14日	1972年7月7日	906		63
64	田中　角栄　（第1次）	1972年7月7日	1972年12月22日	169	886	69
65	田中　角栄　（第2次）	1972年12月22日	1974年12月9日	718		71
66	三木　武夫	1974年12月9日	1976年12月24日	747	747	74
67	福田　赳夫	1976年12月24日	1978年12月7日	714	714	79
68	大平　正芳　（第1次）	1978年12月7日	1979年11月9日	338	554	86
69	大平　正芳　（第2次）	1979年11月9日	1980年6月12日	217		89
	（臨時代理）伊藤　正義	1980年6月12日	1980年7月17日	—	—	—
70	鈴木　善幸	1980年7月17日	1982年11月27日	864	864	92
71	中曽根　康弘　（第1次）	1982年11月27日	1983年12月27日	396	1,806	97
72	中曽根　康弘　（第2次）	1983年12月27日	1986年7月22日	939		101
73	中曽根　康弘　（第3次）	1986年7月22日	1987年11月6日	473		106

第1章　国会の活動実態

74	竹下　登		1987年11月6日	1989年6月3日	576	576	110
75	宇野　宗佑		1989年6月3日	1989年8月10日	69	69	114
76	海部　俊樹＊	（第1次）	1989年8月10日	1990年2月28日	203	818	115
77	海部　俊樹＊	（第2次）	1990年2月28日	1991年11月5日	616		118
78	宮澤　喜一＊		1991年11月5日	1993年8月9日	644	644	122
79	細川　護熙		1993年8月9日	1994年4月28日	263	263	127
80	羽田　孜◎		1994年4月28日	1994年6月30日	64	64	129
81	村山　富市		1994年6月30日	1996年11月11日	561	561	129
82	橋本　龍太郎	（第1次）	1996年1月11日	1996年11月7日	302	932	135
83	橋本　龍太郎	（第2次）	1996年11月7日	1998年7月30日	631		138
84	小渕　恵三＊		1998年7月30日	2000年4月5日	616	616	143
			※　在任中の1999年1月14日以降，参議院少数与党は解消				
85	森　喜朗	（第1次）	2000年4月5日	2000年7月4日	91	387	147
86	森　喜朗	（第2次）	2000年7月4日	2001年4月26日	297		148
87	小泉　純一郎	（第1次）	2001年4月26日	2003年11月19日	938	1,980	151
88	小泉　純一郎	（第2次）	2003年11月19日	2005年9月21日	673		158
89	小泉　純一郎	（第3次）	2005年9月21日	2006年9月26日	371		163
90	安倍　晋三＊	（第1次）	2006年9月26日	2007年9月26日	366	366	165
			※　在任中の2007年7月30日以降，参議院少数与党に				
91	福田　康夫＊		2007年9月26日	2008年9月24日	365	365	168
92	麻生　太郎＊		2008年9月24日	2009年9月16日	358	358	170
93	鳩山　由紀夫		2009年9月16日	2010年6月8日	266	266	172
94	菅　直人＊		2010年6月8日	2011年9月2日	452	452	174
			※　在任中の2010年7月12日以降，参議院少数与党に				
95	野田　佳彦＊		2011年9月2日	2012年12月26日	482	482	177
96	安倍　晋三＊	（第2次）	2012年12月26日	2014年12月24日	729		182
			※　在任中の2013年7月22日以降，参議院少数与党は解消				
97	安倍　晋三	（第3次）	2014年12月24日	2017年11月1日	1,044	2,138	188
98	安倍　晋三	（第4次）	2017年11月1日	（継続）			195

第2章　国民代表議会としての参議院の誕生

はじめに

　日本国憲法は，立法府として二院制を，立法府と行政府のあり方として議院内閣制を採用した。ただし，下院優越型の議院内閣制としては制度設計に不備があり，憲政の実際においては上院である参議院の強さがしばしば現れる。憲法学では，解釈によって衆議院優位が支配的な国民議会として取り扱おうとしたが，憲政の実態は異なる。国会はその運用次第でまったくちがった「民主主義の実現形態が立ち現れることに注意を払う必要がある」[1] という実務家の指摘のとおり，憲法の施行から70年の間の議会運営において，日本国憲法に含まれるさまざまな議会の様相が表れた。

　そこで，本書は，次章以降において，二院制のもとでの参議院における議会運営について，具体的には議事運営，衆議院と意思が異なった場合に開催される両院協議会，内閣総理大臣への問責決議，国会同意人事などを取り上げて順次に論じることとなる。それらに先駆け，本章では，参議院が少数与党であった2007年期および2010年期の議会運営を検討する準備作業として，まずは参議院がどのような議会として創設されたのか，その制定過程および第1回国会の開会式までを検討し，次章以降の具体的な検討につなげたい。

---

(1)　森本昭夫「国会の議事運営についての理事会協議——多数決と全会一致の間合い——」立法と調査388号（2017年）79頁。

第 2 章　国民代表議会としての参議院の誕生

1　第二院としての参議院の創設

(1)　一院制の構想から二院制へ——参議院の創設

　1945年 8 月14日のポツダム宣言の受諾の後，日本の政治世界では，大日本帝国憲法の立憲君主制を主権在民の君民共治に転換することが考えられた。天皇制を存続しつつ国民主権を実現し，政治を民主化するために最も重要とされたのが，民主的な議会制度への改革である。

　この方針は，ポツダム宣言をもとに敗戦国日本に要求されるであろう改革を「忖度」したものである。実際にも，1945年10月 8 日に，GHQ 政治顧問のジョージ・アチソンから，近衛文麿国務大臣に対し，憲法改正の基礎的な項目の説明が行われた。議会制度については，とくに予算の議決についての衆議院の権威の増大，議会責任原理の確立，貴族院の拒否権の撤廃，貴族院の民主化が含まれた[2]。

　民主的な議会への実際の改革は，参政権の拡大からスタートした。1945年12月15日に衆議院議員選挙法が改正され（公布は同17日），衆議院議員選挙における女性参政権が認められた。これを機に，選挙権と被選挙権が男女に平等に開かれ，翌1946年 9 月の「東京都制」「府県制」「市制」の法改正により，選挙権は20歳以上の男女に統一された。他方，被選挙権は，衆議院議員では25歳以上，都道府県知事では30歳以上，市長および地方議員は25歳以上とされた。

　他方，貴族院は，GHQ からその民主化が求められていたにもかかわらず，その選任制度の男女平等をめざす改革は行われなかった。第二次大戦終了後も貴族院議員は貴族院令の定めるところにより選ばれて（大日本帝国憲法第34条），同令は改正されなかった。ただし，それまで朝鮮から 7 人，台湾から 3 人の議員が勅任されたが，ポツダム宣言受諾にともなう領土の喪失によ

---

(2)　憲法調査会事務局『憲資・総第 1 号連合国最高司令部民政局　日本の新憲法』（1956年）23-24頁。

18

1 第二院としての参議院の創設

り，1946年7月の第6次貴族院令に基づき朝鮮および台湾在住者議員は除籍された。

ついで，大日本帝国憲法の改正に取り組まれた。1945年11月22日に近衛文麿が内大臣御用掛として天皇に奉答した「帝国憲法ノ改正ニ関シ考査シテ得タル結果ノ要綱」では，議会のあり方について二院制が構想された。その際，貴族院は改め「特議院（仮称）」とされた。同年10月13日に設置された幣原喜重郎内閣の憲法問題調査委員会（松本委員会）での議論でも二院制を維持すべきという意見が支配的であった。2つの議院の名称の組み合わせは，憲法問題調査委員会第7回調査会[3] によると上院・下院，第一院・第二院，左院・右院，南院・北院，元老院・衆議院，参議院・衆議院，公選院・特選院，特議院・衆議院，公議院・衆議院，耆宿院・衆議院，審議院・衆議院とさまざまな案があった[4] が，結局のところ貴族院に代わる新しい議院の名称は「参議院」とされた。

GHQ民政局法規課長のマイロ・E・ラウエルは同年12月6日に「日本の憲法についての準備的研究と提案のレポート」を作成し，新たに設けられる立法府は「一院でも二院でもよいが，全議員が公選により選ばれなければならないこと」[5] を提案し，GHQは新たな国会について，一院制でも二院制でもどちらでもよいという方針を提案した。しかし，1946年2月のGHQ草案の起草過程では，GHQ民政局は一院制の国会を提案することとされた。その理由は，①二院制をとる場合は，2つの議院がともに国民代表議会となり，どちらの院に不信任決議をする権能を与えるのかという難しい問題が生じること，②ただし，日本政府側との取引材料として，GHQ側にとってもっと

---

(3)　憲法問題調査委員会第7回調査会議事録（1945年12月24日）。http://www.ndl.go.jp/constitution/shiryo/02/002_24a/002_24a_078l.html

(4)　田中嘉彦「日本国憲法制定過程における二院制諸案」レファレンス2004年12月号（2004年）29-31頁。参議院では「貴族院」と刻印された備品がそのまま引き継がれて今日まで使用されているものもある。一般の国会見学者もそれらを見たり触れたりして，歴史に思いを馳せることができる。

(5)　高柳賢三ほか『日本国憲法制定の過程Ⅰ』（有斐閣，1972年）17頁。

19

第 2 章　国民代表議会としての参議院の誕生

も重要な点を維持するための譲歩材料になり得る，というものである。同月
13日に日本政府に提示された GHQ 草案では「単一ノ院」（第41条）とされ，
一院制が構想された。また，一院制とした理由として，①代表民主制運営の
責任を一点に集中でき，立法府と行政府との間の実際の関係を定めやすい，
②華族制度は廃止されるので貴族院は不要であり，州の主権および市民を代
表する議院も必要ないからであると説明した[6]。

　これに対して日本政府は，GHQ の予想どおり，二院制の採用を求めた。
同月22日に，松本烝治国務大臣は GHQ 民政局長のコートニー・ホイット
ニーと会談し，上院も民選であれば二院制に変更してもよいと認められた。
そして，3 月 2 日に GHQ に示した日本政府案では，「国会ハ衆議院及参議
院ノ両院ヲ以テ成立ス」（第40条）とされた。しかし，参議院議員は民選で
はなく，地域代表制，職能代表制を維持しようとした（第45条第 1 項）。大日
本帝国憲法下における貴族院改革の議論において，勅任の議員ではあるが職
能代表や地方議員を増やすよう提案されたことが参考にされた[7] のか，こ
うした選出母体のちがいは，衆参両院にちがいを出すために参議院の特徴と
して政府だけではなく，政党や民間からも提案された（表 1，2）。GHQ 側
はこれでは参議院が国民代表議会にならないとして日本側の提案を却下し，
結局，政府の 3 月 5 日案以降，衆参両院ともに普通選挙によって選出される
議員で構成する国民代表議会とされた。

　帝国議会における憲法改正案の審議では，参議院の選挙制度を職能代表制
すべきである[8] とする意見が出され，新設の参議院の役割について議論さ
れたが，GHQ が求めた国民代表議会としての性格は変更しようもなく，政
府案のままで決定された。金森徳次郎国務大臣は，参議院の役割について，
衆議院の独走を抑える一種の抑制機関であり，慎重練熟の要素を盛り込む工
夫をして，衆議院の多数党の一時的な勢力が弊害を起こすことがないように

---

(6)　高柳ほか・同上，310-311頁。
(7)　内藤一成『貴族院』（同成社，2008年）189頁。
(8)　第90回帝国議会衆議院議事速記録 6 号（1946年 6 月26日） 9 頁。

1　第二院としての参議院の創設

〔表1〕憲法草案における参議院に関わる条項の変遷

1946年2月8日にGHQに提出された日本政府の憲法改正要綱	第三章　国会 十三　第三十三条以下に「貴族院」トアルヲ「参議院」ニ改ムルコト 十四　第三十四条ノ規定ヲ改メ参議院ハ参議院法ノ定ムル所ニ依ル選挙又ハ勅任セラレタル議員ヲ以テ組織スルモノトスルコト
GHQ草案	第四章　国会 第四十一条　国会ハ…選挙セラレタル議員ヨリ成ル単一ノ院ヲ以テ構成ス
3月2日案	第四章　国会 第四十条　国会ハ衆議院及参議院ノ両院ヲ以テ成立ス。 第四十五条　参議院ハ地域別又ハ職能別ニ依リ選挙セラレタル議員及内閣ガ両議院ノ議員ヨリ成ル委員会ノ決議ニ依リ任命スル議員ヲ以テ組織ス。
GHQとの交渉を経て公表された憲法改正草案要綱	第三十七　国会ハ衆議院及参議院ノ両院ヲ以テ構成スルコト 第三十八　両議院ハ国民ニ依リ選挙セラレ全国民ヲ代表スル議員ヲ以テ之ヲ組織スルコト
国会に提出された憲法改正案	第四章　国会 第三十八条　国会は，衆議院及び参議院の両議院でこれを構成する。 第三十九条　両議院は，全国民を代表する選挙された議員でこれを組織する。

防止することを期待すると説明し[9]，この2つの国民代表議会という独特な二院制および参議院の存在理由をそこに求めた。参議院はまた，衆議院が過激な左翼勢力に握られる可能性があり，それをチェックする保守的な勢力を第二院に集めることで，第一院を牽制しようする目的もあったとされる[10]。このために，参議院は熟慮の府とする考え方がその後に長期間に及んで主張されることとなった。

(2)　参議院議員の選挙の方法

衆議院は，衆参両院のちがいはその権限というよりも，議員の構成である

---

(9)　第90回帝国議会衆議院帝国憲法改正案委員会議録17号（1946年7月19日）332頁。第90回帝国議会貴族院議事速記録27号（1946年8月30日）329頁。

(10)　本田雅俊「二院制と参議院の政治的意義」議会政治研究70号（2004年）11頁。

第2章　国民代表議会としての参議院の誕生

〔表2〕政党や民間団体の憲法改正案における参議院に関わる条項

日本自由党 「憲法改正要綱」	四，議会 三，第一院ヲ衆議院，第二院ヲ参議院トシ，其ノ組織ハ共ニ法律ヲ以テ之ヲ定ム 四，参議院ハ学識経験ノ活用ト政治恒定ノ機関トス
日本進歩党 「憲法改正要綱」	帝国議会 十三，貴族院ヲ廃止シ参議院ヲ置ク 　　参議院ハ参議院法ノ定ムル所ニ依リ学識経験者及選挙ニ依ル議員ヲ以テ之ヲ組織ス
日本社会党 「憲法改正要綱」	議会 議会は二院より成る，…参議院は各種職業団体よりの公選議員を以て構成し専門的審議に当る
日本共産党 「日本人民共和国憲法（草案)」	（一院制の国会を提案したので，該当する条項はない。）
憲法研究会 「憲法草案要綱」	議会 一，議会ハ二院ヨリ成ル 　　　： 一，第二院ハ各種職業並其ノ中ノ階層ヨリ公選セラレタル満二十歳以上ノ議員ヲ以テ組織サル
憲法懇談会 「日本国憲法草案」	第四章　議会 第三十二条　議会ハ衆議院及参議院ノ両院ヲ以テ成立ス 第三十四条　参議院ハ地方議会議員ニ依リ選出セラレタル任期六箇年ノ議員（二年毎ニ其ノ三分ノ一ヲ改選ス）各職能団体ヨリ選出セラレタル任期四箇年ノ議員（二年毎ニ其ノ半数ヲ改選ス）及学識経験アリ且ツ徳望高キ者ノ中ヨリ両議院ノ推挙シタル任期六箇年ノ議員ヲ以テ組織ス
大日本弁護士連合会 「憲法改正案」	第五　貴族院ノ改組 貴族院ノ名称ヲ改メ地域代表者及勲労ニ因リ勅任セラレタル者（華族制度ヲ存置スル場合ニハ其ノ代表者ヲモ加フ）ヲ以テ之ヲ組織スルコトトシ其ノ選定方法ハ法律ヲ以テ之ヲ定ムル様第三十三条第三十四条等ヲ改正スルコト
稲田正次 「憲法改正私案」	第三章 第三十三条　変更 「貴族院」ヲ「元老院」（又ハ参議院）ト改ム 第三十四条　変更 元老院ハ法律ノ定ムル所ニ従ヒ公選セラレタル議員ヲ以テ組織ス 別ノ法律ヲ以テ間接選挙ニヨル地域代表議員（仏一八七五憲法ニ倣ヒ地方議会議員ヲ以テ選挙母体ヲ構成スベキカ）ト職能代表議員ヲ設クベシ

1　第二院としての参議院の創設

〔表 3〕 第90回帝国議会における参議院に関する政府答弁

1946年 6 月25日衆議院本会議における吉田茂総理大臣の憲法改正案提案理由説明	…衆議院と参議院とを以てする両院制度を採り，国事審議の慎重を期することと致しました…
1946年 6 月26日衆議院本会議における金森徳次郎・憲法担当国務大臣の答弁	**…職能代表の問題に付きましては，今日の実情から推しまして，仮令是が理論的に維持し得るに致しましても，実行の面に於て甚だ疑ひを持つて居りまして，遽かにそれは宜しいとは申上げ兼ねると云ふ風に御了解を願ひたいと思ひます**
1946年 6 月28日衆議院本会議における金森大臣の答弁	…参議院を何の為に作るか，参議院あることはやはり民主政治の裏を行くものではないかと云ふやうな御考へのやうに見受けましたが，参議院設置の制は決してさうではありませぬ，**国民代表の機関たる参議院に依りまして国政が慎重に行はれて行くことを期するの一途に外ならない訳であります**…
1946年 7 月19日衆議院帝国憲法改正案委員会における金森大臣の答弁	…従来でありますれば理論的には政府が相当強く之に関与し得たのでありますが，今回は建前と致しまして議会が独自に如何なる法律をも作り得ると云ふことになるのでありまして，国家の安危は懸つて議会の決定する所にあると云ふことになるのであります，併しながら人間の道行きは御承知の如く時あつて勢の赴く所思ひも付かぬ方向に行く虞もありまして，どうしても之を抑制する方法が必要ではなからうかと云ふ気がするのであります，成程衆議院は国民の全体の意向の帰着する所を代表せられて居るには相違ないけれども，併し国民と云ふものは可なり複雑な性格を持つて居りまして，一般の選挙法に依つて必ずしも国民の性格を完全に代表せしめ得るとは思はれませぬ，其の**普通の選挙に依つて尚ほ代表され得ざる国民の欲求が何所かに残つて居るのではなからうか，して見ればそれを他の方法に於て代表せしめ，二つのものが相伴つて，所謂慎重練熟の二つの特質を備へたる議会の議決が出来るやうにして行く，斯う云ふ考へであります**…
同上	…従来二院制度に欠点ありとされましたのは，二院が平等であると云ふことから来て居ります，一つの国民を二つの院が別々に代表し，是が相争つて意見が纏まらないと云ふことは，是は国民を代表すると云ふ点に於て少しくおかしいのであります，それが二院制度の一番弱点であります，でありますから斯様な二院制度には十分欠点がある，一つの馬車の両方に馬を付けて走らせるとすれば，其の馬は何所に行くか分らぬと云ふことが昔から言はれて居ります，或は一院が他の院に賛成すれば，其の院は無用である，一院が他の院に反対すれば，其の院は有害であると云ふやうなことが言はれて居りますが，其の根源と云ふのは，結局抑制機関たるの程度を越えて全くの対等機関になる所にあらうと思ひます，それで此の案に於きましては，**参議院を一種の**

23

	抑制機関である，而して之に慎重練熟の要素を盛り込む工夫をしたならば一院制の持つて居る欠点，或は又此の憲法草案に付て往々人が疑ふ所の多数党の一時的なる勢力が弊害を起すと云ふやうなことを防止する力を持つのではなからうか，是が基本の考へでございます…
1946年9月2日貴族院帝国憲法改正案特別委員会における金森大臣の答弁	…而して国会は両院制度を採りまして，衆議院と参議院を以て之を構成することとして居ります，是は一に国のことを審議致しまするに付ての慎重を期すると云ふことの方針から出て居る訳であります，両院はいずれも全国民を代表する選挙された議員を以て之を組織するものとして居ります，其の組織は法律を以て定むることと致して居ります，必ずしも世間で往々にして誤り伝へられますやうな直接選挙でなければならぬと云ふ風の規定は設けて居りませぬ…

＊各帝国議会会議録から抜粋して作成。カタカナは適宜ひらがな表記に改めた。

として，憲法改正の議論において次のとおり附帯決議を行ってその意思を表した。

　　衆議院帝国憲法改正案委員会附帯決議[11]
　　三，参議院は衆議院と均しく国民を代表する選挙せられたる議員を以て組織すとの原則はこれを認むるも，これがために衆議院と重複する如き機関となり終ることは，その存在の意義を没却するものである。政府は須くこの点に留意し，参議院の構成については，努めて社会各部門各職域の智識経験ある者がその議員となるに容易なるよう考慮すべきである。

　参議院議員の選挙に関する法律案は，憲法附属法の審議機関として官制により設置された政府の臨時法制調査会にて議論された[12]。ここでは，議員の定数を二分し，半数を各都道府県の区域を選挙区とし，残りの半数は全国を一つの選挙区として選挙を行うという案が検討された。その他，推薦制度による選挙，選挙委員による間接選挙，地方議会議員による選挙など，さまざまな案が提示されて，同調査会第二部会は1946年8月21日にそれまでの審

(11)　第90回帝国議会衆議院帝国憲法改正案委員会議録21号（1946年8月21日）411頁。
(12)　自治大学校編『戦後自治史Ⅲ』（1960年）6-17頁。

1 第二院としての参議院の創設

議について中間報告を行い，参議院議員選挙法案要綱を同調査会総会に紹介した。同年9月20日に，政府は，貴族院の帝国憲法改正特別委員会の要求に基づき，同委員会に参議院の構成に関する試案を提示した。政府はまた，同年10月4日に「参議院の構成に関する試案」をGHQに提出した。GHQから同年11月14日に修正意見の申し入れがあり，政府はこれに基づいて，議員定数を全国区は150人から100人に削減し，被選挙人の年齢は40歳から30歳に下げ，第2回選挙において改選される議員を抽選で決定する方式から得票順にして低い方の半数を改選すると変更して法律案を整えた。このように，日本側は衆参各院の特徴を議員構成のちがいに求めた。しかし，任期以外のちがいは，直接選挙，普通選挙，自由選挙の原則に反するとともに，憲法に規定された全国民の代表（憲法第43条第1項）に反するとして，GHQの賛成を得ることができず[13]，実現されなかった。

すなわち，憲法の条文上はすでに3月2日案の段階において参議院議員の選挙における地域代表制および職能代表制の導入はGHQ側から否定されたものの，日本側は新たに定める参議院議員選挙法において，参議院議員の構成のちがいとしてその議院の性格を出そうと企図した。しかし，それもGHQにより大幅に制限されたので，都道府県を選挙区の単位とした選出方法を規定することによって地方代表の性質を，全国を一つの単位とした参議院独自の選出方法により職能代表の性質を加味しようとしたように思われる。

その後，同法律案は同年12月3日に帝国議会に提出され，貴族院先議で議論された。大村清一内務大臣は，参議院議員の選出方法は，職能代表制や一定の団体からの推薦制にするという意見もあるが，国民代表，平等選挙・自由選挙の原則と日本国憲法の精神に最も合致する考えをとった，と説明した[14]。同年12月16日に貴族院で可決され，同25日に衆議院で可決されて成立した。枢密院への諮詢および天皇の裁可を経て，1947年2月2日に公布さ

---

(13)　衆議院＝参議院編『議会制度百年史　議会制度編』（大蔵省印刷局，1990年）127-129頁。

(14)　第91回帝国議会貴族院本会議議事速記録5号（1946年12月4日）60-61頁。

第 2 章　国民代表議会としての参議院の誕生

れた。ついで，選挙運動について，事前運動や戸別訪問の禁止を内容とする参議院議員選挙法改正案が同年 3 月 1 日に政府提出法案として第92回帝国議会に提出された。同月10日に衆議院で，同月13日に貴族院で可決されて成立し，同月17日に公布された。

　このほか，憲法改正によって参議院が新設される際には，議員の選出方法について，衆議院と同様，当然に選挙権，被選挙権ともに男女平等にすることとされた。参議院議員選挙法では，選挙権は他の選挙と同様に20歳以上の男女に，被選挙権は30歳以上の男女に付与された。なお，戦争被害が激しく，米軍の直接統治のもとに置かれた沖縄県は，同法別表に記載される地方区の「選挙区」として記載されなかった（1952年の公職選挙法改正の際に記載）。

　1947年 4 月27日に第 1 回の参議院議員通常選挙が行われた。全国区から100人，地方区から150人の，合計250人が選出された。地方区の定数は一選挙区あたり 2 ～ 8 人と偶数で配分されて， 3 年後の半数改選を可能とした（憲法第102条）。得票数の多い半数の125人の任期を 6 年とし，少ない半数の125人の任期は 3 年とされた。

(3)　「慎重審議の府」と位置づけられた参議院のジレンマ

　政府や憲法学界が望んだ衆議院優位の国会に支えられた議院内閣制という憲法解釈には，一つの難点があった。先述のとおり，参議院には衆議院を抑制する役割が期待されたが，それはすなわち，衆議院の優位性を抑制することを意味する。他方，衆議院の優位性を強調すると，参議院の存在理由がなくなるということである。こうして，参議院は誕生のときから，その存在にジレンマを抱えることとなった。

　もともと一院制であった GHQ 草案を二院制に改めて，参議院によって衆議院の急激な舵取りを牽制するというのであれば，参議院にそれだけの権限を認めなければならない。GHQ は，一院制を二院制に改めるのであれば，衆参両院がともに選挙で全国民を代表する国民代表議会として政府よりも上位におくことを構想していた。しかし，参議院に，国民代表議会にふさわし

26

1 第二院としての参議院の創設

い強い権限を認めれば，衆議院に基礎を置く議院内閣制がうまく立ち行かなくなる。そこで，この矛盾を処理するために日本政府は，参議院の存在理由を疑問にする批判がでるたびに，二院制は2つの議院で議論することで一院のみで代表される国民の意見の勢いを調整し，衆参両院が対立した場合は衆議院を優位とする不平等型であるとし，参議院の役割は「慎重審議」「抑制」の府という説明で応酬した。

憲法学の研究者からは，衆参各院における論議がともに国民の面前で行われ，参議院は「衆議院に反対する意見を，国民に反映せしめ，これが漸て国民の世論として再び衆議院に反映するという，間接の抑制作用を為すものとして理解される」[15] という政府の説明を補完する見解が示された。他方，政党や民間による憲法改正案において，参議院議員としては学識経験者や知能代表の特質を明確にした職能代表議員が提案されたり[16]，学識のある者や帝国学士院会員から勅任された貴族院議員の活躍ぶりが新しい参議院議員としてもイメージされたりしたからか，参議院を知能代表で衆議院の足りないところを補佐し，抑制機関というよりも修正や熟慮をする機関と位置づけることで政府の立場を擁護する見解[17] も形成された。

1946年2月14日に東京帝国大学の南原繁総長の発案で同大学内に設けられた「憲法研究委員会」は，同年春に発表した報告書[18] において，「両院制の趣旨に鑑み，『数』の支配する衆議院に対して，可及的に『理』の支配する参議院を設ける趣旨で，憲法において参議院の組織及び権能の大綱を規定するを適当とする。」と提言した。加えて，参議院の組織については「そこ

---

(15)　浅井清『日本憲法講話』（巌松堂，1947年）124頁。

(16)　その他，地域の代表および経済団体・文化団体の代表なども提案された。田中・前掲注（4）38-43頁。

(17)　宮沢俊義，末広厳太郎，我妻栄，向坂逸郎，鈴木安蔵が出席した座談会における鈴木の発言（「新憲法と国政の運用」改造28巻5号（1947年）34頁）。

(18)　同報告書は，我妻栄が1946年4月1日の東京帝国大学憲法研究委員会の例会で行った報告に基づき執筆した論文にて，解説とともに全文が紹介されている（我妻栄「知られざる憲法討議」世界200号（1962年）50-69頁）。

第2章　国民代表議会としての参議院の誕生

にできるだけ優秀な知能を代表させる方法を考慮すること」とされた。同報告書は正式には公表されなかったが，その後，この研究会のメンバー数人が勅任議員として貴族院での憲法審議や臨時法制調査会委員として憲法附属法の立案にかかわり，その成果は生かされた。同研究会の委員であった刑部荘は1946年11月に発行された論文の末文にて同様の見解を述べて広く一般に紹介した[19]。この刑部の論文は後の憲法学界において，参議院を「理（性）の府」「良識の府」と位置づけた学説上の嚆矢として紹介された[20]。議会であれば，成田憲彦が指摘するように，本来は衆参両院ともに「理の府」でなければならず[21]，同研究会が衆議院を「数の支配」と表現した理由は明らかではない。ただ，議会運営は原則としてコンセンサス方式に基づくという大日本帝国憲法から日本国憲法においても引き継がれた憲法慣習とは異なる，いわば実態とは離れた大胆な解釈となり，日本国憲法における議院内閣制をウェストミンスター型に理解しようとした後年の憲法学の解釈に大きく影響を与えたように思われる。

1947年の第1回参議院議員通常選挙の結果，政府の主張を裏づけるように，既成の政党に属さない無所属の当選者たちによって「緑風会」という院内会派が形成された。国会召集日には92人に達して，参議院の第一会派となった。緑風会は，衆議院の政党の意向に左右されない議員個人の理性による議員活動が期待され，参議院が「理の府」となりうる現実的な可能性を示すものとして高く評価された。しかし，その実態は保守的な色彩が強かった。3年後の1950年の第2回選挙では労働組合，宗教団体，官公庁を支持母体とする候補者が増え，自由党が52議席，社会党が36議席を獲得した。一方，緑風会は9議席にとどまり，改選前を合わせると57議席であり，その勢力は衰えた。

---

(19)　刑部荘「両院制」国家学会雑誌60巻11号（1946年）406頁。

(20)　刑部論文を紹介する高見勝利『現代日本の議会政と憲法』（岩波書店，2008年）135頁につき，棟居快行「二院制の意義ならびに参議院の独自性」レファレンス2015年4月号（2015年）3頁。

(21)　成田憲彦「参議院の位置づけ」都市問題2013年10月号（2013年）46頁。

ついでその 3 年後の1953年の第 3 回選挙で大きく衰退した。それに代わって
政党所属の議員が多数生まれることとなった。

このように，緑風会がわずか 3 年で大きく議席を減らした経験から，主権
者国民が，参議院が「理の府」になることを望んでいなかったことがわかる。
さらに，参議院の活動を振り返って見れば，参議院議員は，実年齢こそ衆議
院よりも高齢であるが，それは，官僚，企業や労働運動で長年活躍した後に
参議院議員に転じたからであって，政治的なキャリアという点では衆議院議
員に及ばない。議案の審議では，衆議院の方が，衆議院先議の議案が多いた
め審議に時間をかけて，内容的にも充実しているといえよう。

2　国会法の制定

国会法は，日本国憲法の制定過程と重なるようにその制定が準備された。
その立法過程は衆議院事務局がリードして準備されたものの，GHQ の影響
を大きく受けた。

国会法は国会および衆参各院の議院運営の支柱となるものである。旧憲法
の議院法と，新たな日本国憲法下の国会法のもとでは同じ「議会制」であっ
ても「帝国議会」と「国会」では議会の憲法上の地位や性格はまったく異な
る。衆参各院の議員および議院事務局は，国会法，議院規則には明示されて
いないが実際の運用に必要なルールに関する憲法慣習をつくりあげてきた。

⑴　憲法附属法としての国会法

大日本帝国憲法は「両議院ハ此ノ憲法及議院法ニ掲クルモノ、外内部ノ整
理ニ必要ナル諸規則ヲ定ムルコトヲ得」（第51条）と規定しており，議院法
の存在を前提としていた。議院法は，単に貴衆各院の制定する議院規則の内
容を枠づける役割を果たしていただけのものではなく，憲法附属法の一つと
して憲法を補充する役割を持っていた[22]。

日本国憲法の制定過程において，GHQ 草案は一院制を採用して議院の自
主的な規則制定権を認めたが， 3 月 2 日案以降は二院制が採用されたため，

第2章　国民代表議会としての参議院の誕生

衆参両院関係を規定する法的枠組みの整備が必要とされた。しかし，日本国憲法の憲法草案には国会法の存在を明示する条文はなかった。

　当時，政府側においても衆議院においても，日本国憲法のもとで，議院法に代わる国会法が必要なのか，その国会法はいかなる性格のものであるかについて検討を加えた跡は発見できていない(23)。しかし，その必要性は当然とされたようで，国会法草案の作成は，内閣側では臨時法制調査会第二部会が1946年8月13日「議院法改正の項目」を決定し，衆議院側では議院法規調査委員会が同月9日から30日までに3回の会合を開いて議論して同年9月4日に「新憲法ニ基キ国会法ニ規定スル事項」を決定するなど，ほぼ同じ時期に開始された。その後は，議員提出としておいた方がよいであろうとされ，政府側ではなく，衆議院側を中心として草案が作成されることになった(24)。同年10月31日に衆議院が国会法第1次草案の決定以後，GHQ民政局立法分析官（後の立法課長）のジャスティン・ウィリアムズは，日本政府などが保守的な参議院が衆議院を抑制して内閣の施策を妨害する制度にすることを防止すべきと考えていたようである(25)。こうした考え方はGHQ民政局のケーディスと思わしき人から即座に否定される(26)が，ウィリアムズは日本側に数次にわたりその内容について詳細な指示を出した。

　ウィリアムズによる第1次草案に対する同年11月4日の第1回目の指示の内容は11項目にわたり，そこに常任委員会および特別委員会，常置委員会の設置を含んでいた。これは憲法の議会制における非常に重要な内容をGHQの一メンバーが選択して指示したことを意味する。同調査委員会は同月16日

---

(22)　黒田覚「国会法の制定過程と問題点」東京都立大学創立十周年記念論文集編集委員会編『東京都立大学十周年記念論文集（法経編）』（1976年）42頁。

(23)　黒田・同上，41頁。

(24)　西沢哲四郎「国会法立案過程におけるGHQとの関係」
　　　http://www.ndl.go.jp/constitution/shiryo/05/002_39/002_39tx.html

(25)　梶田秀『占領政策としての帝国議会改革と国会の成立1945-1958』（信山社，2017年）45頁。

(26)　梶田・同上。

30

2　国会法の制定

にこのウィリアムズの指示に基づいて第2次草案を決定して，委員会中心主義を採用して常任委員会を部門別に設置し，本会議中心主義の三読会制度を廃止することが盛り込まれた。同月22日にウィリアムズが同案に対して再び指示を行って，それまで同調査委員会が設けていた常置委員会を削除し，常任委員会および特別委員会は会期中にのみ開会するとすることが示された。同調査委員会は12月4日に第3次草案を決定し，ウィリアムズは同月6日にそれに対して指示をした際に常任委員会および特別委員会において閉会中審査を行うことを認めた。加えて，議会に提出された議案は本会議で審議した後に委員会に付託するのではなく，ただちに付託することとされた。こうして，GHQの担当者による強力な指導のもとで現在の国会法に基づく委員会中心主義が形成されたのであるが，憲法条文の審議の際にはこういう転換が意識されていなかったことは指摘しておかねばならない。

　さらに，1946年4月2日と6日のGHQとの協議の際に，日本側は国会閉会中にどうしても国会で決めなければならないことが生じた場合の憲法上の措置として，参議院が一時的に機能を果たすか国会常置委員会を設置するかを提案したが，ケーディスはこれに強く反対した。後日，松本国務大臣がホイットニーに直接申し入れて，結局，憲法条文に参議院の緊急集会が加えられた[27]（第7章参照）。

　なお，第1次草案に対するウィリアムズの指示の大部分の内容は，1946年8月にアメリカで制定された「1946年立法府再編法」に基づいているとされる[28]。その影響は，第2次草案以降の指示にも続いた。同法の内容に沿って，第2次草案後の指示において，常任委員会の名称や数を国会法に明記す

---

(27)　入江俊郎『憲法成立の経緯と憲法上の諸問題』（第一法規，1976年）283頁。「民政局長のための覚書」犬丸秀雄『日本国憲法制定の経緯』（第一法規，1989年）203頁，213-214頁。

(28)　アメリカの1946年立法府再編法と当時の日本の帝国議会との対照について，大曲薫「国会法の制定と委員会制度の再編」レファレンス2010年11月号（2010年）39-40頁。

第 2 章　国民代表議会としての参議院の誕生

ることを求めるなど，その内容はより詳細になった。衆参両院に共通して適
用されるルールが増えて「各議院の自律権はまったく喪失」[29] して，衆参
両院の自律的な議院運営権はより制限されることとなった。

　結局，帝国議会には，1946年12月18日に，第91回帝国議会の衆議院に議員
立法として国会法案が提出された。同法案は審議未了となったが，第92回帝
国議会の1947年 2 月 3 日に再び衆議院に提出され，同月22日に可決された後，
貴族院に送付された。貴族院は送付案を同年 3 月18日に修正議決し，衆議院
はその回付案に翌19日に同意した。その後，枢密院への諮詢，天皇の裁可を
経て，公布・施行された。ウィリアムズは後に，国会法の132か条のうち，
48か条は議院法から，2 か条は大日本帝国憲法から，4 か条は衆議院規則
（当時）からそのまま取り入れられ，残りの37か条が新しく挿入された[30] と
振り返った。

　また，GHQ は当初は衆参各院の議院規則（ハウスルール）を前提に，国会
法は不要であるとの立場であったが，いったん国会法の制定を承認するとそ
の内容に介入し，国会法に衆参各院独自の事項も盛り込まれた[31]。

　運用上生じたさまざまな問題に対応するため，帝国議会における先例は，
重要でかつ日本国憲法と国会法の精神に反しないものは踏襲されて，議員も
議院事務局も運営上さまざまに工夫をした。国会法や議院規則は必要に応じ
て頻繁に改正された。大きな改正は，常任委員会制に関する1948年の第 2 回

---

(29)　黒田・前掲注（22）71頁。なお，国会法では新たに「自由討議」も導入さ
　　　れたが，衆議院で36回，参議院で30回の開会実績を残して，1955年の国会法
　　　改正により廃止された。自由討議の実績について，茜一郎「自由討議」議会
　　　政治研究25号（1993年） 1 -14頁。生天目忠夫「参議院における自由討議」同
　　　15-28頁。田中信一郎『国会質問制度の研究』（日本出版ネットワーク，2012
　　　年）84-112頁。
(30)　ジャスティン・ウィリアムズ「日本議会法の今昔（下）」法律タイムズ16号
　　　（1948年）12頁。なお，原文どおりに合計すると91か条となり，実際の数（132
　　　か条）とは合わない。
(31)　西沢・前掲注（24）。国会法の制定過程についての詳細は，赤坂幸一「戦後
　　　議会制度改革の経緯（一）」金沢法学47巻 1 号（2004年） 1 -250頁。

国会（昭和23年法律第154号），会期制や議事手続に関する1955年の第21回国
会（昭和30年法律第3号），議長の権威や議院の秩序に関する1958年の第28回
国会（昭和33年法律第65号），常任委員会を衆参両院で異なる構成とした1980
年の第91回国会（昭和55年法律第22号），政治倫理に関する章を新設した1985
年の第103回国会（昭和60年法律第82号），参議院に調査会制度を導入した
1986年の第104回国会（昭和61年法律第68号），憲法調査会を新設した1999年
の第145回国会（平成11年法律第118号），憲法改正発議に関する章を新設した
2007年の第167回国会（平成19年法律第51号）など数次にわたる[32]。

(2) 常任委員会の設置と委員会中心主義の導入

　帝国議会は立法権の行使について天皇に協賛する機関であった（大日本帝
国憲法第5条）。議会運営は本会議中心主義であった。法律案は三読会制の議
事手続より議決されて，成立した（議院法第27条）。貴衆各院の常任委員会は
わずか5つであった。すなわち，貴族院は予算委員会，決算委員会，請願委
員会，懲罰委員会，資格審査委員会の5委員会，衆議院は予算委員会，決算
委員会，請願委員会，懲罰委員会，建議委員会の5委員会であった。法律案
の審議は，本会議で趣旨説明が行われた（第一読会）後に，法律案ごとに設
置される臨時の特別委員会に付託されて審査され，その後に再び本会議で逐
条審議し（第二読会），採決が行われた（第三読会）。第二読会は形骸化して
次第に省略されるようになり，すぐに第三読会に議案が移された[33]。

　国会法案が帝国議会で審議された中では，常任委員会の増減に関する規定
（第42条第2項）は貴族院の修正による。衆議院が可決した送付案は「各議院
において必要と認めたときは，前項各号以外の常任委員会を設けることがで
きる」であったが，貴族院は，衆議院よりも議員数の少ない新設の参議院に

---

(32)　鈴木隆夫『国会法の理念と運用』（信山社，2012年）65-83頁。
(33)　田中嘉彦「帝国議会の貴族院」レファレンス2010年10月号（2010年）62頁。

第 2 章　国民代表議会としての参議院の誕生

対応するため，「各議院は，両院法規委員会の勧告に基づいて，前項各号の常任委員会を増減し又は併合することができる」と委員会の増やす要件を厳しくし，数を減らすことができるように修正した(34)。衆議院はこれを受け入れた。

国政の主要な活動分野について，国会でどのように取り扱うか。それを，議院法を廃止して新たに国会法を制定し，衆参両院に常任委員会を設けて，議案を委員会に付託して審議をしようとしたのは，前述のとおり GHQ 民政局のウィリアムズ立法課長の指示に基づく。常任委員会の所管事項は，当初は省庁別ではなく事項別が予定されて(35)，21箇の委員会が設置された（第42条第1項）。ただし，各委員会が所管する内容は，国会法ではなく衆参各院の議院規則で定めることとされた。衆参両院は第1回国会において議院規則を制定した際に，各委員会の所管も規定した。

しかし，新憲法に基づく議会運営が定着するのには時間がかかった。現場ではさまざまな混乱の中，手探りで大日本帝国憲法下における「本会議中心主義」から，日本国憲法下における「委員会中心主義」という憲法慣習をつくりあげたといえよう。後に衆議院事務総長を務める鈴木隆夫は，国会発足から3年後の1950年に「新しい委員会制度が，旧憲法時代のそれとは，全く異なっているのにもかゝわらず，未だに従来の委員会制度の理論でこれを理解しようとしている人が多いのは，まことに遺憾に堪えない」(36) と述べた。

委員会中心主義は，衆参各院に提出された議案が，本会議の議事を経ることなく直ちに委員会に付託される議会運営の原則である。これにつき，委員会の常設制，会派的構成，行政省庁対応性および委員の常任性の4点を要素とする見解(37) もある。

---

(34)　橋本實斐議員の発言（第92回帝国議会貴族院議事速記録18号（1947年3月18日））。

(35)　国会法案提出者の一人である田中萬逸衆議院議員の発言（第91回帝国議会衆議院議事速記録12号（1946年12月18日）6頁）。

(36)　鈴木・前掲注（32）126頁。

(37)　大石眞「委員会制度」ジュリスト1177号（2000年）44頁。

2 国会法の制定

　なお，「国会」の制度がスタートしてまもない1948年の第2回国会におい
て，委員会中心主義の原則は若干緩和された。緊急を要する議案は議院の議
決によって委員会審査を省略することが可能になり（国会法第56条第2項），
重要な議案について議院運営委員会が必要と認めた場合は本会議で議案の趣
旨説明を聴取することも可能になった（同第56条の2）。

(3) 衆参両院の共通性と独自性の模索

　さらに，委員会の構成のあり方が変更された。委員会の所管が事項別だと
議案が別々の委員会に関係があって付託先の委員会を決めるのが面倒であ
る[38] として，事項別から省庁別に改正する国会法改正案が議論され，可
決・成立した（施行は翌第3回国会召集日）。その結果，衆参両院ともに，常
任委員会は，予算委員会，決算委員会，議院運営委員会，懲罰委員会，図書
館運営委員会の5委員会を除き，原則として各省庁別とされたが，内閣関係
は所管事項が多いため行政調査及び人事委員会，地方行政委員会，経済安定
委員会，法務委員会の4つに分けて，あわせて20箇の委員会に再編された。
また，委員会の増減については，第42条第2項の条文にさらに「この場合そ
の委員会は，両院ともに同じでなければならない。」と付け加えられて，衆
参両院の同一性が強く求められた（1955年の国会法改正の際に削除）。

　次の大きな変更は，1980年の第91回国会の国会法改正により，衆参両院と
も常任委員会の数および名称が同じであったものを改めて，衆参各院で規定
することとされた。すなわち，衆議院ではそれまでの16箇の委員会に新たに
科学技術委員会および環境委員会を加えて，あわせて18箇の委員会を設けた。
ただし，衆議院のそれぞれの委員会が省庁別である原則に変化はなく，前者
科学技術庁，後者は環境庁・公害等調整委員会の所管に属する事項を扱うと
された。参議院は従来どおり16箇の委員会とされた。

　さらに，1986年5月の第104回国会において，参議院に調査会を設置する

----

(38)　第2回国会衆議院議院運営委員会議録15号（1948年2月25日）1頁。

第2章　国民代表議会としての参議院の誕生

ための国会法改正案が提出されて，可決・成立した。これにともない，同年
7月の第106回国会から，参議院に3箇の調査会が設置された(39)。このよう
に，国会法はこれまでに数次にわたり大きく改正され(40)て，委員会制度の
あり方は変化してきた。

　なお，この間，参議院は独自に常任委員会のあり方を模索した。第一に，
委員会数の削減をめざしたことである。1950年代初めには，参議院から，国
会法改正案が提出された（第13回国会）。議員定数が大きく異なる衆参両院が
同一の常任委員会を持つことは適当でなく，予算，決算，議院運営，懲罰，
図書館運営の5委員会を除き，衆参各院がその構成を自主的に定められるよ
うにしようとした(41)。同法案は衆議院に送付されたが，国会運営の混乱も
あり，成立しなかった。参議院側の目的は，1委員会の人数を10〜15人にし，
委員会の総数を3〜4箇減らそう(42)というものであった。しかし，衆議院
側から党利党略によって逆に委員会の数が増える可能性もあるとして難色が
示された(43)。当時は衆参両院の関係が混乱していたこともありそのような
批判が生じたのであろうが，規模に沿った分相応の活動をしようとする参議
院独自の動きであり，注目される。

　第二に，省庁別の委員会構成は，各省庁と委員会との結びつきが強くなり
すぎて各省庁の出先機関と化して政府部内の対立がそのまま各委員会の争い

---

(39)　辻啓明「委員会の制度及び運営の諸問題（1）」議会政治研究44号（1997
　　　年）1-10頁。岡本修「衆議院・委員会所管事項の変遷」議会政治研究44号
　　　（1997年）11-17頁。中村剛「参議院・常任委員会改変の経過」同18-29頁。佐
　　　伯力「帝国議会と国会・委員会制度の変遷」議会政治研究30号（1994年）
　　　16-23頁。
(40)　詳細は，佐藤功「国会」ジュリスト361号（1967年）47-52頁。松澤浩一「国
　　　会法改正の史的概観（1）〜（3）」議会政治研究15号（1990年）28-33頁，同
　　　16号（1990年）33-42頁，同17号（1991年）26-39頁。
(41)　第13回国会参議院会議録71号（1952年7月29日）11頁。
(42)　草葉隆圓議員の発言（第13回国会衆議院議院運営委員会議録76号（1952年
　　　7月30日）1頁）。
(43)　第13回国会衆議院議院運営委員会・同上，1-5頁。

2 国会法の制定

になる[44] など，国会の自主性が損なわれて，その行政監視機能を弱めることにつながるため，省庁別から再び事項別の構成にしようとしたことである。1955年に国会法第42条が改正されて，常任委員会の数を22箇から16箇に削減した。さらに，委員会の増設・併合に関する第42条第2項は必要がないとして削除された。また，各議員は，従来は必ず1箇の常任委員にならなくてはならなかったが，実際には委員会に出席して職責を務めることができない議長・副議長，内閣総理大臣その他の国務大臣，内閣官房長官，政務次官などの職にあるものは常任委員を辞退することができるものとされた。同法の改正にともない，参議院は1955年3月18日の第22回国会召集日当日に，常任委員会の委員数および所管事項に関して同議院規則を改正し，委員会の所管を事項別に改めた。なお，衆議院の常任委員会は省庁別のままとされた。

(4) 会派に基づく活動

「会派」とは，衆参各院において，議院内で活動をともにしようとする2人以上の議員により結成された団体である（衆議院先例集第99号，参議院先例録第110号）。多くは同一政党に属する議員で結成されるが，異なる政党に属する議員が統一して会派を組んだり，政党に属しない議員によって結成されたりすることもある。会派は議院における議員活動の基本となる団体であるが，明確な定義は法律上定められておらず，先例に基づき運用されている。会派の所属議員が1人になった場合は，当該会派は解消する。そもそも会派に属しない議員もいる。

　帝国議会では，衆議院では，1904年の第21回帝国議会からは議長と各会派の間で議会運営の諸問題を協議する議長の諮問機関として「各派協議会」が設置された。1911年以降は，議長において各派に諮るべき交渉事項がある場合は，各派交渉委員および無所属議員を招集して協議することになった。これは1939年の第74回帝国議会から名称を「各派交渉会」に改めて，日本国憲

---

(44)　奥野健一「改正された国会法」ジュリスト78号（1955年）2頁。

第2章　国民代表議会としての参議院の誕生

法施行後の第2回国会まで存続した。

　他方，貴族院は衆議院と異なり，その議員は政党に所属しないのが原則であった。しかし，実際には，あくまでも政治団体ではなく，社交団体として，研究会，三曜会，茶話会などの院内会派が結成された。1898年の第12回帝国議会では研究会が他の会派によびかけて議事の運営と議事事項の調査について協議するための会合が開かれるようになった[45]。当初は非公式な扱いであったが，2年後の1900年の第15回帝国議会以降，いわゆる貴族院六派による「各派交渉会」として正式に会議を開くのが慣例となった。

　日本国憲法施行後，1947年に定められた国会法では，常任委員および特別委員は，各会派の所属議員数の比率により各会派に割り当てられて，議長により指名されて選任される（第46条第1項）など，衆参両院の活動は会派を中心に行われることが前提とされた。

⑸　国政調査権

　議院法には，政府に対する質問権（第10条），委員会の政府委員に対する説明要求権（第44条）が規定されていた。他方，審査のために国民を召喚したり，議員を派遣したりすることはできず（第73条），政府が秘密に渉るものと認めた場合には必要な報告や文書を求めてもその要求に応じる必要はなく（第74条），国務大臣および政府委員のほかには照会往復することはできなかった（第75条）。貴衆各院は，大日本帝国憲法上の規定はなくても，限定的ではあるが国政を調査する権限を有していたといえよう。

　日本国憲法では議院の国政調査権を明示した（第62条）。ただし，その制定過程において，当初めざされていたものから内容は大きく変化したといえよう。

---

(45)　各派交渉会については，田中・前掲注（4）58-59頁。木村利雄「議会における交渉機関の変遷と会派の関係」議会政治研究26号（1993年）9頁。村瀬信一『帝国議会』（講談社，2015年）52頁。武田美智代「国会改革の軌跡」レファレンス2006年7月号（2006年）95頁。

2 国会法の制定

　GHQ 草案では，国会の国政調査権は強大であった。自ら調査を行うととも
もに，国政調査の要求に応じない者に国会自ら処罰を下す権限をもっていた
（第54条）(46)。憲法上，終審裁判所とされた最高法院の法律，命令，規則，
官憲の行為の合憲性に関する判決に問題がある場合は，国会にその再審を行
う権限を付与し（第73条第1項），国会議員全員の3分の2以上の賛成があれ
ばその判決を破棄することができる（同条第2項）とした(47)。このように，
GHQ 草案では，国会は他の国家機関を統括する機関として位置づけられて
いた。

　その後，国会が一院制から二院制とされた日本政府案でも，国政調査権の
権限は強力であった。3月2日案は GHQ 草案と同様に国政調査の要求に応
じない者に国会自ら処罰を下す権限をもつ（第63条）とともに，最高
法院の判決に対して再審を行ったり，判決を破棄したりする権限も引き続き
付与された（第81条第2項）(48)。

　しかし，3月5日案以降は，立法権と司法権の均衡と抑制の関係から，最
高裁判所の判決に対する再審や破棄する権限に関する条文案は削除された。
さらに，国政調査の要求に従わない場合に議院が自ら処罰権を行使する規定
は，日本政府側から，1946年4月の日本政府と GHQ との第2回交渉におい
て，議院が自ら処罰するのではなく裁判所に行わせることが適当であるとし

---

(46)　GHQ 草案　第54条
　　国会ハ調査ヲ行ヒ証人ノ出頭及証言供述並ニ記録ノ提出ヲ強制シ且之ニ応
　セサル者ヲ処罰スル権限ヲ有スヘシ
(47)　GHQ 草案　第73条
　　最高法院ハ最終裁判所ナリ法律，命令，規則又ハ官憲ノ行為ノ憲法上合法
　ナリヤ否ヤノ決定カ問題ト為リタルトキハ憲法第三章ニ基ク又ハ関聯スル有
　ラユル場合ニ於テハ最高法院ノ判決ヲ以テ最終トス法律，命令，規則又ハ官
　憲ノ行為ノ憲法上合法ナリヤ否ヤノ決定カ問題ト為リタル其ノ他ノ有ラユル
　場合ニ於テ国会最高法院ノ判決ヲ再審スルコトヲ得
　　再審ニ附スルコトヲ得ル最高法院ノ判決ハ国会議員全員ノ三分ノ二ノ賛成
　ヲ以テノミ之ヲ破棄スルコトヲ得国会ハ最高法院ノ判決ノ再審ニ関スル手続
　規則ヲ制定スヘシ

第 2 章　国民代表議会としての参議院の誕生

て「此ノ場合ニ於テ，要求ニ応ゼザル者ハ法律ノ定ムル所ニ従ヒ処罰セラル
ベシ」と修正を申入れ，第 3 回交渉においてこの条文そのものを削除するこ
ととなった[49]。

3　会期制の導入

　会期とは，国会がその権能に基づいて活動能力を有する一定の期間のこと
である。日本国憲法の制定過程では，「会期制」にするかあるいは会期の定
めのない「常設制」にするかどうかについて議論された。金森徳次郎国務大
臣は，4 か月，5 か月，6 か月くらいの期間を決めて，必要になったら延長
するという考えを示して，会期制の採用が定まった[50]。他方，具体的な会
期の期間については憲法では定めないで，憲法附属法の国会法で定めること
となった。

(1)　会期の始期

　国会の召集は天皇の国事行為の一つである（憲法第 7 条第 2 号）。その召集
は，帝国議会と同様，召集詔書の公布によって行われる（国会法第 1 条）。た
だし，召集は内閣の助言と承認によって行われるため，国会の活動が始まる
時期の実質的な決定は内閣が行う。

---

(48)　3 月 2 日案　第81条
　　　此ノ憲法第三章ノ規定ニ関聯アル法令又ハ行政行為ガ此ノ憲法ニ違反スル
　　ヤ否ヤノ争訟ニ付テハ最高裁判所ノ裁判ヲ以テ終審トス。
　　　前項ニ掲グルモノヲ除キ，法令又ハ行政行為ガ此ノ憲法ニ違反スルヤ否ヤ
　　ノ争訟ニ付最高裁判所ガ為シタル判決ニ対シテハ国会ハ再審ヲ為スコトヲ得。
　　此ノ場合ニ於テ両議院ハ各々其ノ総員三分ノ二以上ノ多数ヲ得ルニ非ザレバ
　　最高裁判所ノ判決ヲ破棄スルコトヲ得ズ。
　　　前項ノ再審ノ手続ハ法律ヲ以テ之ヲ定ム。
(49)　佐藤達夫＝佐藤功補訂『日本国憲法成立史第 3 巻』（有斐閣，1994年）303,
　　320頁。
(50)　第90回帝国議会貴族院帝国憲法改正案特別委員会議事速記録18号（1946年
　　9 月20日）15頁。

3 会期制の導入

常会は毎年1回，1月中に召集される（憲法第52条，国会法第2条）。召集詔書の公布は，大日本帝国憲法下での議院法では40日前とされていた（議院法第1条）が，国会法が制定された当時は少なくとも20日前に公布されるとされた。その後，交通・通信手段の発達により公布から開会までの期間が短縮されて，1991年の同法改正により少なくとも10日前に公布されるとされた（国会法第1条第2項）。

臨時会は憲法上，内閣が召集を決定することができる（憲法第53条）。ただし，衆参両院のいずれかの院の総議員の4分の1以上の要求があれば内閣は召集を決定しなければならない（同条）（第9章参照）。一院の4分の1以上の議員の要求で開催しなければならないということは，憲法上，議会運営は少数会派の意向にも十分に配慮されるべきことを意味している。これまで，衆議院議員のみが要求した例は7件，参議院議員のみが要求した例は2件，衆参各院の議員が共同で要求した例は28件である。このように臨時会の始期にあたっては，内閣だけではなく，衆参各院の意思が考慮されることもある。召集詔書は適当な期間をもって公布される[51]。他方，要求書が提出されたが，実際には，内閣から翌年に常会を召集することを決定したので了承願いたいとの書面が提出されて結局は臨時会が召集されなかった例は，2017年9月末現在で3回である（いずれも衆参各院の議員から要求した例。要求日は2003年11月27日，2005年11月1日，2015年10月21日）。

また，衆議院の解散による衆議院議員総選挙が行われた際は，その選挙日から30日以内に特別会を召集しなければならない（憲法第54条第1項）。衆議院議員の任期満了による総選挙の場合は，その任期が始まる日から30日以内に特別会が召集される（国会法第2条の3第1項）。他方，参議院議員通常選挙が行われた場合は，その任期が始まる30日以内に臨時会が召集される（国会法第2条の3第2項）。

---

(51) 衆議院先例集では，臨時会，特別会はともにおおむね7日前（第14号，第16号）。参議院先例録では，臨時会は3日〜23日前，特別会は3日〜16日前とされた（第2号）。

第 2 章　国民代表議会としての参議院の誕生

国会は召集によりその活動能力を取得し，議事の運営が始まる(52)。

(2)　会期の決定と延長

　国会の会期は召集の当日から始まる（国会法第14条）。常会の会期は国会法で定められており，150日間である（同第10条）。

　臨時会，特別会の会期は衆参両院一致の議決で決定する（国会法第11条）。臨時会の会期の決定の際は議長が常任委員長の意見を聞かなければならない（衆議院規則第20条第 1 項，参議院規則第22条第 1 項）。

　会期の議決が衆参両院で一致しないことがありうる（参議院先例録第19号）が，会期の決定は衆議院が優越する（国会法第13条）。すなわち，臨時会と特別会の会期の議決およびすべての会期の延長は，衆参両院の議決が一致しないとき，または参議院が議決しないときは，衆議院の議決したところによる，とされている。そこで，参議院では，会期の延長について衆議院と意思が異なることが想定される場合は，同院において「議決しない」という憲法慣習が確立しているといえるだろう（参議院先例録第27号）。会期について参議院が議決しなかったのは12例ある(53)。

　臨時会および特別会の会期は，原則として，召集日に衆参各院の本会議で議決される（衆議院先例集第 2 号，参議院先例録第18号）が翌日や翌々日に議決したことがある。衆議院と異なる日に議決したこともある(54)。召集日に

---

(52)　法学協会編『註解日本国憲法下巻（1）』（有斐閣，1953年）817-818頁。

(53)　1974年 7 月の第73回国会，1975年 9 月の第76回国会，1976年 8 月の第78回国会，1977年 7 月の第81回国会，同年 9 月の第82回国会，1979年 8 月の第88回国会，1983年 7 月の第99回国会，1988年 8 月の第115回国会，2008年 8 月の第170回国会，2010年 7 月の第175回国会，2011年 9 月の第178回国会，2012年10月の第181回国会である（参議院先例録第20号）。

(54)　衆議院は召集日に議決したものの，参議院が翌日以降に議決したのは，第16回国会（召集日の翌日），第29回国会（同翌日），第32回国会（同翌日），第41回国会（同翌々日），第50回国会（同翌日），第59回国会（同翌々日）である。衆議院も参議院も召集日の翌日に議決したのは，第 1 回国会と第127回国会である（参議院先例録第18号）。

42

3 会期制の導入

衆議院が解散されて，衆参各院で議決されなかったこともある[55]。

また，会期を延長する際は，衆議院は議長が常任委員長会議を開いて各常任委員長の意見をきく。参議院は会期の延長だけではなく休会の際も同様であるが（参議院規則第23条，第23条の2），議長は常任委員長懇談会（以下，「常長懇」という）を開催してあらかじめ各常任委員長から立法計画について意見をきき，議院運営委員会に諮ってから，衆議院の議長と協議する。通常選挙後に初めて召集される国会の会期の決定の際は，常長懇は開かれない。また，常長懇が開催される場合は，特別委員長，調査会長，憲法審査会会長にも出席を求めて意見をきく（参議院先例録第17号）。

実際の手続としては，延長は衆参両院一致の議決で行うことができる（国会法第12条第1項）。1955年の国会法改正により，会期の延長手続を定めた第13条に「又は参議院が議決しないときは」という条項が挿入された。改正前は「両議院一致の議決に至らないときは，衆議院の議決したところによる」とされたため，衆参両院の意見の相違が明確であれば問題はないが，不明確である場合にこの「一致の議決に至らないとき」の解釈をめぐって次のような混乱が生じたことがあったからである。

第一に，参議院の議決がない場合の扱いである。まず，参議院側で，同院の議決の有無について議論されたのは1949年2月2日に召集された第5回国会（特別会）である。その会期は70日間であった。行政機関職員定員法案と各省設置法案が論争となり，4次にわたり延長の議決が行われて可決されて会期は合計110日間となった。その第3次の延長の際，参議院本会議における会期延長の採決について聞き取れず，速記もとれていなかった。社会党（野党）はこうした状況下での議決は無効であり，会期延長後の審議も拒否したが，参議院の議院運営委員会から速記がとれていなくても事実が確認されていれば有効であり，また，同条は衆議院のみの議決の場合も含むとの見

---

(55)　第105回国会（1986年6月2日）および第137回国会（1996年9月27日）である（参議院先例録第21号）。

第 2 章　国民代表議会としての参議院の誕生

解が示された。そこで会期はさらに 6 日間延長されて（第 4 次延長），各法律案は可決された[56]。

　ついで，衆参両院で参議院の議決の有無について議論されたのは，1951年12月10日に召集された第13回国会（常会）である。その会期は150日間であった。破壊活動防止法案が論争となり修正議決された。会期は 5 次にわたり延長の議決が行われて，合計235日間となった。その第 3 次延長の際，参議院本会議では会期延長の議決が行われないまま深夜12時となり散会となったため，社会党は会期延長の無効を主張した。衆議院議院運営委員会はこれに対し，旧第13条の「両院一致の議決に至らないときは」には，参議院の議決が存在しない，衆議院のみで議決された場合も含まれるとの解釈を決定した。参議院の野党各派はこの解釈に疑義ありとして衆参両院の議長と両院法規委員長に解釈の確定を申入れた。その後，佐藤尚武参議院議長からあっせん案として同条の改正案が示されたが，協議が整わないまま混乱が続き，第 4 次延長の議決は衆議院が30日間，参議院が10日間の延長を議決し，衆参両院で議決が異なった最初の事例となった。第 5 次延長の議決は参議院では行われなかった[57]。

　結局，参議院が議決しないときも「両議院一致の議決に至らないとき」の一態様と解釈されて運用されたが，その後1955年の国会法改正の際にそれが明文化された[58]。

　延長できる回数は，当初は無制限であったが，1958年の国会法改正の際に制限が設けられた。常会では 1 回，臨時会および特別会では 2 回まで行うことができる（第12条第 2 項）。日数を制限する規定はない。90日以上の長期の延長はこれまでに 6 例あり，1947年の第 1 回国会（特別会）で154日間，1952年の第15回国会（特別会）で99日間，1972年の第71回国会（特別会）で130日間，1981年の第96回国会（常会）で94日間，1988年の第113回国会（臨

---

(56)　鈴木源三「会期末における参議院」議会政治研究17号（1991年）59頁。
(57)　鈴木・同上，60頁。
(58)　奥野・前掲注（44） 2 頁。

44

時会）で93日間，2015年の第189回国会（常会）で95日間である。

4　国会の始動と開会式

衆参両院の議員は，召集詔書に指定された期日におのおのの院に集会しなければならない（衆議院規則第1条，参議院規則第1条）。国会の活動は，議員がそれぞれの議院に集まることで，本格的に始まる。

(1)　国会の召集と開会式

会期の始めには，国会の開会式が行われる（国会法第8条）。ただし，開会式は召集日と同日でなくてもよい。衆議院の先例は，常会では内閣の施政方針演説が行われる日，臨時会では召集日またはその翌日，特別会では新内閣成立後の内閣の施政方針演説または所信表明演説が行われる日に挙行されるとする（衆議院先例集第28号）。参議院の先例は，やや表現が異なり，常会では召集日，臨時会は召集日または召集日後速やかに，特別会は新内閣成立の後，とする（参議院先例録第32号）。

大日本帝国憲法下では，立法権は天皇に属し，帝国議会はその協賛機関として位置づけられた。帝国議会の召集，開会，閉会は天皇の大権であり，その召集と開会とは区別された。帝国議会は天皇が召集する（大日本帝国憲法第7条）が，召集とは貴衆両院の議院に対し，一定の期日において一定の場所に集会することを命じる行為をいう[59]。召集されただけでは直ちに活動能力を取得せず[60]，召集後，天皇が開会を命じる（同7条）まで，貴衆両院は審議に入ることができなかった。開会にともなう儀式が開院式であり，貴族院で行われ（議院法第5条），天皇が読み上げる勅語によって議会の召集目的が示されて開会し，貴衆両院にその活動能力が与えられるものとされたからである[61]。すなわち，開院式は会期をスタートさせるための，憲法慣習

---

(59)　衆議院＝参議院編・前掲注（13）47-48頁。
(60)　佐藤功『憲法（下）〔新版〕』（有斐閣，1984年）300-302頁。

第2章　国民代表議会としての参議院の誕生

〔表4〕召集から30日以後に開会式が開催された例

国会回次	区別	召集日	召集日から開会式前日までの期間	第46回	常会	1963年12月20日	31日
				第48回	常会	1964年12月21日	31日
第1回	特別会	1947年12月10日	34日	第58回	常会	1967年12月27日	31日
第2回	常会	1948年12月1日	42日	第61回	常会	1968年12月27日	31日
第5回	特別会	1949年12月4日	36日	第63回	特別会	1970年1月14日	31日
第10回	常会	1950年12月10日	46日	第68回	常会	1971年12月29日	31日
第13回	常会	1951年12月10日	43日	第71回	特別会	1972年12月22日	36日
第19回	常会	1953年12月10日	46日	第72回	常会	1973年12月1日	51日
第21回	常会	1954年12月10日	42日	第80回	常会	1974年12月27日	32日
第22回	特別会	1955年3月18日	38日	第84回	常会	1977年12月30日	33日
第24回	常会	1955年12月20日	36日	第87回	常会	1978年12月22日	34日
第26回	常会	1956年12月20日	41日	第91回	常会	1979年12月21日	35日
第28回	常会	1957年12月20日	36日	第94回	常会	1980年12月22日	35日
第31回	常会	1958年12月10日	47日	第96回	常会	1981年12月21日	35日
第34回	常会	1959年12月29日	32日	第101回	特別会	1983年12月26日	42日
第38回	常会	1960年12月26日	33日	第102回	常会	1984年12月1日	55日
第40回	常会	1961年12月9日	39日	第104回	常会	1985年12月24日	34日
第43回	常会	1962年12月24日	30日	第114回	常会	1988年12月9日	42日

上の行為であった。

　開院式の勅語に対して，貴衆両院はその協賛の意思を表明する奏答文を，開院式後におのおのの本会議においてその議院の議長が読み上げて可決し，議長は同奏答文を宮中に参内して天皇に奉呈した[62]。貴族院議長が開院式の議長の職務を行った（議院法第6条）。

　日本国憲法では，国会の開会式は会期をスタートさせる，いわばプレー

---

(61)　昭和17年4月帝国議会衆議院事務局編『議事解説（1942年）』（信山社，2011年）55-57頁。

(62)　今野彧男「一事不再議の原則の適用に関する考察」議会政治研究39号（1996年）44頁。

ボールの宣言を意味するような法的行為ではなく，形式的な儀式である。召集後まもなく衆議院が解散されたという事情ではあるが，開会式が行われなかったことも2017年9月末までに5例ある（1952年8月26日召集の第14回国会，1966年12月27日召集の第54回国会，1986年6月2日の第105回国会，1996年9月27日召集の第137回国会，2017年9月28日の第194回国会）。

　しかし，後述のとおり，開会式は帝国議会の憲法慣習を引き継いで，ほぼすべての会期において行われるようになり，召集日よりも30日以上後に日程が設定されて開催される例もある（表4）。常会の召集が12月であった時期は，召集から1か月間は自然休会になるのが通例であったので，開会式はおおむね，年末年始の休会明けの，次年度予算が国会に提出されて本格的な審議が始まる翌年1月に挙行されていたが，特別会においても召集から30日以上経てから挙行されることもあった。このように召集からかなりの期間が経過しても天皇が出席する開会式が行われていることは，開会式が帝国議会の開院式と同様に，国会にとって不可欠なものとされて，憲法慣習として位置づけられているといえよう。いずれにせよ，開会式のあり方にかかわらず，会期は成立する。なお，12月の召集後に休会があると，参議院で予算を審議する時間が短くなる。そのため，参議院が提起して，第121回国会（1991年）に常会の召集時期を1月中とするよう国会法が改正された[63]後は，召集日から開会式までの期間は同日あるいは数日と大幅に短縮された。

　国会の開会式の方法は，国会法の制定の際に議論された[64]。1946年8月に衆議院の各会派の合意により設置された「議院法規調査会」は「新憲法ニ基キ国会法ニ規定スル事項」を公表した。開会式については，次のように提案された。

　　三，開会式
　　1．開会式ハ国会ノ主催スル儀式トシ両議院成立ノ後合会シテ之ヲ行フコト

---

(63)　桑原誠「国会の召集と種類」立法と調査309号（2010年）111頁。
(64)　西沢・前掲注（24）。

第 2 章　国民代表議会としての参議院の誕生

（陛下ノ親臨ヲ仰クコト）

　2．開会式ニ於テハ衆議院議長，議長ノ職務ヲ行フモノトスルコト

　3．開会式ノ場所ハ衆議院ニ於テ行フコトトスルコト（予定）

　内閣が設置した臨時法制調査会は，1946年 8 月13日に「議院法改正の項目」を発表した（臨時法制調査会第二部会決定）。同調査会においても開会式は「国会の主催する儀式として，これに陛下の親臨を仰ぐものとすること。」と，憲法が主権在民を定めて，国会が国民代表議会に転換しても，天皇が出席することが提案された。その理由は明確に説明されていない。

　同年11月21日に公表された国会法第 2 次草案の「新国会法に就いて」では，議場の設備の関係上という理由で，開会式の式場は，第一院の衆議院ではなく，貴族院の施設を引き継いだ第二院の参議院とされた。ただし，式場や方法については，帝国議会当時の慣例に従って天皇の行幸を仰ぐ従来の形式で行うが，民主主義の憲法ではそういうことは表さない方がよい[65]とされて，成文化はなされなかった。実際の方法は，大日本帝国憲法における帝国議会の開院式を先例としてほぼ踏襲されて，参議院議場で行うこととされた（衆議院先例集第29号。参議院先例録第35号）。開会式に参列する議員の服装は，男性はモーニングコート，女性はアフタヌーンドレスまたは白襟紋付を建前とするが，平服でもよい（参議院先例録第43号）。

　開会式は，衆議院議長（事故があるときは参議院議長）が主宰する（国会法第 9 条第 1 項）。開会式の日時は衆参両院議長が協議して決める（衆議院規則第19条，参議院規則第21条）。天皇が開会式に出席する際は，衆参両院の議長，副議長，事務総長，常任委員長，特別委員長，憲法審査会会長，衆議院の政治倫理審査会会長，参議院の調査会長が，国会内の所定の位置において出迎え，見送る。衆参両院の議長は天皇を先導する。天皇は，国会議事堂の中央

（65）　植原悦二郎国務大臣の発言（第91回帝国議会貴族院国会法案特別委員会議事速記録 2 号（1946年12月23日）10頁）。

部にある本館1階の車寄せと2階の参議院本会議場である式場とを往復する際に，途中で3階の「御休所」と呼ばれる部屋に入り着席して，衆参両院の議長および副議長に会う。開会式終了後，衆参両院の議長は皇居に出向いて記帳を行う。こうした議長の職務も，帝国議会の慣習をほぼ踏襲しているといえよう。

(2) 開会式における国会と天皇との関係の変遷

1947年5月3日（土）に日本国憲法が施行され，その3日後の同月6日（火）に，第1回国会をその2週間後の20日に東京に召集する詔書が発せられた。そこで，衆参各院の議員は20日にそれぞれの議院に集会し，衆参両院は活動をスタートさせた。ただし，その開会式が行われたのは，召集から1か月以上経過した1947年6月23日である。

開会式の内容は，天皇主権から国民主権に転換したにもかかわらず，帝国議会の影響が大きく残った[66]（表5）。開会式で天皇が自らを「朕」ではなく「わたくし」と称したことなどから，「民主的憲法実施に伴う画期的な事例を開いた」[67]という評価もある。ただし，日本国憲法の施行から7年以上，衆参各院の公報および官報では大日本帝国憲法当時そのままに，「勅語」，「臨幸」，「出御・入御」，「御前」，「玉座」などの用語は使い続けられて，立憲君主制の様相をより濃く引き継いだ。

日本国憲法に基づく第1回国会からスタートした開会式の運用が，立憲君主制のそれから主権在民の議会のそれへと転換するにはその後の長い時間を要した。

まず，1952年に，開会式での天皇の発言について，「勅語」から「お言葉」に変更された。これは当時の参議院議員の発案のようである[68]。第15回国会（1952年11月）に，参議院から衆議院に，開会式の式次第について，

---

(66)　官報号外（1947年6月24日）19頁，21頁。

(67)　前田英昭「第一回国会の開会式」国会月報582号（1997年）65頁。

(68)　佐藤達夫「開会式の"お言葉"」時の法令166号（1955年）22頁。

第2章　国民代表議会としての参議院の誕生

〔表5〕第1回国会開会式の様子

（官報号外）

昭和二十二年六月二十三日（月曜日）

　○　開　会　式

午前十時五十五分　参議院議長，衆議院参議院の副議長，議員，内閣総理大臣その他の国務大臣，最高裁判所長官事務代行者及び会計検査院長は式場に入り，所定の位置に着いた。

次いで皇族は式場に入り，所定の位置に着かれた。

午前十一時一分　天皇陛下は衆議院議長の前行で式場に出御，玉座に着かせられた。

　〔諸員敬礼〕

午前十一時二分　衆議院議長松岡駒吉君は式場の中央に進み，次の式辞を述べた。

　　式　辞

　本日は親しく　天皇陛下の臨幸を仰ぎ，第一回国会の開会式を挙げるにあたり，衆議院および参議院を代表して，ここに所信を表明いたします。

　そもそも，日本国憲法は，正義と人道との人類普遍の理念に立脚して，国民の総意を基調とし，人格の基本的権利を尊重して平和的文化的民主国家を建設し，もつて世界恒久平和の確立に寄与しようとする崇高な理想をもつものであります。

　しかして，国会は，この日本国憲法により，国権の最高機関となり，国の唯一の立法機関となつたのであるから，国会の使命はいよいよ重くかつ大きくなつたといわなければなりません。

　されば，国民は十分にこれを理解し，これを尊重し，国会もまた，あくまで国民の国会たる自覚を深め，国民の動向を正しくとらえ，その反映にいささかも欠けるところがあつてはなりません。

　いまや，わが国の事態は極めて困難であります。しかしながら，平和を愛する諸国民の公正と信義に信頼して，国民が手をたずさえて起ち，みずから奮い，みずから励み，ひたすら危局突破に努めていることは，われわれの深く感激しているところであります。

　ここに，われわれは国民とともに最善をつくして，その使命を完うし，もつて日本国の崇高な理想を達成しようとするものであります。

次いで侍従長は勅語書を天皇陛下に奉つた。

　　勅　語

　本日，第一回国会の開会式に臨み，全国民を代表する諸君と一堂に会することは，わたくしの深く喜びとするところである。

　日本國憲法に明らかであるように，国会は，国権の最高機関であり，国の唯一の立法機関である。したがつて，わが国今後の発展の基礎は，一に国会の正しい運営に存する。

　今や，わが国は，かつてない深刻な経済危機に直面している。この時に当り，われわれ日本国民が眞に一体となつて，この危機を克服し，民主主義に基く平和国家・文化国家の建設に成功することを，切に望むものである。

　〔諸員敬礼〕

衆議院議長は，御前に参進して，勅語書を拝受した。

天皇陛下は，参議院議長の前行で入御，次いで，皇族は式場を出られた。

次いで諸員は式場を出た。

　　午前十一時十分式終る。

4　国会の始動と開会式

天皇の「勅語」というのはおかしいから「御言葉」に変えた方がよいと希望
した。その後，参議院議院運営委員会にて，衆議院側からもそうした方がよ
い，という意向が伝えられて，同年11月5日に，式次第は従前の例によるが，
次の改選後の新しい国会から「勅語」は「お言葉」に変えると決定されたこ
とが報告された。翌第16回国会の開会式から「御言葉」とされた[69]。「おこ
とば」と表記されるようになったのは1960年の第36回国会[70]からである。

　また，同じく第36回国会から，「出御」と「入御」が，式場に「入られ」，
「出られ」になり，「玉座」は「お席」と表記が変更された[71]。

　なお，開会式に出席した衆参両院の議員については，第37回国会までは帝
国議会の議員と同様に「諸員」と記録されていた。1961年1月の第38回，同
年9月の第39回国会は「議員」とされた。ただし，1962年1月の第40回国会，
同年8月の第41回国会は「諸員」に戻った。同年12月の第42回国会以降は，
「一同」[72]とされた。

　他方，1890年の第1回帝国議会の開院式から行われている議長が玉座の近
くまで階段を数段登って天皇の勅語を受け取り，その後，天皇に尻を向けな
いよう後ろ向きに降りるという「お下げ渡し」の慣習は，勅語が「おことば
書」と名称を変えた今日に至るまで継続されている。議長の足の具合が悪く
て開会式における階段の上り下りに困難があり天皇に対して失礼にあたると
いう事情が，国権の最高機関の長の辞任につながるほどに重要な事項とされ
ている[73]。議長に高齢者や障がい，病気を持つ者が就任する可能性があり，
そのあり方がたびたび議論されるが，今日まで変更されていない。こうした

---

(69)　官報号外（1953年6月16日）。

(70)　官報号外（1960年10月18日）。

(71)　同上。

(72)　官報号外（1962年12月10日）。

(73)　福永健司衆議院議長（当時）は，1985年1月に，開会式のリハーサルの際に，
　　　足の具合が悪く階段を後ろ向きに降りられなかったことを理由に議長を辞職
　　　した。同年，議長が後ろ向きに降りやすいように，階段は5段から3段に議
　　　場が改造された（前田・前掲注（67）67頁）。

開会式のあり方は，日本国憲法施行後70年におよぶ国会の運営を通じて確立されており，これは議会が実施してきた一種の憲法慣習となっているといえよう。

小　括

　日本国憲法の条文上は，議会は第一院，第二院とも，普通選挙制を基礎とする国民代表議会であることが定まった。衆参各院のちがいは，その権限ではなく選挙制度によって表そうとされた。事実上，参議院は全国区選出の議員は職能的・文化的な要素を，地方区選出の議員は地方代表的な要素を基礎とした[74]。

　普通選挙の基礎となる日本国民の選挙権，被選挙権についてはそれを行使する年齢や選挙区についての議論は活発であったがその権利性は不明確であった。選挙運動の自由も含む平等な権利であるという理解は遅れて成立した。制定当時は大日本帝国憲法当時の公民の公務とする説の理解もあって，それを務める能力が不足しているとして女性の参政権付与への反対が表明された[75]。また，旧植民地出身者や沖縄県民の参政権は容易に停止・廃止された。そうした古いタイプの選挙権理解が本格的に流動化し，議員定数不均衡の是正や政治資金の明朗化もあわせて選挙制度の改革が進んだのは，1989年以降の平成年間である。

　衆議院と参議院の関係，あるいは議会と内閣や裁判所との関係については，日本国憲法の条文上では十分に定まらず，施行後に国会法が制定されて，常任委員会のあり方が定められて，会期制が引き続き導入された。本章では，第1回国会が始まって以来，さまざまな解釈や慣習が形成されて議会運営が初めて可能になったことを，その制定過程を検討することにより，改めて確認した。

---

(74)　中村哲『国会』（要選書，1947年）120-121頁。
(75)　大西祥世「『政治的，経済的又は社会的関係において差別されない』の保障」立命館法学361号（2015年）5-10頁。

第3章　議会運営による憲法慣習の形成

はじめに

　議会の役割には，一般的には国民代表機能，立法機能，審議機能，および行政監視機能があると考えられている[1]。すなわち議会は公開の場での「討議の府」であり，国民の多様な意見や利害関係を調整する「熟議の府」，「代表の府」であり，国民の代表として国政を決める「決定の府」であろう。

　日本国憲法は，議会に強い立法機能を付与している。議員発議の法律案が立法の形態となり，内閣提出法案であっても「いったん国会に提出された後は内閣の関与を排除して国会側が自由に修正を施し，『立法機関』にふさわしい活動を行うこと」[2]を想定していた。これは憲法の条文に明文化されているというよりも，むしろ国会法などに基づく運用の実績が積み重ねられることを通じて憲法慣習として形成された権能といえよう。

　憲法学における議会制や立法過程の検討は，これまで手続面と実態面とを区別して分析されてきた[3]。立法過程に関する憲法学の先行研究は，日本国憲法とその附属法に明示されている制度の説明を中心に置いて，内閣の議案提出権および国会での修正，内閣提出法案と議員立法の発案から議決までのプロセス，衆参両院への法律案の提出件数，その内容および審議の方法が関心の的であり，諸外国の事例との比較研究が盛んである。ただし，日本国

---

(1)　大山礼子「国会の機能と手続をめぐる問題」大石眞＝大山礼子編『国会を考える』（信山社，2016年）283頁。

(2)　大山・同上，301頁。

(3)　定義の変遷に関する先行研究として，新正幸『立法過程と立法行為』（信山社，2017年）3-16頁。

第3章　議会運営による憲法慣習の形成

憲法における二院制および議院内閣制の実例，つまり憲政から形成されてき
た憲法慣習への配慮は十分ではないといえよう。近年，議会における憲法習
律を重点的に取り上げている憲法学研究者の赤坂幸一は，ドイツ，イギリス，
フランスなど諸外国では，議会制の運用について憲法典とは別に議会慣習，
先例，憲法習律があり，それが憲法学の研究対象の一部とされている[4] が，
日本では十分に研究対象として認識されておらず先行研究も十分ではな
い[5] ことを明らかにしている。すなわち，憲法慣習は，手続面でも実態面
でも憲法典および憲法附属法の内容を補足する重要な憲法構造を構成するも
のであるにもかかわらず，いわゆる管理・運営にあたっての施行規則のよう
に扱われてきたようにも思われる。

　本章は，参議院が少数与党であった2007年期および2010年期の議会運営を
念頭に置いて，衆議院および参議院における立法などの運営の実例，とくに
委員会の運用，多数決や会派間の合意（コンセンサス方式）による決定方法，
一事不再議原則への対応，「先例」という不文の法形式の形成を検討する。
この分野は，実務家を中心とした議事法，議会法としての考察があり，政治
学研究者によるデータ分析に基づく研究が行われてきたが，憲法学の先行研
究は著しく乏しい。そこで，議会運営によって日本国憲法の条文に書かれた
原作を実現可能なルールに具体化するシナリオが作成されて憲法慣習を形成
し，参議院が国民代表議会の一の議院として内閣と密接に関係する日本国憲
法上の議会制や議院内閣制の特徴を具現化してきたことを実証的に明らかに
したい。なお，以下では，内閣提出の法律案および成立した法律を「閣法」
と略称する。

---

(4)　赤坂幸一「解散の原理とその運用」大石眞ほか編『各国憲法の差異と接点』
　　（成文堂，2010年）141-162頁。同「統治システムの運用の記憶」レヴァイアサ
　　ン48号（2011年）65-98頁。同「インフォーマルな憲法秩序」法学セミナー750
　　号（2017年）54-59頁。
(5)　赤坂幸一「事務局の衡量過程のÉpiphanie」衆議院事務局編『逐条国会法第
　　1巻』（信山社，2010年）1-25頁。

1 議会運営を支える各機関

　衆参各院は，おのおの自律的に運用されている。それを支えるのが議院の各機関である。衆参各院の機関として，議長，委員会，事務局，法制局，衆参両院に共通する機関として国立国会図書館がある。それぞれは立法機関の機能に対応する機関である。

　日本の議会制は，憲法上は明示されていないものの，委員会中心主義に基づいて運用されている。議会と内閣との関係について，憲法はその権力の分立が緩やかなイギリス型の議院内閣制を描き，憲法附属法である国会法はその分立が厳格なアメリカ型の委員会主導の議会制を描き，さらに憲法は第二院を国民代表議会とする日本独自型の二院制を描く。こうしたイギリス，アメリカ，日本の議会のあり方をミックスしたようなユニークな憲法典の原作に基づいて議会を実際に運営するためのシナリオを作成するのは，演者自身である衆参両院の議長および議員や内閣の構成員はもちろん，その実務を担う職員にとっても難問であったが，混乱しながらそれを補完した。憲法慣習形成の跡をたどると，先人には苦労の連続であったことがよくわかる。

(1) 議　長

　衆参両院の議長は，おのおのの議院において選挙により選ばれる（国会法第6条）。他の三権の長である内閣総理大臣は国会の指名に基づき，最高裁判所長官は内閣の指名に基づき天皇が任命する（憲法第6条第1項，第2項）が，衆参各院の議長は選挙で当選すればそのまま議長に就任し，天皇による任命行為は必要とされない。ただし，就任の際は皇居に出向いて天皇にお目にかかって挨拶を行う（衆議院先例集第51号，参議院先例録第60号）。

　議長は，本会議を主宰するなど，一の議院という機関の長としての機能を果たす。また，公平・公正な議事運営や議会運営にあたり，与党が数の多さにまかせて多数決方式での決定を優先させて与野党が激突したり，コンセンサス方式での決定が求められる場面で十分に機能しなかったりした場合には，

第 3 章　議会運営による憲法慣習の形成

少数会派の意向にも配慮した調整やあっせんが期待される。これは，一の議院内部や衆参両院の関係の場合もあれば（第 4 章参照），議院外の機関との調整やあっせんという場合もある。

　後者としては，天皇の退位に関する立法府の対応について，2017年上半期に大島理森衆議院議長のイニシアティブにより衆参両院が合同して行うこととされて，衆参両院の議長および副議長が中心となって検討が行われた例がある。「天皇の退位等についての立法府の対応に関する全体会議」は同年 1 月から 5 月までにあわせて 8 回開催されて，その間に衆参両院の正副議長が各会派・各政党から意見を聴取したり（ 3 回），総理大臣から論点の提示を受けたり（ 1 回）した。同年 3 月17日に，衆参両院の正副議長から，安倍総理大臣に，「『天皇の退位等についての立法府の対応』に関する衆参正副議長による議論のとりまとめ」およびこれに対する各政党・各会派からの意見が手渡された。閣法が議案として国会に提出される前の全体会議では，「天皇の退位等に関する皇室典範特例法案要綱」について菅義偉内閣官房長官などから説明を聴取した。要綱が衆参両院の正副議長による議論のとりまとめに沿ったものであることが入念に確認された。その会議の経過と内容は，衆参両院のウェブサイトに同一の内容のものが掲載されて，公表された[6]。

　これは，内閣総理大臣が「天皇の公務の負担軽減等に関する有識者会議」を開催し，その報告書をもとに法律案を整備しようとしたことに対して，国会においては議席数が圧倒的に多い与党および政府の立場からだけではなく，野党を含んだ広く国民の意見が反映された議論を行って法律案を取りまとめるべきであるという考え方に基づく。閣法が提出された後に衆参各院で活発に議論をして必要な場合は修正をすればよいのであるが，日本の象徴という

---

(6)　「天皇の退位等についての立法府の対応について」。衆議院ウェブサイト　http://www.shugiin.go.jp/internet/itdb_annai.nsf/html/statics/shiryo/taii_index.html。参議院ウェブサイト http://www.sangiin.go.jp/japanese/ugoki/h29/tennoutaii/index.html。

56

1 議会運営を支える各機関

国政の重要事項は国会が主導して決定すべきであるという意気込み[7]と，後述する「事前審査」の慣例により法律案を大きく修正することは実務的に困難であるため，この手法により与野党のコンセンサス方式での運営が指向された。内閣は同年5月10日の全体会議で法案要綱を各政党・各会派に提示した。国会には同月19日に提出した。これはいわば「与野党による事前審査」による衆参各院と内閣との調整の例といえよう。

　また，天皇との関係は，国事行為だけではなく，内閣総理大臣の指名と任命といった「国会」として対応するものや皇室会議，皇室経済会議といった衆参両院がおのおのに対応する憲法および憲法附属法に基づく関係，その他の公的行為，宮中祭祀といった憲法慣習にもとづく諸々の関係など，内容もレベルもさまざまにある。たとえば，国会が議決した議案は議長が内閣を経由して天皇に奏上する（国会法第65条第1項）といった法律上の関係や開会式における天皇の先導（衆議院先例集第32号。参議院先例録第41号）や開会式前の国会議事堂内の御休所でお目にかかる（衆議院先例集第33号。参議院先例録第40号）といった憲法慣習に基づく関係がある。皇室会議および皇室経済会議の議員でもある（皇室典範第28条第2項，皇室経済法第8条第2項）。毎国会閉会後に皇居に出向いてのご挨拶（経過奏上。衆議院先例集第520号，参議院先例録第551号），内閣総理大臣の任命式（親任式）への列席（侍立），新年祝賀の儀や園遊会，新嘗祭新嘉殿の儀などの伝統的な宮中行事への出席などもある[8]。その他，皇族との関係行事も数が多い。2007年期の江田五月議長は，皇室関連行事も含めて議長としての活動の様子をウェブサイトにて広く公開していたが，その在任時における皇室同席行事は125件[9]であった。こうし

(7)　「退位特例法，典範・憲法との整合性熟慮，大島衆院議長に聞く。」（日本経済新聞2017年6月11日）。
(8)　その一端は，衆議院先例集，参議院先例録や衆議院事務総長のオーラルヒストリー（赤坂幸一ほか編『議会政治と55年体制　谷福丸オーラル・ヒストリー』（信山社，2012年）196-201頁）に掲載されているが，立法府と天皇との関係は，天皇と内閣との関係に比べると，司法府と天皇との関係と同じく詳細は明らかにされていない。

57

第3章　議会運営による憲法慣習の形成

た皇室関連の行事では，衆参両院の議長および内閣総理大臣，最高裁判所長官の4人が一同に会することも多い。

　すなわち，このような議長の機能は，憲法には明文化されていないものの，憲法慣習として蓄積されており，立法府の長，あるいは国権の最高機関の長としての性格を帯びているといえるのではないだろうか。

　大日本帝国憲法下での旧皇室典範では，皇族会議には皇族以外のメンバーとして内大臣，枢密院議長，宮内大臣，司法大臣，大審院長が参列する（第55条）とされた。いずれも行政府と司法府のメンバーであり，立法府の貴衆両院の議長は含まれていない。これが日本国憲法下での皇室会議では，皇族以外のメンバーとして，衆参両院の議長・副議長，内閣総理大臣，宮内庁長官，最高裁判所長官および裁判官（1人）とされた。その意義について，帝国議会における審議の際，金森徳次郎国務大臣は，衆参両院の議長が参加すれば，婉曲ではあるが国民の心持ちがほぼ十分に表れるのであり，さらに，皇室会議の議論において，国民全体の要望を基礎にする場面では衆参両院の議長・副議長に，法律解釈については最高裁判所長官に，皇族の内部の事情は皇族に，総合的な立場から内閣総理大臣が議長にあたると説明された[10]。まさに議長の，国民代表議会の長としての役割が期待されたといえよう。

　さらに，それ以外に立法機関の所管の範囲を超えた機能が想定されている。たとえば，議長外交である。

　議長は，外国からの賓客が議院を訪問する際に行う演説に対し，歓迎スピーチとして挨拶を行ったり，表敬訪問を受けたりする。外国の議会の議長や議員を招待することもある。また，議長が各会派の議員数人とともに，外国の議会や元首を訪問することもある。こうした外国訪問は国政調査としての議員派遣とは異なり，親善や交流が目的とされている。議院の立法や調査の権能との関連はほとんどないといえよう。

─────────────────────

（9）　江田五月活動日誌ウェブサイト（https://www.eda-jp.com/old-index.html）より大西が集計。

（10）　第91回帝国議会衆議院本会議速記録6号（1946年12月5日）67頁。

1　議会運営を支える各機関

なお，2017年9月末までに議長に就任した女性は，衆参各院に1人ずつ（土井たか子，扇千景）である。

(2)　委員会

委員会は議案や請願などを，本会議で採決される前に審査する（国会法第41条第1項）。常任委員会と特別委員会がある（同第40条）。特別委員会は，会期ごとに衆参各院で必要と認められたときに，その院の議決により設けられる（同第45条第1項）。議員は少なくとも1箇の常任委員になる（同第42条第2項）。常任委員会および特別委員会の委員は，各会派の所属議員数の比率に応じて各会派に割り当てて，各会派から申し出た者について，議長の指名によって選任される。

常任委員長は，衆参各院の役員として位置づけられている（国会法第16条）。その役割は，委員会の議事を整理し，秩序を保持して（同第48条），委員会の経過や結果を議院に報告する（同第53条）など委員会を代表する。さらに，委員会の運営の面では，開会日時を決定し（衆議院規則第67条第1項。参議院規則第38条第1項），委員に発言の許可を与えたり，委員会に諮り質疑・討論その他の発言時間を制限したり，委員の発言が委員会秩序を損なう場合はそれを禁止したりすることができる（衆議院規則第45条第2項，第68条第1項，第50条。参議院規則第42条第2項，第47条，第51条）。討論が終局すれば議題を表決に付し（衆議院規則第50条。参議院規則第49条），可否同数のときは決裁権を行使する（国会法第50条）。国会法上は常任委員の中から本会議で選挙されるとされているが（第25条），議院規則ではその選任は議長に委任することができるとされており（衆議院規則第15条第2項，参議院規則第16条第2項），実際にそのように扱われている（衆議院先例集第58号，参議院先例録第78号）。ただし，実際には，各会派があらかじめ申し出た候補者を議長が指名して選任される。なお，衆議院は与党の委員が主要な委員長のポストを独占した時期もあるが，原則的には特別委員会も含めて与野党に配分される（衆議院委員会先例集第18号）[11]。参議院では議席数に比例して各会派にポストが配分

第3章　議会運営による憲法慣習の形成

される（参議院先例録第77号，参議院委員会先例録第14号）。

　委員会の理事の権限は，法規上，委員長の職務代行（衆議院規則第38条第
2項，第49条。参議院規則第31条3項），会議録への署名（衆議院規則第62条，
参議院規則第57条）を行うとされているが，実際には，理事同士で委員会の
議事運営を協議し，決定する慣習による権限をもつ。理事は，委員の中から，
各会派から推薦された者が選ばれる（衆議院規則第38条第1項。参議院規則第
31条第1項）とされているが，実際には，委員と同様，各会派の議席数に比
例して人数が割り当てられる。理事を割り当てられた各会派からの申出や推
薦に基づいて委員長が指名する（衆議院委員会先例集第24号。参議院委員会先
例録第29号）。人数は，規則上は1人または数人であるが，複数人が定数と
してあらかじめ決められている。議院運営委員会以外の常任委員会では，慣
習により，理事の人数の割当てのない会派も理事会の許可により，オブザー
バーとして理事会への出席や発言が認められている。

(3)　事務局，法制局，国立国会図書館

　議会の実務の担い手は衆参両院の議員であるが，その活動を支えているの
は衆参各院の事務局および法制局，国立国会図書館の職員である。

　大日本帝国憲法下における貴衆各院の職員は，議院の機関ではあるが身分
上は天皇の官吏であり，政府において任免されるという特殊な地位を有して
いた[12]。

　日本国憲法施行後は，一般の官吏とは独立した国家公務員として位置づけ
られ，国会職員法および議院事務局法，国立国会図書館法が整備された。こ
れらの職員は，議員の立法機能としての活動を幅広く補佐するが，議員だけ
ではなく，議長や委員長といった特別の役割を持つ機関も補佐する。会議録

---

(11)　増山幹高「国会は全会一致か？」成蹊法学52号（2001年）27頁。白井誠『国
　　会法』（信山社，2013年）38頁。
(12)　衆議院＝参議院編『議会制度百年史　議会制度編』（大蔵省印刷局，1990
　　年）76頁。

1 議会運営を支える各機関

の作成，先例の蓄積や研究および，立法調査の結果は，資料や論文として整えられて，その一部が公開されている。衆参各院の運用にあたりシナリオをつくり，それに基づいて先例として形成したり運用したりする際は，事務局の主体的な衡量および判断過程が介在するので[13]，その役割は重要である。議会の実務は一般的にはわかりにくいが，こうした情報は議会法学だけでなく，憲政の実務や憲法解釈に広く参考にされて，憲法学界での議論の発展にも大きく貢献している。また，地方議会も国会と同様に先例や慣習にもとづいて運用されているおり，その議会運営，議事運営にあたって参照され，重要な指針として参考にされている。

また，国会法などによって具体化された議院および委員会の権限は，議院内閣制のもとでの議会としては「最強のレベル」[14]にあるといえよう。独自に法律案を起草して議員立法として発議することができ，議員立法でも閣法でも法律案を自由に修正でき，国政調査権を用いた調査も可能な常任委員会は，実質的な審議によって立法機能を果たすことができる。そうした国会主体の立法活動を補佐する機関[15]として，議員の調査研究に資するために国立国会図書館が位置づけられた（国会法第130条）。

さらに，1947年には国会法と議院事務局法が制定されて，各常任委員会のスタッフとして，少なくとも2人の国会議員でない専門調査員および書記を常置するとされた（国会法第43条）。この者たちは，退職後2年間は内閣・行政各部でいかなる職務にも就くことができないとされ（同条），高い独立性が求められた。各委員会において，議案審査や委員会の活動に関連する調査や資料および審査報告書の作成などを行うが，翌1948年に同法が改正され，名称が変更されて，専門員2人，調査員および調査主事を常置するとされた。

---

(13) 赤坂・前掲注（5）12頁，16-20頁。

(14) 大山・前掲注（1）291頁。

(15) 蒔田純は，議会付属機関を，委員会付属機関，議会図書館内調査機関，議会調査機関，議院法制機関，予算補佐機関，会計検査機関に類型化して分析した（蒔田純『立法補佐機関の制度と機能』（晃洋書房，2013年）26頁）。

第 3 章　議会運営による憲法慣習の形成

ただし，当時の専門調査員または専門員は，当初は，各常任委員長である議員と個人的に親しい者が，委員長から直接依頼されて就任したり，委員長の隣の席に座っていたり，委員会で事務的なことについて質問や発言をしたりしていたこともあったようである(16)。

　1955年の国会法改正において，常任委員会が22箇から16箇に整理されたと同時に，各常任委員会には，専門の知識を有する専門員，調査員および調査主事を置くことができると改正された。専門員の人数は明示的な定めがなくなり事実上減員されて 1 人となった。「参議院常任委員会調査室規程」（議長決定）により調査室の所掌事務などが規定されて，専門員である調査室長をトップとする調査室体制が整備された(17)。なお，調査員および調査主事の区分は1959年に廃止されて「調査員」に統一された。

　常任委員会専門員および常任委員会調査員は，常任委員長の申出により，事務総長が議長の同意および議院運営委員会の承認を得て任免される（議院事務局法第11条）。常任委員会調査室のほか，特別調査室，企画調整室，憲法調査会事務局において，調査事務を担当する。特別調査室は，1983年 7 月に参議院事務総長決定により(18)，参議院の特別委員会および調査会の調査事務を行うため，第一，第二，第三の 3 つの調査室が設置された（「特別調査室設置に関する件」）。企画調査室は，1986年 7 月に同事務総長決定により設置され（「企画調整室設置に関する件」），国家基本政策委員会の調査事務などを担当する。憲法調査会事務局は，1999年 7 月に議決された「参議院憲法調査会規程」により設置された。

　衆参各院の法制局は，1948年の国会法改正の際に，事務局の法制部から拡充されて設置された（国会法第131条）。それぞれの法制局は，衆参各院に所属する議員の立法活動の補佐やアドバイスを行うが，これには修正案の立案も含む。議員立法の法律案の憲法適合性審査も行う(19)。

---

(16)　堀田光明「参議院の調査補佐体制」議会政治研究72号（2004年）42頁。
(17)　堀田・同上，43頁，45頁。
(18)　現行は1986年 7 月決定である。

62

こうした立法補佐機関は，憲法や国会法により強い権限が与えられていて
もそれを支えるスタッフが乏しい日本の国会議員を大いに補佐して，その議
会運営を支えている。

2　議案審議における与党と参議院の一体化

日本の議会制に特徴的な議案審議のあり方は，第一院も第二院も国民代表
議会であり，第二院の権限が強いことに由来する。とくに，第二院である参
議院が内閣の構成に多大な影響を与える可能性を制度として常に秘めている
ことが議会運営のさまざまな場面に影響を与えている。

参議院の「強さ」は，法律案の議決における意思の表明の際に，衆議院や
内閣に対して表れる。法律案の審議を行う際は，委員会中心主義により，そ
の議会運営において，常任委員会，特別委員会が重要な役割を果たす。与野
党が逆転して野党が多数の委員会では，内閣提出法案について委員会の採決
で否決すべきものとされるか，採決に至らないことで与野党間に合意ができ
て審議未了に終わることが多くなる場合もある。そこで，参議院が少数与党
となると，与党や内閣が提出した法律案の成立率が下がって国政が停滞する
という否定的なイメージが強くなる。

ところが，実際には，参議院少数与党であっても重要法案は成立するので，
それが必ずしも国政の停滞をもたらすとはいえない[20]。2007年期と2010年
期の閣法の成立率を分析した政治学研究者の松浦淳介[21]は，2007年期は
83.3％，2010年期は73.5％であり，会期別ではたとえば2007年期の第169回国
会では78.8％と下がったが，第171回国会は89.9％と上昇し，衆参両院ともに
多数派が一致した第166回国会の91.8％とそれほど変わらないと指摘した。
2010年期の第177回国会では80.0％，第180回国会では66.3％，第183回国会で
は84.0％と，ばらつきはあるが，それほど低い割合とはいえない。法律案が

(19)　参議院法制局編『参議院法制局50年史』（1998年）10-12頁。
(20)　大西祥世「参議院における憲法と憲政」ジュリスト1395号（2010年）22-23頁。
(21)　松浦淳介『分裂議会の政治学』（木鐸社，2017年）20-22頁，49頁。

第3章　議会運営による憲法慣習の形成

可決するまでの日数もそれほど変化はなく，遅くなっているとはいえない。ただし，内閣の戦略的な行動，すなわち，参議院で野党の反対により成立が難しいと予想される対決法案については，内閣がその国会への提出を控えた結果による，成立率の変化の少なさといえよう。松浦は，内閣が国会への提出を準備した法律案のうち，実際に提出された割合に関する調査を行っているが，それによると，2000年以降，衆参両院で多数派が同じ場合はおおむね90％を超えるが，参議院少数与党の場合はおおむね80％を下回っている[22]。とくに，衆議院の再可決という手法を用いることができない2010年期には提出が断念される例が多かったといえよう。

(1)　**法律案に関する議案の処理**

　法律案の議案は，内閣が作成して国会に提出する場合と，衆参各院の議員が作成して国会に発議する場合がある。

　議員が法律案を所属する議院に提出しようとする議員立法の場合，日本国憲法制定直後の初期の国会では，各議員は自由に発議することができた。しかし，1950年の国会法の改正の際に要件が課されて，衆議院は20人以上，参議院は10人以上の賛成者を必要とされた（当時の国会法第57条）。予算関連法案におけるいわゆる「お土産法案」や，予算と議員立法で成立した法律の不一致が生じることが問題視されたため，予算をともなう法律案を議員が発議する要件はさらに厳しくなり，衆議院は50人以上，参議院は20人以上の賛成者が必要とされた（同第57条の2）。こうして，議員立法については日本国憲法にその権限を明示する条文の規定が存在せず，初期には議員は立法者であるという大原則が認められて，議員個人でも自由に発議することを許容する憲法慣習が成立していたものの，混乱を経験して，成文化にあたり発議の要件が厳しく制限されたのである。

───────────

(22)　松浦・同上，127-130頁。

2 議案審議における与党と参議院の一体化

(2) 与党における事前審査という憲法慣習の形成

国会における立法過程は，衆参各院に提出された法律案について，国会に提出された段階では議員の賛否が未確定の状態から始まり，審議が進行して討議によってその立法目的や内容が明らかにされて，議員の賛否が形成されて決定に至り，成立・不成立となるものと説明されがちである。

ところが，与党の議員の場合は，内閣から閣法として提出されることが予定されている法律案については，法律案の事前審査という与党内部での手続が先行して存在するので，与党の政務調査会やその部会，あるいは総務会などに出席して意見を述べて，党としての意思決定に参画する。これにより，衆参各院のいずれかに実際に議案として提出された際には，提出された先議の院の議員だけでなく，まだ提出されていない後議の院の議員においてもすでに与党議員は「賛成」の意思であることが決まっているのである。さらに，これには「党議拘束」という縛りが加わり，衆参両院の委員会や本会議における採決において「賛成多数」という結論が得られることを予定してそれぞれの議院で審議が行われる。ただし，結論が予定どおりにいかない場合もある。国会の審議での野党側の主張に同調する与党の「造反議員」が出現する場合などである。他方，野党の場合は，閣法の概要について各省庁から事前にヒアリングをすることもあるが，基本的には法律案に対する党内の意見の集約は，国会に法律案が提出された後に行われ，審議中に賛否が決まる。同一の政党を基礎とする院内会派の賛否が衆議院の採決と参議院の採決で異なった例もある[23]。

議院内閣制という制度では，与党と内閣の一体性は原理的に確保されるものであって，イギリスにおける議院内閣制，すなわちウェストミンスター型はその代表的な事例である。ところが日本の議院内閣制は，内閣が優越的なリーダーシップをもつ議院内閣制ではなかった。内閣総理大臣の指揮監督権は，閣議を主宰する（内閣法第4条第2項）という意味合いで理解されて，

---

(23)　前田英昭『国会の立法活動』（信山社，1999年）93頁。

第 3 章　議会運営による憲法慣習の形成

内閣法で内閣を代表して行政各部を指揮監督する権限は認められていても（第 5 条，第 6 条），各省大臣による省庁の分担管理原則の前に指導力が弱められていて，実質的なリーダーシップは十分でなかった[24]。

　その理由の一つは，内閣の意思決定の方式にある。閣議の意思決定は慣例上，全会一致のコンセンサス方式が原則である。一部の大臣が抵抗して賛成しないときは閣内不一致として表面化するが，当該大臣を罷免することにより全会一致とすることができる。省庁の分担管理原則は各省庁の政務のトップである大臣および事務のトップである事務次官の影響力が大きい。大日本帝国憲法下から続くすべての事務次官が集まる事務次官等会議が閣議の前日に開催され，翌日の閣議に諮る議案を決定する。事務次官等会議はコンセンサス方式の決定を行う。いいかえれば，同会議に出席するすべての事務次官に，法律案を議案として閣議に提出するか否かの拒否権が認められるという全会一致主義であるという憲法慣習が，閣議のコンセンサス方式と重なり，各府省の同意なくしては閣議決定ができず，それどころか閣議の議題にもなりえないという事態が起きていた。

　この明治時代からの不文の憲法慣習が日本国憲法下でも継続して用いられてきた結果，政策の形成および法律案の作成では，各省庁の官僚の力が大きくなり，立法府では省庁別に構成される委員会を主導する与党の族議員の力が与党の事前審査の段階でも大きくなった。日本の政策形成過程における与党と内閣の関係は，一体ではなく二重の権力構造にあると指摘されてきた[25]。すなわち，内閣は閣議決定以前に，与党から，事前審査により法律案などの政策について了承を得なければならないのである。また，院外の関係業界団体や市民グループも与党の事前審査の段階で自己の主張が通るように，陳情，圧迫，供応に努め，官僚も，関係の族議員に働きかけて自己の主張を展開して支持を求めることになる。与党の事前審査は，支持母体である地方や各種

（24）　出雲明子『公務員制度改革と政治主導』（東海大学出版部，2014年）247頁。
（25）　大山礼子『比較議会政治論』（岩波書店，2003年）226頁。

2 議案審議における与党と参議院の一体化

利益団体の要望を対峙させて修正を政府に迫る場としても機能する[26] のであり，見過ごすことのできない憲法慣習を形成してきたといえる。

　事前審査は，密室で議論が行われて実質的に法律案の内容が決定されることが問題点として指摘されている。その「密室」には衆議院議員と参議院議員が同じ政党の議員同士として席を同じくして対等な立場で議論するため，いわば与党内の衆議院部会と参議院部会の「合同審査会」の様相を示すことになる。こうして，内閣のコントロールの及ばない与党の機関や議員が与党の事前審査を通じて調整を行い，内閣の政策を実質的に決定することは「立法府の行政に対する介入そのものであって，権力分立によって禁止される立法と行政の混交そのものではないか」[27] との問題点が指摘されている。非公開で閣法が実質的に作成されたり，逆に予定されていた閣法への反対意見が多くてつぶされたりするため，その閉鎖性が批判されてきた。

　また，事前審査により，衆参各院のいずれかに法律案が提出される前に与党はその審査を終了しているため，衆参両院の委員会および本会議においては内容の議論よりも，法律案の速やかな成立を図ることに重点が置かれることになる。野党は審議を通じて与党側に法律案の変更を迫っても，事前に賛成で意思統一されている与党の壁は分厚い。修正が行われても部分的なものにとどまることが多い。そこで，野党はそれに対抗するために議案の採決の引き延ばしを図る。その結果，衆参両院における審議は，議案の内容よりも，議案の委員会への付託や，日程の引き延ばしが中心となってきて，それを円滑に進行させるために与党側が法律案の一部の修正を認めるというやや本末転倒の感のある駆け引きになることもある。

　閣法は，自民党が安定的な与党であった時期には，省庁の所管に対応したそれぞれの政調部会に，担当の各省庁から官僚が出向いて法律案の内容が説明される。その後，政務調査会を経て調整が行われ，総務会において全会一

---

(26)　大山礼子「国会改革の目的」土井真一ほか編『岩波憲法講座 4　変容する統治システム』（岩波書店，2007年）118頁。

(27)　松澤浩一「立法過程と会派」駿河台法学10巻 2 号（1997年）107頁。

第3章　議会運営による憲法慣習の形成

致で了承されたものが，事務次官等会議を経て閣議決定され，国会に提出される。与党議員には党議拘束がかかり，衆参各院での修正や反対など異論は原則として許されない[28]。すなわち，閣法の実態は「官僚と与党族議員の合作法案」ともいえる。

　こうした憲政の実態から，日本国憲法の議院内閣制は，憲法学の解釈では国会における内閣総理大臣の指名による内閣の信任の基盤の作成者という趣旨で与党と内閣は一体化していると考えられているが，与党と政府の意見が異なる場合はその一体性が崩れて，対立としてあらわれる。これまでに与党の党首が内閣総理大臣の在職中に行われた次期党首選に，対立候補が出て選挙が行われたのは，自民党で予備選を含めて8回，民主党で1回であった。このうち総理大臣が敗北したのは1回のみ[29]であり，1978年11月26日の予備選で，福田赳夫総理大臣が大平正芳候補に敗れて本選への立候補を辞退した。与党の事前審査は，政府と与党の対立を党内の手続において解消させる効果が生じるとともに，衆参両院と内閣との密接な関係を生じさせる。たとえば，与党の政調部会も衆参両院の常任委員会も省庁別になっていることは，省庁の意向が議会運営に直接に影響を及ぼすという「省庁優位の議院内閣制」を生み出している。

　ところが，こうした事前審査は，与党内の衆参両院の議員の意思が異ならないようにして，法律案の成立要件をあらかじめ整えるために行われるものであるから，参議院が少数与党の時期には「まったく役に立たない」[30]ことになる。

　2007年期の参議院は，第一党で野党であった民主党が，議員立法により法律案を多く提出した。参議院で可決されることで，「民意」の一翼を示すために行われたといえようが，その法律案は参議院に提出された後は提出者の参議院議員が説明を行うが，法律案の作成は，同党所属の衆議院議員も積極

---

(28)　大山礼子『国会学入門（第2版）』（三省堂，2003年）84頁。
(29)　日本経済新聞2010年9月15日。
(30)　大山・前掲注（1）305頁。

68

2 議案審議における与党と参議院の一体化

的にかかわっており，参議院独自のものとはいえない。野党においても，議員立法においては国会が「衆議院部会」「参議院部会」で構成される一院制であるかのような運営が行われることが明らかになった。

このように，要するに与党の国会提出議案の事前審査という慣習は，国会法上は不文のものであるが，議会における議案の審査権のあり方を大きく変質させてしまう重要な手続であり，これは憲法慣習の形成の一例として憲法学界でもより関心を持たれることが必要であろう。

(3) 議案の処理に関する内閣の不関与

日本国憲法のもとでは，内閣は，法律案の審議スケジュールの決定に関与することができない。このスケジュール管理および本会議や委員会で取り上げる議案の優先順位の決定が，議会側の内閣に対抗できる権力の源であり，内閣の側から見れば自己の意思の貫徹を左右する阻害要因に見える。そこで，内閣が衆参両院の議事運営に関与することが議会審議の活性化につながるとして，閣法については内閣に議案審議や議事進行のあり方の決定を委ねる「優先的議事日程の割当て」を認めるべきであるという内閣寄りの指摘がある。憲法学研究者の上田健介は，これは国会単独立法の原則（憲法第41条）および議院自律権（同第58条第 2 項）の侵害にはあたらず，より広く権力分立を損なうものではないとして，議院規則によりこれを定めることで導入することを提案した(31)。ただ，衆参両院で統一した運用が期待されているようであるが，二院制の妙味をいかすのであれば，参議院においてはいささか唐突であるように思われる。むしろ，議院内閣制を「国民内閣制」と解した上での内閣と衆議院との関係改善の方策として限定的に理解すべきと思われる。

また，内閣は，先議の院で議決した議案（閣法）は後議の院の審議におい

---

(31)　上田健介「議院の議事運営に対する内閣の関与について」曽我部真裕＝赤坂幸一編『憲法改革の理念と展開　上巻』（信山社，2012年）574-581頁。

ては修正および撤回ができない（国会法第59条）。これも長年通用してきた立法府と内閣の関係に関する憲法慣習である。そのため，内閣は，そもそも国会に提出する前に，後議の院，通常であれば参議院の意向を汲んだ法律案を準備して提出することになる。参議院が少数与党である内閣であれば，この「忖度」は法律案成立の生命線を握る重要な要素であり，これもまた，議案提出後の国会における活発な議論を事前に非公式に済ませてしまうということに帰着する。

(4)　与党事前審査による衆議院，参議院，内閣の意思の調整

　自民党は，1959年の参議院議員通常選挙の結果において，非改選議員とあわせて参議院で過半数を占めることとなり，それ以降は議員数が増えて常に安定多数を確保できるようになった。自民党は，衆議院の中選挙区制選挙で各選挙区に複数の立候補者を擁立したので，同じ政党の候補者同士が議席をめぐって争った。中選挙区の議員定数が最大5議席であったことから，議員の多くは5大派閥と呼ばれるようなグループに所属するようになり，派閥間で議席を争った。この傾向は徐々に参議院議員の選挙運動にも波及して，選挙に際しては，選挙運動への派閥からの人間的，物質的，財政的な支援が大きな意味を持つようになり，当選した議員への派閥の影響力はますます大きくなり，自民党の参議院議員の3分の1が一つの派閥に所属した時期もあった[32]。

　与党の参議院議員は，議案への議決，内閣総理大臣の指名など，議院において権限を行使するほかに，党内での党首の選出に参加する。議院における権限は衆議院に劣位するが，党内では衆議院と同位である。党首の選出への参加は，与党として国会での指名が確実な内閣総理大臣の最有力候補を選出するという意味もあるが，参議院議員は，衆議院議員と同じ1人1票を持つ

---

(32)　1963年の衆議院議員総選挙後の佐藤（佐藤栄作）派である。本田雅俊「二院制と参議院の政治的意義」議会政治研究70号（2004年）12-13頁。

2 議案審議における与党と参議院の一体化

立場で党内の選挙ないし事前の調整に関与することとなり，その100票超の投票の帰趨は党内で絶大な影響力をもち，政権への重しとしての役割を果たした。

また，国務大臣の過半数は国会議員の過半数から選ばれる（憲法第68条第1項）とされ，実際，毎回の内閣では数名の参議院議員が国務大臣に任命される。組閣に際しては大臣ポストとして3人程度を参議院議員から選出するいわゆる「参議院議員枠」が用意される。平成年間の制度改革によって，副大臣や大臣政務官への任命も増大した。また，内閣の中枢で総理大臣を直接に補佐する重要な役職である内閣官房副長官は1998年7月から政務担当が1人増員されて定員3人となった（内閣法第14条第1項）。政務の副長官は衆議院議員と参議院議員から1人ずつ，事務の副長官は省庁出身者が任命される例となった。

参議院議員の国務大臣への就任は，衆議院優位の議院内閣制の観点から問題視されている。参議院議員の入閣を禁止する憲法上の条文も法理も存在しないが，その所属する参議院の会派を与党化して内閣への協力者となし，参議院の自主的な活動を制約する要因となるので，避けるべきであるという批判である[33]。この論者のように参議院は内閣とある程度一定の距離を置くことを重視するのであれば，参議院は内閣の支持基盤を形成しないようにしなければならない。すなわち，内閣総理大臣の指名の権限をもつことなく，かつ，内閣への信任および不信任を表明する権限をもたないことが必要となる。確かにこうすれば，内閣側に大臣ポストを参議院に割り振る動機が弱まり，参議院議員の側からの働きかけも減少するであろう。しかし，日本国憲法は前者を衆議院との関係では劣位に立つが参議院にも与え，後者は与えていないが憲法慣習として内閣総理大臣への問責決議の権限がある。そして，議員として憲法上与えられた権限を背景にして与党内部での法律案の事前審査や党首選出に衆議院議員と対等な立場で参加するのであるから，憲法の構

---

(33)　前田英昭「二院制」ジュリスト1177号（2000年）38頁。

第3章　議会運営による憲法慣習の形成

造上，参議院と内閣が距離をとることは不可能である。むしろ，憲法慣習を
見れば，内閣総理大臣が衆議院で行う施政方針演説や所信表明演説を同文で
参議院でもくりかえすことになっていたり，党首討論が衆参両院の合同審査
として行われていたりするなど，国民代表議会としての衆議院と参議院の対
等さが目立つ。衆議院優位の議院内閣制という考え方に基づく参議院と内閣
の距離感を示す憲法慣習は，参議院議員を内閣総理大臣に指名しないという
程度にとどまるのではないだろうか。

　なお，与党事前審査や与党参議院議員の入閣は，立法府と行政府の混交に
とどまらず，衆議院，参議院，内閣の意思を融合させて，権力分立原理を損
なう効果をもたらすという批判もありうる。参議院議員を軸とした政府，衆
議院，参議院の融合という現象は，自民党だけではなく，2009年に与党と
なった民主党でも生じたことである。当時の同党の代表選では，衆議院議員
の投票では少数であったが参議院議員の投票で多くの支持を得た候補者が当
選して代表に就任し，内閣総理大臣に指名された(34)。政権交代後は，同党
の小沢一郎幹事長（当時）のイニシアティブにより，与党と政府の一体化が
試行されて，与党としての事前審査の手続は廃止され，政策担当機関を内閣
に新設する国家戦略局の中に位置づけようとした。各省庁の意思決定は大臣，
副大臣，大臣政務官の政務三役が行い，事務次官等会議を廃止し（ただし後
に連絡会議として復活），官僚主導を排除しようとした。これは「政治主導」
をめざすものであり「国民内閣制」と親和的であったが，与党内での意思決
定においては衆参両院の議員は区別されず，同党の代表選挙では参議院議員
の意向が毎回重視され，それを左右する参議院議員会長の職にある議員は党
内での発言力が大きかった。また，自民党政権と同様に国務大臣や内閣の重
要なポストに参議院議員が登用された。衆議院，参議院，内閣の意思の融合
は，ある特定の政党が与党になったときに出現するのではなく，憲法構造と

(34)　鳩山由紀夫候補は同党所属の参議院議員の7割の得票を，全体で124票を獲
　　得して（岡田克也候補は95票）代表に選出された（「民主新代表選出――鳩山
　　氏，参院票で引き離す」（日本経済新聞2009年5月17日））。

72

2 議案審議における与党と参議院の一体化

なっているのである。

(5) 議員立法での事前審査と機関承認による議員の意思の束縛

議員が議案を発議する際は，衆議院では発議者および賛成者が連署した（衆議院先例集第156号），参議院ではそれらが署名または記名押印した（参議院先例録第142号）提出文を添付する。また，慣例として，所属する会派が与党であっても野党であっても，衆参両院ともに，まず所属する会派内部の所定の手続を経なければならない。会派の執行部の了承を得た上で，所属する議院の議長に提出する。すなわち，議員個人の立法活動においても，いわば政党執行部による「事前審査」があるのである。

発議にあたり，参議院は署名や記名押印の有無が形式的に審査されて受理・不受理となるが，衆議院はより要件が厳しく，議員立法の発議の際は慣例により，所属会派の「機関承認」を経た上で提出する[35]。この手続を経ていない議員発議の議案は，その審議の手続を決定する院の議院運営委員会あるいは議院事務局での提出受付の際に受理を拒否され，あるいは棚上げされてしまい，その後の審議の対象とならない。

この「機関承認」は，衆議院の議院運営委員会で，国会開会中における議員の海外渡航をする際の請暇書，渡航計画書に加えて提出が必要な「会派の機関が了承した旨の書面」（衆議院先例集第84号）とは異なる。衆議院事務局によると，1952年の第13回国会に自由党（当時）が初めて行ったもので，1956年に日本社会党（当時）がそれにならい，第43回国会中の1963年以降はすべてが機関承認を得て提出されているとのことである[36]。衆議院では，機関承認がされていない議案は議院運営委員会で取扱いが協議されて，先例どおり受理しないという扱いである。

機関承認がないことを理由に衆議院事務局が法律案を受理しなかったのは

---

(35)　高見勝利「『議員立法』三題」レファレンス2003年6月号（2003年）11-14頁。
(36)　白井誠『国会法』（信山社，2013年）132頁。

第3章　議会運営による憲法慣習の形成

違法であるとして国家賠償請求訴訟が提起されたことを契機に，この問題が広く知られることになった。この事案では，1993年6月14日（第126回国会）に，社会党（当時）の衆議院議員である上田哲が「国政における重要問題に関する国民投票法案」を外2名の発議者および92名の賛成者の署名を添えて，機関承認なく，衆議院（議案課）に提出した。国会が4日後に解散されたので，法律案は事務局の預かりのままとなり，正式な「提出」とならなかった事案である。控訴審の東京高等裁判所は，機関承認がない議案は不受理とする衆議院の先例にしたがって提出法律案を不受理としたことは，議事の手続であり，議事運営の一環として議院の自律権の範囲内に属するとして，その請求を認めなかった（東京高判平成9年6月18日判例時報1618号69頁）。最高裁判所は1999年に上告を棄却して原告の敗訴となった（最判平成11年9月17日訟務月報46巻6号2992頁）。機関承認の有無による提出された議案の受理の是非についての裁判所の判断は，権力分立の観点からは妥当であろうが，そもそも議員立法の発議に機関承認を要件とすることの是非とは別の論点であろう。憲法上の自律権の行使には，当然，適正に行使する責任をともなう。

　この事例のほか，1981年の第94回国会では，提出者となる予定の議員のうち，所属会派の機関承認が得られなかった議員がいたので，その者を提出者から除いて提出されて，受理されたことがあった[37]。さらに，2012年4月27日（第180回国会）に一院制を内容とする憲法改正原案が120人の賛成者により，機関承認がないまま提出されたところ，9月7日の議院運営委員会理事会によって，受理しないことが確認された[38]。

　こうした機関承認の取扱いは，不文の憲法慣習である。それが明文の規定よりも厳しい制限を課す[39]ことは，議員の立法活動に対する不当な事前制約であるという見方[40]がある。議員活動を，個人を単位にするか，会派を

---

(37)　高見・前掲注（35）12頁。

(38)　白井・前掲注（11）140頁。

(39)　宍戸常寿「衆議院事務局による議員提出法案の不受理」自治研究75巻1号（1999年）105頁。

74

2　議案審議における与党と参議院の一体化

単位にするか，という論点もある。なかでも法律案の立案や発議は，議員として の最も重要な活動の一つである。それを会派や議院が制限することは憲法の趣旨とは大きく異なるとする考え方には一理ある。機関承認は「先例集」には記載されていない。これは，好ましくない慣行なので先例集に掲載しないことであえて「先例」にしなかったという見方もできるであろう(41)。

他方，機関承認は，明文による発議要件に何らかのかたちで抵触するから問題なのではなく，「議院法」的な手法への回帰，すなわち帝国議会における議案の事前審査制度の復活ととらえ，その一環として位置づけるという見方もある(42)。GHQ の主導により国会法において自由に行うことができた議案の発議を，とくに予算関連法案をめぐる混乱に対処するため1950年の国会法改正で制限したことを，会派を通じた政府・与党間の意思決定と議員個人の立法活動との関係で調整するため，という意味合いである。

いずれにせよ，機関承認が憲法慣習として成立しているとしても，たとえば与党が事前審査により確定した法律案とは異なる内容の別の法律案を，与党議員が発議者や賛成者として提出した場合の扱いは，会派と議員個人の対立を未然に防ぐために議院事務局が受理・不受理を判断する性質のものではなく，それぞれの政治責任の問題として追及されるべきであろう。

(6)　違憲とされた法律への対応

最高裁判所は，法律，命令，規則，処分が憲法に適合しないとの裁判をしたときには，その要旨を官報に公告し，かつその裁判書の正本を内閣に送付する。その裁判が，法律が憲法に適合しないと判断したものであるときは，その裁判書の正本を国会にも送付することになっている（最高裁判所裁判事

---

(40)　大石眞『統治機構の憲法構想』（法律文化社，2016年）146頁。

(41)　今野彧男の発言。赤坂幸一＝奈良岡聰智『国会運営の裏方たち』（信山社，2011年）300頁。

(42)　原田一明「議会先例としての『機関承認』の意味」曽我部真裕＝赤坂幸一編『憲法改革の理念と展開　上巻』（信山社，2012年）719-724頁。

第 3 章　議会運営による憲法慣習の形成

務処理規則第14条)。具体的には衆参の各院の議長に送付される。なお,法令
違憲判決の 7 例めである在外選挙制度に関する違憲判決(最大判平成17年 9
月14日民集59巻 7 号2087頁)は,判決の翌日である15日に判決正本が最高裁判
所から国会に送付されたが,衆議院は総選挙直後であり,衆議院議長が選出
されていなかった。そこで,衆議院は第163回国会召集後の同年 9 月21日に
送付を受けた。

　衆参両院では,判決正本を受理した同日に,公報,官報に掲載する。官報
号外で判決文全文が掲載されるので,即日全議員に配布する。さらに,議院
運営委員会理事会にも報告される。

　2007年期には,2008年 6 月 4 日に最高裁判所が日本国民である父と外国籍
の母との間に出生した後に父から認知された子どもに準正による国籍の取得
を認めないとする国籍法第 3 条第 1 項を違憲とする判決を行った(最大判平
成20年 6 月 4 日民集62巻 6 号1367頁)。同判決の裁判書は,最高裁判所裁判事
務処理規則第14条に基づき,最高裁判所から国会に送付された。当該国籍法
改正案は,閣法として国会に提出され,同年12月 5 日に参議院で可決・成立
した。

　裁判の判決の効力は,個別的効力説に基づき,当該事案のみに及ぶ。法令
違憲判決でも同様である。しかし,行政府および司法府は,最高裁判所に
よって違憲と判断された法令を他の事案に適用し,執行することはできない。
執行をやめることができない法律が違憲もしくは違憲状態(例:公職選挙法)
とされた場合,立法府の対応の遅れは大きな混乱を生じさせる。

　法令違憲判決の初例である刑法第200条の尊属殺重罰規定は,その後の立
法府の対応が遅れた事案である。違憲判決が出されたのは1973年 4 月 4 日で
あるが,実際に同法が改正されるのは1995年 5 月12日の刑法の口語化にとも
なう全面改正まで待たなければならなかった。第200条を削除する刑法改正
案は,同判決前もすでに政府内で検討されており,判決後も検討されたが,
与党自民党が親孝行を否定するとは何事かという理由で改正案の閣議決定を
認めず[43],閣法として国会に提出されることはなかった。野党の社会党は

76

同年5月に，共産党および公明党は同年7月に，政府検討案と同様の刑法第
200条を削除する内容の刑法改正案を衆議院に提出した。前尾繁三郎衆議院
議長（当時）は議員立法による成立を模索した[44] が，参議院自民党は議員
総会にて尊属殺重罰規定を刑法に存続させることを独自に決定した[45]。自
民党総務会は「さらに慎重に議論を尽くす」[46] として結論を先送りにした。
国会にはどのような対応をとることが要請されるのか，理論的にも実務的に
も検討されるべき課題[47] である。

3　コンセンサスを礎石とする常任委員会の運営

　憲法は，その立法手続における終局的な決定方法として，衆参両院の本会
議における多数決による議決を予定している（第59条第1項）。必要な合意の
調達に強制の契機を必要とする[48] 際に，多数決という方法を採るのである。
しかし，それはただちに数の多数による力の論理を肯定するものではない[49]。
多数決であっても，事柄をこの形態で決定する手順を踏むことについての合
意があり，投票すれば与党が多数であるから成立するであろう予測も立つ。

　他方，合意の調達方法としてのコンセンサス方式も重要である。議会にお

---

(43)　「自民，閣議決定を"凍結"　刑法改正案『尊属殺』削除に難色　刑法改正」
　　　（朝日新聞1973年5月19日）。
(44)　「尊属殺の重罰規定削除は議員立法で提出　月初めにも国会へ　刑法改正」
　　　（朝日新聞1973年6月29日）。
(45)　「尊属殺の存続決定　政府案との調整困難に　参院自民　尊属殺規定」（朝
　　　日新聞1973年7月5日）。
(46)　「自民党は結論を見送る　尊属殺規定」（朝日新聞1973年7月18日）。
(47)　松澤浩一「第71回国会における政治的活動と諸問題」ジュリスト547号
　　　（1973年）102頁。
(48)　高橋和之「日本国憲法は『合意形成型』と適合的か」岡田信弘ほか編『憲
　　　法の基底と憲法論』（信山社，2015年）324頁。高橋は，高見勝利との論争に
　　　ついて，多数決型には調整が存在しないのではなく，合意形成型と調整の仕
　　　方がちがうと考えるかのちがいと指摘した（同）。
(49)　清水睦『憲法の論理と情動』（中央大学出版部，1971年）99頁。

第3章　議会運営による憲法慣習の形成

ける決定手続が公正・公平に合理的に行われるためには，少数者に対する適正な配慮が必要とされる[50]。コンセンサス方式で合意を調達する方法は，多数派の強引な議会運営や権力の濫用から少数者を尊重する防護壁として機能する。日本国憲法にはこの点が十分に記載されていないので，実務においてその原作の隙間を補完したシナリオが描かれてきた。たとえば，衆参各院での議事運営は，なるべく全会一致（コンセンサス）となるように追求する慣行が確立されている。常任委員会では次のように運営されている。

(1) 議案の付託

委員会のあり方は議案の付託先および審査の方法とも密接に関係し，その独自性の発揮の度合いを左右する。

参議院における議案の付託に関しては，議院の設立当時は事項別によって常任委員会を決定しており，その後，1948年以降は衆議院と同様に議案の主管の省庁別によって委員会を決めていた。1955年に事項別に再び改められたが，さらに再び省庁別に付託先を決定するようになった。具体的には，2001年の中央省庁改革の際に，国会法と参議院規則を改正し，常任委員会の所管を省庁別に戻した（参議院規則第74条。参議院委員会先例録第2号）。その理由は，委員会の所管が複数の省庁にまたがるため複数の大臣に出席を求めたり，同一の大臣が複数の委員会に同時に呼ばれたりして運営上の問題点が指摘されたことによる[51]。常任委員会によって付託される議案の数にばらつきが出ることも問題とされた。これにともなって，議案の付託先は，議案の主管の省庁を所管する常任委員会とすることとなった。これにより，議案審議の効率性が確保される反面で，委員会での審議がどうしても族議員と官僚の間での身内の議論になりがちであるという問題点も残った。

この点についてとくに注目されるのは，2007年期の参議院で生じた事案で

---

(50)　赤坂・前掲注（5）18-19頁。

(51)　近藤博人「国会の常任委員会再編について」議会政治研究57号（2001年）27頁。

78

3　コンセンサスを礎石とする常任委員会の運営

ある。2008年4月に，道路整備費財源特例法改正案（暫定税率関連）が財政金融委員会に付託されたことをめぐって，議案の付託に関する論争が起きた。やや詳細ではあるがその経過を紹介して，検討したい。

　参議院では，議案は議長が適当の常任委員会に付託するが，所管がまたがる場合などは議長が議院運営委員会に諮って付託する（参議院規則第29条）。2008年4月16日に，議院運営委員会において道路整備費財源特例法改正案の付託委員会をめぐる議論が起きた。まず与党会派から同法律案は国土交通大臣を所管大臣とし，道路整備計画の策定や地方道路整備臨時交付金の基準策定などについてもすべて国土交通大臣が行うこととされているので，参議院規則第29条に基づき国土交通委員会に付託すべきであるとの意見表明があった。しかし，議院運営委員会では，同議案は財政事項に関する法律案であるとして，付託先を財政金融委員会とする案について採決することとなった。委員による採決の結果は可否同数であったので，西岡武夫議院運営委員会委員長の裁定で財政金融委員会へ付託することが決まった。翌17日に，与党会派の常任委員長，特別委員長，調査会長の合計9人が江田五月参議院議長に対して，この付託に疑義があるので，今後の付託のあり方も含め協議するため，常任委員長懇談会の開会を求めた。同議長は各会派間における協議を促し，本件は議院運営委員会の議決によりすでに財政金融委員会に付託されていることを前提に，膠着状態打開のため，連合審査の手法を活用して国土交通委員会が「対等な立場」で審議に参加するように図ることとし，具体策は担当者間の協議に委ねた。各会派間で，次の定例日から審議を始めるということで合意された。同月22日に，同議案は，財政金融委員会と国土交通委員会の連合審査会で扱うことがおのおのの委員会で議決された。

　これは与野党の会派間の対立が，議案の付託は省庁別か事項別かという論争として表面化した事案である。当時および現在の参議院規則によれば，事項別に常任委員会に議案を付託することはできないことになり，当時の与党会派の主張のほうが妥当であるといえよう。その一方で，議案の付託は議院の運営に関することがらであり，議院が決するところである。議案の付託が

第3章　議会運営による憲法慣習の形成

省庁別の常任委員会に対して行われることには，円滑な審議の推進というメリットもあるが，その反面として族議員などを生み，議論が内閣の意向に沿った内容となり，国会が内閣提出法案の承認機関と化してしまう原因の一つであると指摘されている[52]。したがって，これは，省庁の縦割りを乗り超えて，一の議院がどのように行政をコントロールするかという議院の権能に関する問題となりうる大きな論点である。同事案は議院運営委員会において，採決と委員長裁定という方式を用いたうえで，議案の特殊性から規則どおりに付託しないと決定したのである。例外的な事態での例外的な決定として認められたものであるから，付託の基本的なルールが事項別のものに変更されたものとまでは考えられないだろうが，この決定により，議案の付託先は，事案の性質や前後の事情によっては，議院運営委員会において，規則からすれば例外的に，主管省庁とは異なる常任委員会に行うことがあり得るという考え方が生まれたと理解することもできるであろう。

　なお，連合審査会の会議は，案件を付託されている委員会の委員長が整理する（参議院先例録第233号）。実際には，財政金融委員長（所属会派は「民主党・新緑風会・国民新・日本」）が行ったが，与党（会派は「自由民主党・無所属の会」）側委員の質疑の際は国土交通委員長（所属会派は与党）が主宰した。議案を一つの委員会に付託するとした議院運営委員会の議決の範囲内では，複数の委員会の「対等な立場」をどう確保するのかは難しいが，与野党の合意によって，こうした連合審査による議案の処理という一つの先例を開いたと理解される。

(2)　常任委員会の編成の変化による内閣との接近

　国会法および議院規則に基づき，衆参各院の常任委員会は構成される。委員会の編成については，くりかえしになるが，大まかに省庁別か事項別かに

---

(52)　前田英昭「委員会における法案審査の活性化（上）」議会政治研究73号
　　（2005年）4頁。

3 コンセンサスを礎石とする常任委員会の運営

分けることができる。省庁別に編成された委員会の場合，法律案の議案について，閣法であれば主務官庁が明確であるので，効率的に審議を行うことができる。国政調査も，所管の省庁が明確であるので，国務大臣が複数の委員会から出席を求められることが少なくなり，これも効率的である。ただし，参議院は，省庁別に編成される衆議院と異なる独自性を発揮するため，上に簡単に紹介したように，たびたびその編成を事項別に変更してきた。常任委員会の構成は，現在は省庁別であるが，参議院ではかつて事項別に扱われていたことが2回ある。ここではそれをさらに詳細に見ておきたい。

　1995年10月に斎藤十朗参議院議長は，諮問機関として，「参議院制度改革検討会」を設置した。1996年12月に提出された同検討会の報告書は，委員会審査と調査の充実のための方策として，省庁間を横断するまたは省庁間の隙間に存在する問題を国民の生活実態として取り上げて，中長期的視点にたって審議を行うことが望まれているとして，事実上衆議院とほぼ同じ構成となっている委員会組織の見直しを図るべきであると提案した。これに基づき，1997年12月に国会法改正案が参議院議院運営委員長および理事の発議により同院に提出されて，衆参両院で可決・成立した。あわせて，参議院規則も改正されて，次期常会召集日の1998年1月12日に施行された。この際に再編された委員会は12箇（総務委員会，法務委員会，地方行政・警察委員会，外交・防衛委員会，財政・金融委員会，文教・科学委員会，国民福祉委員会，労働・社会政策委員会，農林水産委員会，経済・産業委員会，交通・情報通信委員会，国土・環境委員会）であった[53]。その特徴は，各委員会の所管事項が省庁別に定められていないことから，法律案の内容によっては複数の委員会の所管事項をまたぐ場合が多くなることである。また，各委員会が法律案の審査や国政調査の際に，同時並行的に複数の大臣の出席を求めることも多くなることである。ただし，付託先を定め難い場合は，議長は議院運営委員会理事会に諮って付託委員会を決定するとされている（参議院先例録第171号）。

---

(53)　中村剛「参議院の常任委員会再編」議会政治研究45号（1998年）18-23頁。

第3章　議会運営による憲法慣習の形成

　日本国憲法第62条は，衆参各院に国政調査権を与えている。憲法学説では，国政調査権について2つの考え方がある。国会を国権の統括機関とし，その機能を果たすために必要な調査権を定めたとする「独立権能説」と，議会に与えられた諸機能を実効的に行使するために必須の補助的な機能を定めたとする「補助的権能説」である。学説上は後者が通説とされている。これが具体的に論争となったのは，参議院法務委員会による国政調査の事案である。同委員会は1948年に「検察及び裁判の運営に関する調査」を行うことを決議した。浦和地方裁判所の裁判官が母子心中事件の被告人である母親に対して情状を酌量して執行猶予を付した判決を下した「浦和事件」をその調査の一環として取り上げて，母親，子どもの父親である元夫，担当検事らを同委員会に出頭させて，証人として証言させた。最高裁判所はこれに対し，司法権の独立を侵害し，憲法上の国政調査権の範囲を逸脱するとして，参議院に抗議を申し入れた。すなわち，参議院法務委員会は独立権能説の立場を主張し，最高裁判所は補助的権能説の立場を主張したのである。ただし，本件は司法権が関係する異例の事案であり，行政権に対する国政調査権の先例とするには疑問があろう。

　国政調査権の解釈としてはさらに，国民主権の基礎として国民に必要な情報を提供することは憲法の重要な機能であることから，国民の知る権利からとらえて，国政に関する情報提供と事実認定の作業とする考え方もある[54]。議会の行政監視機能に基づき国政を調査した結果を国民に対して情報提供を行うという観点からは，委員会の調査報告書が作成・公表されないことは問題であろう[55]が，いずれにせよ，国政調査権は，国会，内閣といった国家

---

(54)　奥平康弘「国政調査権」自由と正義27巻10号（1976年）6頁。その他，国政調査権については，孝忠延夫「国政調査権の現状」ジュリスト1177号（2000年）87-92頁。森英樹「国政調査権の講義」ジュリスト955号（1990年）192-197頁。横川博「国政調査権の本質」ジュリスト638号（1977年）166-171頁。

(55)　藤馬龍太郎「議会の役割と国政調査権の機能」公法研究47号（1985年）91-94頁。

3　コンセンサスを礎石とする常任委員会の運営

機関間の関係に加えて，国民との関係も含めた三面関係的に考察することが重要[56]であろう。こうした視点からも，参議院が常任委員会によって調査権を行使し，衆議院の真相究明を主眼とした調査委員会方式とは一定の距離を保ってきたことは注目されよう[57]。なお，1986年の国会法の改正により発足した参議院独自の「調査会」制度は，国政の基本的事項に関して，長期的かつ総合的な調査を行うために設けられたが，証人喚問など，議院証言法に基づく調査は採用されていないことにもそうした考え方が表れているといえよう。

　ただし，省庁別に編成された常任委員会は他方，内閣と委員会の関係が近くなり，相互の均衡と抑制は弱くなる。議会と内閣という機関同士だけではなく，大臣と委員会，各省庁の官僚と委員（議員個人）の関係も近くなる。すると，委員会では当該委員会に属する委員が，委員が他の議員と交代することもあるものの，理事として運営を担ったり，質疑などを中心になって行ったりするため，いわゆる族議員を生みやすくなるのである。これは与野党の議員に共通して生じる現象である。

　そのため，委員会での審議は緊張感を欠くものとなる。本会議の運営を事実上決定する議院運営委員会の運営も同様であり，政府の意向を踏まえた与党の国会対策委員を中心とした国対政治が活発に行われた（詳細は後項（5）参照）。内閣と国会との連絡調整にあたるのは，内閣側は内閣官房の内閣総務官（室）である。内閣総務官室は，毎国会の会期開始前に，各省庁に対して，国会に提出する法律案について照会し，省庁別に「法案提出時期調」を取りまとめる。そこには，予算関連法案か否か，提出が確定しているか予定か検討中か，主務官庁と他省庁との調整関係，与党との調整関係，閣議決定の希望日程，法制局の審査を受ける希望の日程，留意事項が記載される[58]。さらに，内閣は，各委員会の野党議員や参議院の動向も考慮した上で閣法を

---

(56)　原田一明「国政調査権」ジュリスト1133号（1998年）118頁。

(57)　原田・同上，120頁。

(58)　松浦・前掲注（21）71-74頁。

第3章　議会運営による憲法慣習の形成

ランクづけし，審議の優先順位を定めて，戦略的に国会に提出される。

　より詳細に述べれば，委員会は，その運営を協議する理事会において，各会派を代表する理事が交渉を重ねて合意を形成することが憲法慣習となっている。全会一致の慣行，すなわち，コンセンサス方式である。委員会は挙手や起立によって諮る多数決方式であるが，それでも異議の有無を諮って行う「異議なし採決」（コンセンサス方式）によって決定するのも多く（衆議院委員会先例集第109号。参議院委員会先例録第155号），慣行となっている。そうすると，いわば衆参両院ともに，与野党の対立も計算されたものになり，国民の多様な意見や利害関係を反映した審議というよりも，議員同士あるいは官僚の利害関係が反映された審議になりやすいといえよう。とくに衆議院議員総選挙で小選挙区制度が導入される以前は，そうした現象が多く見受けられた。国会審議の停滞化を招いた要因を委員会中心主義と議院内閣制の不適合であるとする指摘もある[59]。

(3)　委員会中心主義の例外

　委員会中心主義のもと，議案が発議または提出されたときは，議長はこれを適当な委員会に付託し，その審査を経て本会議に付することになる（国会法第56条第2項）。こうした委員会中心主義の例外的な運用には，中間報告と委員会審査省略がある。

　本会議は，委員会で審査中の案件がどのような審査状況にあるかを知るため，委員長の中間報告を求めることができる（同第56条の3）。しかし，実際の運用は，衆参各院で与野党が対立して委員会での審査が進まない議案を本会議に取り上げて[60]，採決に持ち込む手段とされている。委員会に付託した後に，本会議にて議員が動議により中間報告を求め，議決することにより

---

(59)　大山礼子「審議手続」高橋和之編『岩波講座現代の法3　政治過程と法』（岩波書店，1997年）190頁。

(60)　辻啓明「委員会の制度及び運営の諸問題（2）」議会政治研究46号（1998年）43頁。

3 コンセンサスを礎石とする常任委員会の運営

行うことができる。

委員会での採決が望まれない法律案においても用いられる。たとえば，2009年の衆参各院での臓器移植法改正法案や，2017年の参議院での組織犯罪処罰法改正案である。後者は，与党公明党の議員が委員長を務める委員会で強行採決が行われるのを防ぐために，委員会での採決が望まれなかった[61]とされている。

この中間報告については，当初は衆参各院の議院規則に定められていたが，第2回国会において国会法が改正されて，新たに条文が設けられた。

中間報告は一つの議院内だけで行われる議事手続であるが，その効果は，衆議院優位の議院内閣制，すなわち参議院の弱さとして表面化する。本会議において，委員会に対し，審査中の議案についての中間報告を求める。中間報告の動議を提出して，議決された場合は，委員会での審議を途中で切り上げることになる。本会議で中間報告があった議案は，その後に，①今までどおり委員会で審査を続けるか，②委員会の審査に期限をつけるか（同条第2項），③委員会の審査を省略して本会議で議題に取り上げるか（同）という方法がある。③の手法は，当該委員会の議案審査権を強引に奪う，委員会中心主義の大幅な修正を意味する[62]。

法律案の審査において中間報告が行われた例は，衆議院では4件（閣法2件，衆法2件）[63]，参議院において24件（閣法21件，衆法2件，参法1件）[64]である。

---

(61) 「テロ準備罪　与党『奇策』　参院『中間報告』　自民，公明に配慮」（読売新聞2017年6月15日）。

(62) 前田英昭「委員会の中間報告制度」国会月報616号（2000年）53頁。

(63) 閣法は，1947年の臨時石炭鉱業管理法案（第1回国会），1956年の地方教育行政の組織及び運営に関する法律案および同法施行に伴う関係法律の整理に関する法律案（第24回国会）（鈴木源三「会期末における参議院」議会政治研究17号（1991年）61頁）。衆法は1997年の臓器の移植に関する法律案（同名称の2法案）（第140回国会），2009年の臓器の移植に関する法律の一部を改正する法律案（同名称の4法案）（第171回国会）（衆議院委員会先例集第266号）。

第 3 章　議会運営による憲法慣習の形成

　中間報告が衆議院よりも参議院において多く見られるのは，衆議院先議の
法律案は参議院での審査期間が短いことと，議案が付託された委員会の委員
長が野党側であったり，その議案に反対する委員が多数派であったりして，
委員会の審査が遅れ，政府・与党側の思うようにいかない場合があるからで
ある。近年は，同様に委員長が政府・与党側に対抗した場合，中間報告では
なく，解任決議案の可決によって，野党側の委員長を与党側の委員長に変更
するといった手段も用いられている[65]。

　このように，委員会の多数派が逆転すると，採決の結果を左右するだけで
はなく，審査する議案や日程を決定する委員会の理事の構成や委員長のあり

---

(64)　閣法は，1953年の電気事業及び石炭鉱業における争議行為の方法の規制に
　　　関する法律案（第16回国会）。1954年の警察法案（第19回国会），同法施行に
　　　伴う関係法令の整理に関する法律案（同）。1956年の地方教育行政の組織及び
　　　運営に関する法律案（第24回国会），同法施行に伴う関係法律の整理に関する
　　　法律案（同）。1958年の日本労働協会法案（第28回国会），市町村立学校職員
　　　給与負担法の一部を改正する法律案（同），最低賃金法案（同）。1959年の防
　　　衛庁設置法の一部を改正する法律案（同），自衛隊法の一部を改正する法律案
　　　（同）。1963年の職業安定法及び緊急失業対策法の一部を改正する法律案（第
　　　43回国会）。1965年の農地被買収者等に対する給付金の支給に関する法律案
　　　（第48回国会）。1967年の健康保険法及び船員保険法の臨時特例に関する法律
　　　案（第56回国会）。1969年の健康保険法及び船員保険法の臨時特例に関する法
　　　律等の一部を改正する法律案（第61回国会）。1975年の公職選挙法の一部を改
　　　正する法律案（第75回国会）。政治資金規正法の一部を改正する法律案（同）。
　　　1999年の住民基本台帳法の一部を改正する法律案（第145回国会）。2004年の
　　　金融機能の強化のための特別措置に関する法律案（第159回国会），預金保険
　　　法の一部を改正する法律案（同）。2007年の国家公務員法等の一部を改正する
　　　法律案（第166回国会）。2017年の組織的な犯罪の処罰及び犯罪収益の規制等
　　　に関する法律等の一部を改正する法律案（第193回国会）。
　　　　衆法は，2000年の公職選挙法の一部を改正する法律案（第147回国会）。
　　　2009年の臓器の移植に関する法律の一部を改正する法律案（第171回国会）。
　　　　参法は，2009年の子どもに係る脳死及び臓器の移植に関する検討等その他
　　　適正な移植医療の確保のための検討及び検証等に関する法律案（第171回国会）。
　　　参議院「参議院審議概要」（2017年）　2 頁。
(65)　第185回国会参議院会議録12号（2013年12月 5 日）　5 頁。

3 コンセンサスを礎石とする常任委員会の運営

方を決定する際にも影響が大きく，すなわち，採決に至る議事運営の方法の決定を左右する。会期末を迎えるまでに法律案を審議して，採決ができるかどうか，政府・与党の思い描く議会運営ができず，法律案が廃案に追い込まれる可能性が高くなるのである。

他方，委員会審査省略は，議案のうちとくに緊急を要するものは委員会審査を省略し，本会議で議題とする手続である（国会法第56条第2項）。議案の発議，提出，または送付と同時に，文書（委員会審査省略要求書）により議長に申し出ることが必要である（参議院先例録第269号）。同要求書が提出された場合，議長は議院運営委員会に諮った後に本会議に付す。委員会審査を省略することに決した場合は，本会議で直ちにその議案を議題とする（衆議院先例集第238号，参議院先例録第269号）。

衆議院ではこれまで，決議案を除き，参議院から委員会の審査省略の要求があったのは1948年11月の第3回国会から1949年11月の第6回国会までの5件（うち2件は院議により省略しないとした），内閣から要求があったのは第4回国会（1948年12月）から第80回国会（1977年）までの39件（うち5件は内閣から要求を撤回した）である（衆議院先例集第238号）。

参議院ではこれまで，決議案を除き，法律案について43件（閣法5件，衆法6件，参法32件），条約について1件，その他内閣提出の承認議案28件が要求された。このうち要求書が撤回された3件（参法），国会の閉会にともない議題とされなかった1件，本会議で否決された議案1件を除き省略が決定された。

⑷ 少数意見の尊重

議会において国民の多様な意見を反映した議論を期待するならば，決定に至る過程で表明された少数意見への配慮という点も重要である。たとえば，委員会において，法律案に関して賛成ではあるが修正の意見があったり，批判的な立場からの懸念事項があったりした場合，法律施行後の運用や適用に関する要望や解釈の基準に関して，その意思を「附帯決議」として表明する

第3章 議会運営による憲法慣習の形成

こともある。

附帯決議は，委員会において議案が採決された直後に採決される。本会議における委員会報告書に添付される「要領書」に記載されるが，いわば立法者意思を表明するものであって，法的拘束力はなく，政治的効果をねらうものとされる[66]。法律案に反対でも附帯決議には賛成する場合もあり，コンセンサス方式による合意の好例である。

他方，案件に反対の立場をとる少数者の意見を尊重する観点から，その審議における少数意見を本会議にて報告することができる（国会法第54条）。1955年の国会法改正によって要件が厳しくなり，委員会において出席委員の10分の1以上の賛成が必要とされ，少数意見者は，賛成者と連名で少数意見の報告書を委員長を経て議長に提出する（衆議院規則第88条。参議院規則第72条の2）こととされた。委員会の議決に賛成した者は報告書を提出する資格がない[67]。1つの案件につき1件に限られず，複数の場合もある。本会議では，委員会の審査した案件の経過および結果を委員長が報告した後に，少数意見者が報告する（衆議院規則第115条第1項，参議院規則第106条）。

少数意見報告は，本会議で案件を採決する際に，委員会における多数の意見だけではなく，少数の反対意見もあわせて報告して，議員の判断資料とした方が，議院としてより適切な意思決定ができる場合もあることから設けられている。少数意見の尊重という趣旨だけではなく，委員会と本会議では多数と少数が逆転することも起こり得ることからも，重要な制度である。

ただし，その趣旨をいかして少数意見報告が行われたのは，これまでに衆議院で11件[68]，参議院で54件[69]と低調である。参議院では54件中53件が国会法改正前の例である。その理由は，少数意見の報告書を，衆議院では委員会の報告書が提出される前に（衆議院規則第88条），参議院では速やかに（参議院規則第72条の2），委員長を経由して議長に提出しなければならない

---

(66) 佐藤吉弘『注解参議院規則〔新版〕』（参友会，1994年）133頁。

(67) 佐藤・同上，134頁。

3　コンセンサスを礎石とする常任委員会の運営

という要件が，議事の日程を把握するのがやや難しい少数意見者にとって
「やや酷」[70] という指摘がある。実際に，衆参両院ともに，直近の例は第68
回国会（1971年）の沖縄の復帰に伴う特別措置に関する法律案外4件に関す
る議決における衆参各院の沖縄及び北方問題に関する特別委員会おける少数
意見報告であり，その後45年以上行われていない。ただし，少数意見報告は
憲法審査会についても準用されており（国会法第102条の9第1項），国政の重
要な案件では今後，その趣旨をいかしたより一層の活用が期待されよう。

(5)　コンセンサス方式による合意形成

　前述のとおり，議院運営委員会や各委員会の理事会は，全会一致（コンセ
ンサス方式）で結論を出すことが原則である。理事会はその根拠規定は明示
的でないものの，衆参両院の先例において，委員長が理事と協議する際に開
かれるものと位置づけられている（衆議院委員会先例集第27号，参議院委員会
先例録第24号）。このように議院の公的な機関ではあるが公開度が低く，その
協議は実際の議事運営の大部分を左右するが，「国会の最深部での営為であ
ることから，実務の実態に即した考察が困難」[71] であり，先行研究は十分

---

(68)　「国会会議録検索システム」にて検索したところ，次の11件であった。①第
　　1回国会衆議院会議録64号（1947年11月23日）。②第43回国会衆議院会議録42
　　号（1963年6月28日）。③第43回国会衆議院会議録43号（1963年6月29日）。
　　④第43回国会衆議院会議録45号（1963年7月1日）。⑤第51回国会衆議院会議
　　録7号（1965年12月28日）。⑥第51回国会衆議院会議録43号（1966年4月21日）。
　　⑦第61回国会衆議院会議録52号（1969年6月26日）。⑧第61回国会衆議院会議
　　録53号（1969年6月27日）。⑨第61回国会衆議院会議録57号（1969年7月8日）。
　　⑩第61回国会衆議院会議録57号（1969年7月8日）。⑪第67回国会衆議院会議
　　録23号（1971年12月14日）。

(69)　参議院「自第一回国会至第二十四回国会参議院委員会先例諸表」，同「平成
　　22年版参議院委員会先例諸表」。

(70)　佐藤・前掲注（66）135頁。

(71)　森本昭夫「国会の議事運営についての理事会協議——多数決と全会一致の
　　間合い——」立法と調査388号（2017年）80頁。

第 3 章　議会運営による憲法慣習の形成

ではない。そこで，ここでは参議院事務局で長年議会運営の実務を担ってきた森本昭夫の論考[72] をもとに，憲法学の立場から検討を加えることとする。

多数決方式は，憲法上でも国会法でも用いられている。まず，日本国憲法では，過半数による単純多数決と 3 分の 2 以上による特別多数決とがある。議案の採決（第56条第 2 項）など前者を原則とする。後者には，法律案に関する衆議院の再可決（第59条第 2 項），議員の地位喪失の決議（第55条，第58条第 2 項），秘密会の議決（第57条第 1 項），憲法改正原案の議決（第96条第 1 項）である。

国会法に基づき多数決が行われるのは，委員会および両院協議会の議事である（第50条，第92条第 1 項）。本会議の運営においては，会議の招集，開会，休憩，散会，議題の決定，発言の許可，採決の認定などがある。委員会の運営においては発言時間の制限，質疑や討論の終局動議を多数決により決定する。いずれも，議員や委員間の権限行使の調整が課題となる場面である。ここでは，全会一致によって決定すると明示した規定は存在しない。

他方，案件の性質上，コンセンサス方式に基づき全会一致となるよう調整が行われた上で決定されることも多く，議会運営のさまざまな場面で見ることができる。たとえば，本会議において議院の意思を表明する場面である。若干の例外はあるものの，議長の選出，各会派の共同提案による国政に関する決議，請願（憲法第16条）の採択，慶弔の表明などである。

本会議の運営に関する事前協議は，前述のとおり，通常は議院運営委員会で決定され，実質的な協議は事前に同理事会において行われる。

理事懇談会は委員会の開催前日までに開かれるのが一般的で，実質的な事前協議を行って，そこでの合意を理事会で確認する。理事懇談会の前に，与野党の最大会派の理事同士で「筆頭間協議」が行われることも多い。理事会は協議のうえ，全会一致により決定を行う。ただし，全会一致として処理される場合でも，筆頭間協議において合意された内容について小会派が異論を

───────────────

(72)　森本・同上，79-98頁。

90

3 コンセンサスを礎石とする常任委員会の運営

述べて「大方の賛同があるので御了解願います」ととりまとめられたり，異論があってもあえて唱えずその後の委員会に持ち越されたりして，全員が合意していない場合もある。理事会決定の効力を定める規定も存在しないので強制力はなく，あくまでも任意的であるが，決定が履行されないことは考えにくい。コンセンサス方式は，多数決で一刀両断に決定するよりも少数会派の意見が反映されやすい。

他方，コンセンサス方式による合意ができず，全会一致が成立しない場合は，与党提案に対して野党が同意しない場合である。理事が懸案事項を所属する会派に持ち帰り，国会対策委員長間で交渉したり，幹事長などを中心に政党間で協議したりしても妥協と合意ができない場合は，委員長が理事会協議を打ち切る。委員長自身が判断したり，委員会における多数決によったりして決定される段階に進む。このように，委員長自身が判断することもあるので，どの会派の議員がそのポストに就くのかが議事運営にとって重要となる。

先述のとおり，国政調査権は憲法制定過程において想定されていたほどの強大な権限はないものの，衆参各院の強制権をともなう強力な権限である。そのため，衆参各院の調査権限は委員会に付与され（国会法第103条〜第106条），証人の出頭などの要求は各委員会の意思により決定し，議長を経由して行うこととされている[73]。その決定は，全会一致によることが慣例である。

さらに，証人については「議院における証人の宣誓及び証言等に関する法律」（昭和22年法律第225号）に詳細な規定がある。証人に出頭，証言，書面の提出を求める際は，議長を経由して行う（衆議院規則第257条第1項。参議院規則第182条第1項）。参考人の出席を求める際は，証人として喚問するよりも簡略な手続による。衆議院は証人と異なり委員長から直接求める（衆議院規則第85条の2第2項）が，参議院は証人と同様に議長を経由して行う（参議院規則第186条第2項）[74]。

---

(73) 浅野善治「国政調査権の本質と限界」議会政治研究78号（2006年）28頁。

第 3 章 議会運営による憲法慣習の形成

　2007年期の参議院では，防衛省関連の疑惑が生じた際に，守屋武昌前防衛事務次官，宮崎元伸株式会社日本ミライズ代表取締役社長，米津佳彦株式会社山田洋行代表取締役社長，額賀福志郎財務大臣の証人喚問と参考人招致をめぐり，与野党が対立した。

　参議院ではそれまで，証人喚問は委員会の全会一致により決定・実施されることが慣例であった。しかし，参議院外交防衛委員会においてその慣例を崩し，2007年11月 2 日に与党側の会派が欠席のまま，守屋前事務次官の証人喚問と，宮崎氏および米津氏の参考人招致を同月 8 日に実施することが決定された[75]。しかし， 8 日には行われず，さらに翌 9 日に延期を決定して，結局のところ同月15日に実施された[76]。その後，守屋前事務次官への証人喚問の手続については，与野党から江田五月議長に対して，議長によるあっせんが求められた。議長は，委員会の決定なので瑕疵はないとして，各会派の議員会長などに対して，与野党で協議するように要請して事態の収拾を図った（同月30日）。

　このように，理事会における事前協議やその決定，実行については，法規上の明示的な根拠はないが，議事手続の正規の運営プロセスとして定着している。議院の先例が規範として機能する，議会運営に関する憲法慣習の形成といえよう。まさに，憲法という原作に基づき，それを演じる議員やその活動を支える実務家が描いたシナリオが形成されたのである。

(6) 議院運営委員会と国会対策委員会

　国会の運営の要となる機関は，衆参各院の議院運営委員会と各政党の国会対策委員会である。日本では衆参両院の議事運営に内閣が関与する制度が存在しないので，内閣は「完全といってよいほど排除されている」[77] ことが

---

(74)　衆参両院の規則および先例の比較・対照は，榊山次勇「衆参両院の規則・先例の比較」議会政治研究 8 号（1988年）35-60頁。

(75)　第168回国会参議院外交防衛委員会議録 3 号（2007年11月 2 日） 1 頁。

(76)　第168回国会参議院外交防衛委員会議録 4 号（2007年11月 9 日） 1 頁。

3 コンセンサスを礎石とする常任委員会の運営

特徴である。

　まず，議院運営委員会は，議事運営と議会運営の両方を所管する常任委員会の一つである（国会法第41条第2項，第3項）。衆参両院とも委員数は25人で，裁判官の弾劾裁判所や訴追委員会，国立国会図書館に関する事項も扱い，議長の諮問に答えることもある（衆議院規則第92条第16号，参議院規則第72条第16号）。各会派が衆参各院の運営について全般的に審議・協議する場である。そのため，他の常任委員会と異なり，付託案件などがなくても，緊急の必要がある場合には臨機応変に開会することが求められるので，会期中いつでも開くことができる（衆議院規則第67条の2，参議院規則第74条の5）。いいかえれば，議院運営委員会が開かれなければ，議院としての活動はできないのである。同委員会には正副議長が出席する。多くの場合は議長室の隣の議長応接室にて開催されるが，国会同意人事の案件にて候補者から所信を聴取する際など，衆議院委員室，参議院委員会室で行われる場合もある。2017年6月に，天皇の退位等に関する皇室典範特例法案は，衆議院の議院運営委員会に付託されて討議が行われた[78]が，同委員会は議長応接室ではなく衆議院第一委員室で開催された。

　議院運営委員会の所管は，具体的には，本会議の開会日時，議事案件，発言時間など，本会議における議案の趣旨説明，会期およびその延長，各委員会の構成，特別委員会の設置，各会派への委員会理事の人数割り当て，国会同意人事，国政調査における委員派遣の承認，公聴会開会の承認など多岐にわたる[79]。

　議院運営委員会は公開され，他の常任委員会と同様，公開の場での討論を経て多数決で決定を行うことが想定されている。ただし，実際には，非公開

---

(77)　上田・前掲注（31）569頁。
(78)　第193回国会衆議院議院運営委員会議録31号（2017年6月1日）1-19頁。議院運営委員会で閣法の審査が行われたのは，1948年の第2回国会以来69年ぶりである。
(79)　小室敬「議院運営委員会」立法と調査379号（2016年）173頁。

第3章　議会運営による憲法慣習の形成

の議院運営委員会理事会の協議にてほとんどの案件は実質的に処理され，決定されている。理事会は通常，委員長および理事によって構成される。理事の人数は会派の人数によって割り当てられる。理事懇談会が開催されることもあり，そこで重要な決定が行われることも多い。

　議院運営委員会は常任委員会の一つであるので，基本的には多数決方式により決定されるが，帝国議会からの沿革により，できるだけ理事会による事前の協議によって全会一致の合意をめざすコンセンサス方式によって決定するようめざされている。理事会にて協議が整わなかった案件は，他の委員会と同様，議院運営委員会にて，委員による多数決が行われる。可否同数の場合は，同委員長が決裁する。

　こうした会派間での本会議の議事運営に関する事前協議は，帝国議会からの憲法慣習を引き継いだものといえよう。すなわち，帝国議会の「各派交渉会」の運営について，衆議院では「各派交渉会規程」が置かれ，その議事は全会一致をもって決定すること，決定した事項は各派遵守の責めを負うことなどが定められていた[80]。日本国憲法施行後は，1948年の国会法の改正により，その後継機関として「議院運営小委員協議会」が設けられて，その決定方法は全会一致とされた（議院運営小委員協議会の決定に係る議院運営小委員協議会要綱（衆議院））。同改正法は「議長は，小委員の意見が一致しないときは，これに拘束されない」（第55条の2）と定めて，小委員の全会一致による決定を前提とした議事運営がめざされた。その後，1950年の国会法改正において，議院運営小委員協議会に代わり「議事協議会」が国会法上の機関として位置づけられた。同法では，議事協議員の「意見が一致しないときは，議長は，これを裁定することができる」（第55条の2第1項）とされて，改正前と同様に，全会一致による決定が前提とされた。しかし，これらの機関は次第に議院運営委員会理事会が担うようになり，1983年の第101回国会以降，衆参両院ともに議事協議会は開かれなくなった[81]。同協議会は2017年現在

――――――――――――――――――――

(80)　衆議院＝参議院編・前掲注（12）86頁。

3 コンセンサスを礎石とする常任委員会の運営

も国会法に規定されているが，空文化している。

ついで，国会対策委員会は，政党内部の組織であり，国会法や議院規則による機関ではない。各政党は衆参両院に置いている。「国対政治」といわれるように，国会の運営に大きな影響力をもつ。本会議や委員会の日程について，「国会対策委員長会談」と呼ばれる非公開の場で協議される。その結果は，議院運営委員会で議論されて，議院としての決定となる。また，院内で与野党が対立して，議院運営委員会のレベルで調整がつかない場合は，与野党の国会対策委員長どうしで協議が行われて，決着が図られることもある。国会対策委員長が，所属する議院の議長を訪ねて議事や議会の運営について要請をしたり，協議をしたりすることもある[82]。このように，議院にとっては非公式の機関であるが，重要な役割を担っている。

すなわち，常任委員会の一つである議院運営委員会は，その理事会や懇談会において，与野党の国会対策委員長とも連携しながら，委員会におけるコンセンサス方式と，それが機能しなかった場合の多数決原理を巧みに使い分けながら，議院の議事および議会の運営を決定する。衆議院の議院運営委員会の多数決方式の案件を分析した政治学研究者の川人貞史は，多数決採決が必ずしも強引な国会運営を意味するわけでなく，全会一致が必ずしも円滑な議事運営を意味するものではないと指摘した[83]。

---

(81)　遠藤要委員長より「議事協議会についてでありますが，さきの第百一回国会から，議事協議会にかわり本委員会で本会議の議事について決定いたしてまいったところでありますが，この間の試行の成果を踏まえて，議長の御意向をお伺いし，また，理事会において協議をいたしました結果，引き続き同様の方法で進めてまいることといたしましたので，御了承をちょうだいいたしたいと思います。」と報告された（第102回国会参議院議院運営委員会議録1号（1984年12月1日）3頁）。

(82)　2007年期に国会対策委員長が，江田五月議長に議会運営について申入れを行った最初の例として確認できるのは，2007年11月5日に，外交防衛委員会の証人喚問などの議決についての，与党の自民党および公明党の委員長の例である（江田五月活動日誌2007年11月5日 https://www.eda-jp.com/katudo/2007/11/5.html）。

第 3 章　議会運営による憲法慣習の形成

4　両院関係における一事不再議原則の処理

　国会法第56条の 4 は「各議院は，他の議院から送付又は提出された議案と
同一の議案を審議することができない。」と，一事不再議原則を定めた。そ
の「同一の事案」が何にあたるかについての解釈が，議事運営の憲法慣習の
形成に大きくかかわる。

(1)　「同一の議案」の意義の変遷

　一事不再議原則の処理は，日本国憲法制定当時は，一つの院で否決された
法律案の扱いが想定されていた。大日本帝国憲法は，法律案について，貴衆
両院の一の議院において否決された法律案は同一会期中に再び提出すること
ができない（第39条）という，否決法案に関する一事不再議を定めた。さら
に，貴衆各院の議院規則においても，貴衆両院の議決を要しない議案を除き，
他の院ですでに会議に付した議案と同一の事件を議事日程に記載することが
できないと定めて，これを徹底させた（貴族院規則第67条，旧衆議院規則第86
条）。

　日本国憲法では，この規定は削除された。また，国会法を制定する際に，
大日本帝国憲法第39条と同じ文言が国会法の規定に盛り込まれることが予定
されていた[84]が，日本国憲法下での一会期は長期になることが予想され，
会期中に事情の変更があるので制限は不合理である[85]とか，参議院先議の
法律案が否決された場合，衆議院および政府が同一案件を衆議院で審査する
途がなくなるので，憲法上の衆議院優越規定に影響を及ぼすからと説明され

---

(83)　川人貞史「議院運営委員会と多数決採決」レヴァイアサン30号（2000年）
　　　35-36頁。
(84)　「（十六）憲法に特別の規定ある場合（例へば第五十五条）を除き，両議院
　　　の一において否決した法律案は同会期中において再び提出することができな
　　　い旨の規定を設けること」（昭和21年 8 月13日臨時法制調査会第二部会決定）。
(85)　林修三「一事不再議問答」時の法令203号（1956年）21頁。

96

4 両院関係における一事不再議原則の処理

て，結局は削られた[86]。このように削除されたとはいえ，一事不再議の原則は条理上当然に運用されてきた憲法慣習といえる。

また，同一議案を再び同じ議院において審議することが憲法および法律上要請されている場合，すなわち，衆議院の再可決（憲法第59条第2項），両院協議会における成案の議決（国会法第93条第1項），後議の院における修正議決の回付案の議決（国会法第83条第4項）については，同一の議案の再議ではなく，他の議院の審議を経た特別なかたちの議案の審議として扱われるため，一事不再議の原則に抵触しない。

他方，同一の議院の中で反復して議論されることは，本会議にて採決が行われて当該議院の意思が確定するまでは，一事不再議に含まれない。具体的には，委員会審査が終了して本会議に報告された議案について，議院は委員会に再付託して審査のやり直しをさせることができる（衆議院規則第119条）。

実例では，一の議院において否決された法律案の一事不再議だけではなく，一の議院において可決された法律案の一事不再議が問題とされてきた。いわゆる「追っかけ改正」[87]の問題である。一の議院においていったん可決した法律に不備が見つかり，その改正案が同一会期中に，同一の院において再び審議されて議決されるため，「追っかけ改正」と呼ばれている。

1947年の第1回国会では，閣法として，地方税法の都道府県民税の一人あたりの平均賦課総額の規定を，120円から180円に改正し，その後に240円に改正した。

また，自治体職員の給与改善等のための地方税法改正案を，政府は再度提出（閣法66号，150号）した際に，将来はこのようなことがないよう十分注意する旨を答弁した[88]。

1947年～1948年の第2回国会では，復興金融金庫法の資本金増額のための

---

(86)　佐藤達夫「会期制」ジュリスト170号（1959年）26頁。

(87)　今野或男「国会審議における一事不再議の問題点」ジュリスト953号（1990年）62頁。

(88)　第1回国会参議院会議録65号（1947年12月8日）1191頁。

第3章　議会運営による憲法慣習の形成

改正案を 3 回提出（閣法 8 号，24号，142号）し，550億円から700億円に改正し，その後に900億円に改正した。

1952年の第13回国会では，国家行政組織法について，暫定的な官房・局内の部などの存続期限の規定を 5 月31日から 6 月30日に，その後，7 月31日，当分の間，に 3 回改正した。

1954年の第19回国会では，国家行政機関職員定員法について，定員を694,347人から633,049人に改正し，その後632,584人に改正された。

1955年の第22回国会では，同一会期に，補助金等の臨時特例等に関する法律が 4 回改正されたが，そのうち 3 回は同じ法律案の同じ条項（法律の効力の期間）の改正であった。効力の期限について，最初は1955年 3 月31日を1955年 5 月31日に改正し，第 2 回目にそれを 6 月30日に改正し，第 3 回目に1956年 3 月31日まで改正して，延長した。第 2 回目は暫定予算の成立にともなう改正，第 3 回目は本予算の成立にともなう改正であったため，改正の目的，趣旨が異なると解されて，成立した。

1956年の第24回国会では，第23回国会で衆議院で閉会中審査に付されていた中選挙区制を前提として改正された公職選挙法が1956年 3 月14日に成立し，翌15日に公布された。その 4 日後の同月19日に，新たに小選挙区制を導入する同法改正案（閣法）が提出された。前者と後者には，選挙運動に関し，ポスターの数に関する第34条第 6 項[89]と経歴放送の回数に関する第151条第 2 項[90]など双方の改正に重複する条項があった[91]ことから，一事不再議の原則について与野党間で激しい議論があった[92]。

---

(89)　先の改正法では2000枚から5000枚に増加したが，後の改正案ではこれを3000枚に減らそうとした。政府側は，両者はまったく別の趣旨，目的を異にするものだから一事不再議の原則にあたらないと主張した。先の法律は参議院議員の選挙運動を主として対象としたもので，一部衆議院議員の選挙にも触れているが，それは中選挙区制を前提としたものであるが，他方，後の改正案は小選挙区制の採用を前提として衆議院議員の選挙に公認候補制，政党の政治活動の拡大を取り入れようとするものである，とした（林・前掲注(85) 23頁）。

4 両院関係における一事不再議原則の処理

　こうした実例の積み重ねにより，法律案が法律として成立した後に，同一会期内にいわゆる「追っかけ改正」を行うことは，「既決の案件について表明された意思を補正，またはこれに変化をきたすことになつても別に不思議はないとされるような，誰れの目にも明瞭な過誤その他放置しがたい事態があり，または誰れの目にも明白な事情の変更があると認められる場合は，その既決の案件と同一の案件についてさらに審議することが許されてよい，と思われる」(93) と解されて，「一事」の「再議」とはみなされないこととなった。

(2)　二院制がうまく機能せずに，一事不再議原則の処理が問題とされた実例

　1950年の第 7 回国会に，政府から，「政府職員の新給与実施に関する法律」の期限を 1 年延長するため，同法案の改正案が提出された。同改正法案は1950年 3 月31日までに成立しないと法律そのものが失効する限時法であった。 3 月30日に衆議院で可決され，翌31日に参議院は修正議決した。衆議院は同日中に，回付された修正案ではなく，原案について再可決を試みたが，衆議院は 3 分の 2 以上の賛成が得られずに廃案となった。採決が行われた日が同法の期限当日であったので，政府職員の給与法が消滅する事態となった。このままでは政府職員の給与を支払うことができないことになるので，不適

---

(90)　選挙放送の回数について，先の改正法では公職の候補者 1 人についておおむね10回から，衆議院議員の選挙ではおおむね10回・その他の選挙はおおむね 5 回とすると改正された。後の法律案では，それを公職の候補者 1 人につきおおむね 5 回として衆議院議員総選挙での回数を減らそうとした（高辻正巳「一事不再議についての疑問」自治研究32巻 8 号（1956年） 4 - 5 頁）。

(91)　佐藤・前掲注（86）26頁。

(92)　第24回国会衆議院議院運営委員会議録28号。同参議院議院運営委員会議録30号，32号。同衆議院公職選挙法改正に関する調査特別委員会議録12号，13号，15号。

(93)　高辻・前掲注（90） 7 - 8 頁。

第3章　議会運営による憲法慣習の形成

切であると，翌日に衆議院の議員立法により，消滅した法律と実質的に同じ
内容の「一般職の職員の給与に関する法律案」が提出され，衆参両院で同日
中に可決されて「日切れ」の切れ目を埋めた。今野或男は，これについて，
手続上の行き違いによって消滅してしまったものである，早急に復活させる
ことは立法の責任であるのでいわば緊急避難的措置と見るべきである[94] と
するが，給与のあり方について衆参両院で意思が異なれば，こういう事態も
ありうるだろう。

　1952年の第13回国会では，衆議院で可決された通商産業省設置法案など
（閣法）が参議院で修正議決されたが，衆議院はそれらの回付案に同意しな
かったため両院協議会が開催された。両院協議会の成案は衆参各院で独立の
議案として可決されたが，内容が回付案とほぼ同じであったため，衆議院側
からは一事不再議の疑義とともに，衆議院優位型の二院制にとって好ましく
ないという事態が生じた。

　また，1954年の第19回国会では，第5次吉田茂内閣の閣僚の中に造船・開
運関係の会社役員をしている大臣がいた。そこで，野党は，国務大臣などが
営利企業の経営に関与することを禁止するための法律を議員立法で準備し，
衆参各院に提出した。1954年2月17日に参議院に「国務大臣等の私企業への
関与の制限に関する法律案」が提出され，その2日後の同月19日に，衆議院
に「特定の公務員の営利企業への関与の制限に関する法律案」が提出された。
この法律は，目的は同一であるが，対象となる公務員の範囲が異なっていた。
前者は内閣総理大臣，国務大臣，政府次官であり，後者は，これらに法制局
長官，内閣官房副長官，人事官，検査官，大使，公使を加えた広範囲であっ
た。

　おのおのの法律案は，衆参各院で委員会および本会議で可決され，後議の
院に送付された後に委員会に付託された。このように互いに交差するかたち

─────────

(94)　今野或男「一事不再議の原則の適用に関する考察」議会政治研究39号（1996
　　年）49頁。

4　両院関係における一事不再議原則の処理

で他院に送られた法律案は，後議の院は一度同じ内容の議案を審議・議決しているのであるから，一事不再議の原則に抵触するとして，衆参各院で審議されず，いずれも廃案となり，とても奇妙な事態であった。

　こうした事態を防ぐため，1955年に国会法が改正されて一事不再議に関する規定が新設された（国会法第56条の４）。すなわち，同条の「各議院は，他の議院から送付又は提出された議案と同一の議案を審議することができない。」とは，一院が他院と同一の議案についてすでに審議中であっても，他院から受け取った方の議案を優先させて審議することで，両案が相殺されることを防ごうとするものであった。

　この規定の改正原案は，「第五十六条の四　一の議院において議事日程に記載された議案と同一の議案は，その議案が否決又は廃棄されるまでは，他の議院においては，議事日程に記載することができない。但し，両議院の議決を要しないものは，この限りでない。」というものである。これは一事不再議の関係で，「一方の方でこの運命がきまらないうちに，また向うから逆なものが来るということになりますと，それが来た場合両方で始末が悪いので，一応向うで決定するまでは議事日程に掲載しない。但し一院だけできまるようなものは別だということでございます。」[95]　と説明された。すなわち，一事不再議原則は，先行する法律案が衆参両院のいずれかで審査中など結論が出ていない場合に当てはまる，とされたのである[96]。

　さらに，1955年の国会法改正では，それまで衆参両院の議案をめぐる関係は「送付」と「回付」の２つであったものに，新たに「返付」の制度を創設した（第83条の２，第83条の３，第87条）。すなわち，①参議院が衆議院から送付された法律案を否決したとき，②衆議院が修正議決して参議院に回付された法律案に同意しないで両院協議会の開催を求めたが拒んだとき，または求めないとき，③参議院が予算または衆議院先議の条約を否決したとき，の

---

(95)　大池眞衆議院事務総長の答弁（第20回国会衆議院議院運営委員会議録５号
　　　（1954年12月４日）２頁）。
(96)　鈴木隆夫『国会運営の理論』（聯合出版社，1953年）158頁。

第 3 章　議会運営による憲法慣習の形成

３つの場合は，参議院は当該議案を衆議院に「返付」する。また，④衆議院
が参議院先議の条約を否決したときは，衆議院は当該議案を参議院に「返
付」する。衆参両院の意思が異なった場合に，両院協議会の開催や衆議院の
再可決を求める際に，その行為の対象となる議案はその議院にあるべきであ
るという考え方から生まれたものである(97)。また，⑤法律案について衆議
院からいわゆる「みなし否決」（憲法第59条第４項）の議決が行われたことお
よび，予算および条約について衆議院の議決が国会の議決となった（憲法第
60条第２項，第61条）旨について，衆議院から参議院に通知があったときは，
参議院は当該議案を衆議院に「返付」する。⑥法律案，予算，条約を除く国
会の議決を要する案件について，後議の院が先議の院の議決に同意しないと
きは，その旨を先議の院に通知するとともに議案を「返付」する。

　このように「返付」制度の創設は，議案がどちらの議院に置かれているか
について明確化したものである。その一方で，「原本の処置を定め」(98)たと
いう意味合いもある。これについては次項で扱う。

(3)　衆参両院の「同一の議案」解釈のちがい――対案か修正案か

　衆参各院ではそれぞれに会派が活動しており，先議の院と後議の院の意思
の調整方法を整理しただけでは，一事不再議の問題は解決されない。それは，
「同一の議案」に関する解釈が，衆参各院で異なることに表れている。一般
に，議案は，独立した議案，対案，修正案に分けることができる。対案や修
正案には，当然ではあるが，審議の基礎となる「原案」の存在が必須である。
対案は「同一問題に関して提出者の異なる複数の法律案が併存した場合」の
ことをいう。

　1961年の第38回国会にて農業政策の基本方針を定める法律案が，閣法１件
および衆議院での議員立法で１件，参議院での議員立法で１件，あわせて３

---

(97)　奥野健一「改正された国会法」ジュリスト78号（1955年）４頁。

(98)　奥野・同上，４頁。

4 両院関係における一事不再議原則の処理

件が提出された。閣法の「農業基本法案」と日本社会党が中心となった議員立法の「農業基本法案」は衆議院に提出された。与党側は審議を強行して政府案を可決し，参議院に送付した。そこで日本社会党は議員立法をいったん撤回し，改めて参議院に提出しようとした。もしこれが実行されると，第19回国会と同じように双方の法律案が相殺される事態となるので，衆議院事務局はこの「同一の議案」は「同一問題に関する議案」と広く解釈して，日本社会党の企ては適切ではないとの見解を示し，同党もこれに同意してこのような出し直しは取りやめた。

他方，参議院では，衆議院が閣法を送付した段階ですでに民主社会党提出の「農業基本法案」が提出されていた。よって，衆議院事務局と同様の解釈をすると，衆議院から送付された閣法を審議することになるから，それ以前に提出された野党案が審議できなくなる。そこで，参議院は「同一の議案」を「全くの同文か，それに近い同一内容の議案」と狭く解釈して，衆議院から送付された議案を「原案」として，参議院にすでに提出された議案をその「対案」として審議の対象となるようにした。

この衆議院と参議院における「同一の議案」の解釈のちがいは「参議院の強さ」として顕在化することもある。

たとえば，衆議院に提出され，可決が見込まれる法律案について，参議院で議員立法として提出された別の法律案がそれと「同一の議案」に該当しないという解釈に基づいて先に議決されて衆議院に送付されると，衆議院では，他院から送付された議案を審議することとなるので，一事不再議により衆議院に提出された議案を審議することができなくなる。衆議院では「同一問題に関する議案」である閣法が提出されていたとしても，参議院送付の議案が「原案」として審議されることとなり，閣法はその「対案」として扱われる。議決は，「対案」から先に賛否が表明されるが，「対案」が可決しても残りの「原案」が否決されれば，衆議院の結論は「否決」となるため，法律案そのものが廃止となる。他方，衆議院が同議案を修正議決して参議院に回付し，参議院でその修正案が可決されれば法律として成立するが，否決されれば廃

103

第3章　議会運営による憲法慣習の形成

案となる。衆議院が法律の成立を望む場合は，参議院に先駆けて法律案を議決し参議院に送付して，参議院の議決を待つしかない。参議院が否決した場合は憲法第59条第2項の衆議院の3分の2による再可決を行い，議決しない場合は同条第4項により衆議院による「みなし否決」を行って同様に再可決を行うしか方法がない。すなわち，参議院の一事不再議の原則の運用次第で，法律案の成立方法が限定されることとなる。

　こうした参議院の「強さ」は，参議院少数与党の際に，政府の重要政策を実施するための閣法において，ますます顕在化する。

　1989年の第116回国会では，参議院で野党4党の共同提案による消費税廃止関連法案が議決され，衆議院に送付された。衆議院では，与党によって消費税見直し法案が検討されたものの提出に至らず，参議院の議員立法は本会議で趣旨説明を聴取し質疑が行われた後国会が閉会し，審査未了になったことがある。結果的に対案の扱いは具体的には問題が顕在化しなかった。

　他方，2007年期の参議院ではこの問題が顕在化した。2008年2月29日に，民主党が参議院に，議員立法で，道路特定財源制度改革関連3法案を提出した。この法律案を委員会に付託する際に，独立した議案として扱うか，閣法の対案または修正案として扱うかが議論となった。衆議院で議決されて送付されてきた閣法よりも前に参議院で議員立法として発議された法律案の議案は，その内容が内閣提出法案と同一であれば国会法第56条の4によって「一事不再議」として排除される[99]。それが対案であると判断されれば，内閣提出法案とともに委員会に付託され，審議，議決される。またこれと別に，審議の途中で修正案が提出される余地は残る。

　対案と原案は同一日程で議決されるべきものである[100]。対案が否決されればただちに原案の採決に入るが，対案が可決された場合は，原案は議決不要となると考えられている。一方，修正案の場合は，それが可決されるとた

---

(99)　行政法制研究会「一事不再議」判例時報1545号（1995年）17-25頁。
(100)　今野・前掲注（94）51頁。

4 両院関係における一事不再議原則の処理

だちに「除く原案」が採決される。参議院では「修正案賛成・原案反対」という採決態度をとることが許されていない[101]。

しかし，この時の議案処理の問題は，議員発議の議案と，衆議院から送付された議案を，別のことがらに関する議案として扱うところにある。2つの議案が同一のことがらに当たるかどうかを判断するのは衆参各院であり[102]，おのおの，議院運営委員会で同一のことがらではないと判断すれば，別の議案となる。両議案は別個に議決され，一事不再議の原則の適用は問題とならない。

参議院が，議員が発議した法律案を議決し衆議院に送付した場合，衆議院がこれを閣法と同一のことがらに関する議決と判断することはありうる。一般に，参議院より衆議院の方が，一事不再議の「一事」の範囲は広いものと理解している。その場合，衆議院が，参議院は衆議院と異なった議決を行ったとして両院協議会の開催を求めるか，3分の2の再議決を行うことがありうる。あるいは，衆議院が，これは一事不再議原則に該当するとして排除し，参議院に送付した議案の議決を待つこともありうる。この場合は，参議院において閣法を改めて議決する余地はないのであるから，60日経過による「みなし否決」に進むことになる[103]。

なお，議員立法としてのいわゆる委員長提案は，法律案の発議とは異なり，賛成者数などの特別な要件は課されていない。委員会での修正動議の提出も同様である。議員立法の立案は議院法制局が補佐する。発議や可決に至らない場合でも国民の多様な意見が示されたり，後の立法化に資するような内容を含んだりすることもある。一つの議院の中だけではなく，修正を経つつ他の議院とも行き来することで，より良い合意が形成できる可能性もある。議会には，法律案に修正を加えることに重点がある「変換型議会」と，与野党

---

(101) 橘幸信「『一事不再議の原則』考」千葉大学法学論集14巻2号（1999年）125頁。
(102) 橘・同上，131頁。
(103) 今野・前掲注（87）64頁。

第 3 章　議会運営による憲法慣習の形成

間の討論に意味があり結果的にどのような修正が加えられるかは副次的な問題とする「アリーナ型議会」があるとされる[104]。どちらのタイプの議会であっても，修正案のもつ可能性を再評価することができよう[105]。

5　参議院における議事運営に関する憲法慣習の形成

日本国憲法上，衆参両院にはそれぞれの議院の自主運営権と規則制定権が認められている（憲法第58条第 2 項）。ただし，日本国憲法制定時に，大日本国帝国憲法のもとでの議院法は廃止され，議会運営は新たに制定された国会法に沿って行われることとされた。法律は，衆参両院の意思が合致して成立するものであるため，国会法によると衆参各院の運営は一つの議院の意思のみで行うことはできないことになる。衆議院，参議院に固有の運営についても国会法に規定があれば同法により規制される。他方，議院の議事運営に関する主要な部分がすべて国会法で規定されて議院規則は単にその細目規定のようになっているため，憲法上の議院の権能であっても議院規則のもつ役割が少ないという見解[106]がある。

要するに，衆参各院は，議院の自主運営権があるものの，二院制の国会の運営に深くかかわるものは国会法で定められ，その他の細則として成文法として明示すべきものは衆参各院の議院規則として定められている，と整理できよう。

しかし，議会の運営は，こうした成文法規には表れない，不文の憲法慣習によって支えられている。国会の運営について重要なのは議院の先例である。

⑴　不文の憲法慣習と先例

憲法が変わり，帝国議会から国会に転換しても，第 1 回国会召集日前の1947年 5 月16日に，衆議院の各派交渉会において協議した結果，帝国議会当

（104）　大山・前掲注（59）194頁。
（105）　只野雅人『代表における等質性と多様性』（信山社，2017年）214頁，367頁。
（106）　黒田覚「議院規則・先例の問題点」ジュリスト170号（1959年）27頁。

5　参議院における議事運営に関する憲法慣習の形成

時の先例について日本国憲法や国会法の精神に違反しないものはなお効力を有すると決定されて，それ以降はこの決定に準拠し，先例として位置づけられた（衆議院先例集第511号）。参議院では明文化されていないが，衆議院と同じように扱われてきた。

　先例は，議会の運営について一種の拘束力をもっている。本会議や委員会の運営だけではなく，議案の扱い，他院との関係，紀律，儀礼，議員会館の扱いなど，幅広い事項におよぶ。その拘束力は，「憲法慣習」として慣習法に近い，強い性質である場合もあるし，事実上の慣行である場合や，道義的なルールに留まる場合もある。衆参各院で自主的に形成されるので，衆参両院に共通するものもあれば，異なるものもある。先述の「一事不再議」の解釈は，後者の例である。ここで重要なのは，こうした先例の形成は議院が自己の判断だけで進めることができるという点であり，日本国憲法が制定当時にめざしていた衆参各院の自主的な運営という憲法原則は，この議院先例の形成という法形式によって最も純粋に実現されているという点である。やや広げて理解すれば，議会における憲法慣習の形成ということができる。これは，慣習法の伝統の濃い英米の議会では当然のことであるが，制定法とその解釈を伝統とする諸国の議会においても現れる憲法現象であり，日本の議会でも当然に生じたものである。

　先例は，議会人の経験と知恵が集積したものであるので，原則としては不文である。議院版のケースローといえる。もちろん，議会の事務局は事務的に記録しており，そのうち，「憲法慣習」となる重要な先例を成文化したものが「衆議院先例集」と「参議院先例録」である。委員会に関する先例は内容が詳細なので，別途「衆議院委員会先例集」「参議院委員会先例録」が編纂されている。このように，衆参各院の先例集・先例録は，裁判所の判断を集めた判例集のようなものといえよう。

　何を先例にすべきかを決める際は，多数決にはなじまず，多数派と少数派による合意形成のプロセスが不可欠である。ここでは，多数派が少数派に対して自制したり，配慮したりすることが求められる。議会制度の運営が，法

第3章　議会運営による憲法慣習の形成

規で確立されるよりも，慣習として確立される方が望ましいのは，先例による運営の方が議院の自主性を維持するのに適しているからでもある(107)。

　実際には，議会の運営は，なるべく先例どおり行うことがリーガル・マインドとして慣習化しているため，先例とちがう取扱いをする場合は，どこがちがうのかを明らかにして，そのちがいをどのように取り扱うかを衆参各院の本会議や委員会で決めていく。それを成文化する際は，衆参各院の議院運営委員会理事会などが了承して，決めることになる。議員どうしの討議により各会派が合意して決める点は，議会の自治のあり方として高く評価できよう。

⑵　先例形成と2007年期の参議院

　憲法慣習の基盤となる衆議院先例集(108) および参議院先例録は，法規の改正，制度の改正や，運営上の新規事例が生じた場合，改訂される。これまでと異なる運営が行われた新規の事例は，衆参各院の事務局が情報を整理し，「先例」とすべきものを議院運営委員会理事会で決めて，改訂版に盛り込むことになる。

　衆参各院において，50年以上多数派であった会派が少数派になって，多数派と少数派の逆転が起きたのが，2007年期の参議院議員通常選挙後と，2009年の衆議院議員総選挙後である。それでは，2007年期における参議院の運営は，その後の参議院先例録においてどのように成文化されて憲法慣習とされたのであろうか。

　参議院先例録は，参議院事務局により発行される。これまでに6回改訂されている。最初に発行された先例録は『自第1回国会至第22回国会』（1955年）である。次いで，『自第1回国会至第40回国会』（1962年）が発行された。

───────────

(107)　黒田・同上，30頁。

(108)　衆議院先例集は『昭和30年版』（1955年），『昭和38年版』（1963年），『昭和53年版』（1978年），『平成6年版』（1994年），『平成15年版』（2003年），『平成29年版』（2017年）が発行された。

108

5 参議院における議事運営に関する憲法慣習の形成

その後は，『昭和43年版』（1968年），『昭和53年版』（1978年），『昭和63年版』（1988年），『平成10年版』（1998年）と10年ごとに改訂されてきた。『平成10年版』の次は，10年後の2008年に改訂が見込まれたが，実際には15年後の2013年に『平成25年版』として発行された。2008年は参議院少数与党の2007年期であったため編纂が見送られて，参議院の多数派が従前と同様の自民党となった2013年に発行されたように見える。これは，先例の形成において，多数派と少数派の合意プロセスがいかに重要かを示している。

最新版の『平成25年版参議院先例録』は，2012年2月7日の議院運営委員会理事会において，第180回国会までの先例や事例を収録して改訂版を作成することが了承され，翌2013年6月11日の同理事会において編集を終えた先例録を，同年7月に予定される第23回通常選挙後の臨時会において全議員に配布されることが了承された[109]。

平成25年版の改訂において新たに加えられた先例は，参議院事務局の整理によると，決算審査の充実に関し，①国会への早期提出（158号），②概要報告質疑時の全大臣出席（348号），③警告決議に関する内閣総理大臣の所信（361号）などである。

①の決算の国会への早期提出は，参議院議院運営委員長が，参議院改革協議会の合意に基づいて政府に要請にしたことにより，それまでの財政法第40条第1項に基づき通例であった常会冒頭の1月の提出が，平成15年（2003年）度決算が審査された第161回国会（2004年）以降は，会計年度翌年の11月20日前後の臨時会に提出されることとなった[110]。11月に提出されることにより，翌年の常会会期中に議了して，その次の年度の予算編成に反映させられるよう，取り組まれている。

②の概要報告質疑時の全大臣出席は，平成13年度（2001年度）の決算が提出された第156回国会（2003年）以降実施された。

（109） 綿村恵「参議院先例録」立法と調査345号（2013年）171頁。
（110） 吉岡拓「参議院の決算審査重視」立法と調査380号（2016年）2頁。

第 3 章　議会運営による憲法慣習の形成

　③の警告決議に関する内閣総理大臣の所信は，第141回国会閉会後の1998（平成10）年 1 月 8 日の議院運営委員会理事会において，参議院制度改革検討会の答申に基づいて決定されたものが，先例として定着した。警告決議の項目数は平成11年・平成12年度決算で 8 件，平成13年度決算で 8 件，平成14年度決算で 5 件，平成15年度決算で12件，平成16年度決算で11件，平成17年度決算で 6 件，平成19年度決算で 5 件，平成20年度決算で 8 件，平成21年度決算で 6 件(111) であった（平成18年度決算は否認され，決議がなし）。

　なお，2007年期の例としては，2008年に審査された平成18年度決算では，決算委員会理事会において，決算が是認されない以上個別の指摘をすべきではないという意見と政府の責任を明確にするために決算の是認否認にかかわらず警告決議を行うことができるという意見が対立し，その結果，警告決議は行われなかった。昭和61年度決算の際にも与野党間で論点となったが，決算を是認するとしながら内閣に警告を発するのは，当該年度の財政運営を「良し」と評価しながらも改めるべき点を示すものであるが，一方，是認しないとした場合にはその運営全体を良しとしないという判断を示すものであるからである(112)。他方，2010年に審査された平成21年度決算は否認されたが，警告決議および措置要求決議が行われた。

　これ以外にも，たとえば，次のような事例が先例録に追加された。

　第一に，両院協議会の開催である（第414号）。2009年の第171回国会の参議院回付の予算および2008年の第169回国会および第171回国会の参議院において承認しないと議決した条約について開催された両院協議会が新規事例として追加された。

　第二に，国家公務員などの同意人事の所信聴取の手続である（第481号）。2008年の第169回国会では日本銀行副総裁を所信聴取する対象に加え，議院運営委員会に候補者を参考人として招き，候補者から所信を聴取した後に質

(111)　奥井俊二「決算審査の充実に向けた参議院の取組」立法と調査327号（2012年）72頁。
(112)　吉田堯躬「国会の決算審査の実態」議会政治研究19号（1991年）22頁。

110

5 参議院における議事運営に関する憲法慣習の形成

疑を行った。また，2010年期には，2012年の第180回国会で，議院運営委員会において原子力規制委員会委員長の候補者から所信を聴取した後，質疑を行ったことが加えられた。

(3) 後議の院としての参議院の位置づけ

議案の扱いについて，憲法上，衆議院が先議の院，参議院が後議の院とされているのは，予算についてのみである（第60条第1項）。これは，憲法上，予算は内閣から国会に提出されて（第73条第5号），国会で審議されて議決されなければならない（第86条）が，衆議院に先に提出しなければならない（第60条第1項）という，財政民主主義と衆議院の優越という憲法上の大原則である。他方，予算以外の議案は，憲法上明示されていないので，参議院が先議の院となってもよい。ただし，憲法慣習上，衆議院が事実上先議の院として運用されている例が，内閣総理大臣に関する案件である。

第一に，内閣総理大臣の指名である。内閣総理大臣の指名は，衆参各院でそれぞれ別個に行われる。そのため，本来は，先議・後議の順番を議論する必要はなく，同時刻に実施することも可能である。指名は衆参両院ともに，単記記名投票により行われる。議員は氏名点呼に応じて投票用紙を持参し，衆議院では議員自ら投函して[113]（衆議院先例集第67号），参議院では演壇に登壇して議長席の横にいる参事に手渡しして参事が議員に代わって投函して（参議院先例録第88号），投票する。よって，もし同時刻に開始されれば，衆議院議員の方が人数が多いので，参議院よりも選挙に要する時間がかかり，結論が出るのが参議院よりもかなり遅くなることになる。

他方，内閣総理大臣の指名が衆参両院で異なる場合は，両院協議会を開かなければならない（第67条第2項）。この両院協議会の開催は，国会法上，参議院が求めることとされている（国会法第86条第2項）。すなわち，国会法で

---

(113)　以前の投票方法は参議院と同様であったが，第170回国会，2008年10月1日の衆議院議院運営委員会理事会の決定により，現在の方式に改められた。

111

第3章　議会運営による憲法慣習の形成

は，衆参各院において，内閣総理大臣の指名を議決したときは，その結果を
他の議院に通知する（同条第1項）とされているが，同条第2項の趣旨から
は，先に衆議院の指名の結果を確定して，参議院はそれと異なる指名をした
場合には両院協議会の開催を求めることが想定されている，と解釈できる。
実務上もそのように運用される憲法慣習が形成されている。実際の投票は，
衆議院で開始されると，参議院では衆議院よりも結論が後に出るように30分
程度遅れて開始される。指名の決選投票が行われることが見込まれる際も結
論が出る時間を見計らって開始される。

　第二に，毎国会の会期のはじめに衆参各院の議場で行われる内閣総理大臣
の施政方針などに関する演説である。毎会期の始めに，内閣総理大臣は施政
方針に関し，国務大臣は外交，財政，経済に関し，演説を行う。

　これらは，内閣総理大臣および各所管の国務大臣は1人ずつであるから，
物理的に衆参両院が同時刻に会議を開催することができない。そこで，同演
説は，衆参両院で同日に行われるが，衆議院が午前中，参議院が午後に開催
されて，総理大臣および各国務大臣はそれぞれの院で同じ演説を行うことが
憲法慣習である。

　2007年期の第168回国会において，2007年9月10日に安倍晋三総理大臣が
所信表明演説を参議院本会議において行った際に，その演説原稿の2行分を
読み飛ばすことがあった(114)。具体的には，衆議院本会議の演説のうち，

　「(略) 日本ならではの環境と経済の共存を実現します。
　　来年開催される北海道洞爺湖サミットでさらなる前進が得られるよう，引き
　　続きリーダーシップを発揮してまいります。(拍手)。
　　厳しい御批判をいただいた政治資金の問題（略）」(115)（下線は筆者による）

---

(114)　過去には，田中角栄総理大臣，鈴木善幸総理大臣が同様に所信表明演説の
　　　原稿を読み飛ばした例があるという（読売新聞2007年9月11日）。
(115)　第168回国会衆議院会議録1号（2007年9月10日）4頁。

112

5　参議院における議事運営に関する憲法慣習の形成

の下線部の原稿が参議院本会議の演説[116] では読まれなかった。これが，衆参両院で同じ演説とするという慣例に反する行為であるとして問題視された。

これについて，同月12日の議院運営委員会理事会において当時の与謝野馨官房長官が陳謝をしたが，読み飛ばした部分は会議録に掲載されないため，3日後の同月13日の本会議において読み直しをする方向で調整が行われた。しかし，安倍総理大臣は同月12日午後に突然辞任を表明したため，結局，読み直しは行われず，衆参両院で異なる演説を行った記録がそのまま残った。

総理大臣の所信表明演説という議院内閣制にとって重要な演説ではあるが，こうした小規模な不一致が，先進国首脳会議（サミット）という重要な外交政策に関わるので憲法慣習を損なうほどの大きなミスなのか，それとも，総理大臣の意気込みや気持ちを表した部分として些末なミスなのかについては，見解が分かれるであろう。他方，こうした，衆参各院で別々に行われる演説を，衆参両院で一緒に行って1回で済ませることができないか，という点については，総理大臣側からも参議院議員側からも以前から提案されている[117]。国政の重要事項については，いわゆる「党首討論」など，衆参両院が常任委員会の国家基本政策委員会を合同審査会として開催して審議を行うこともあり，その手法を活用することも一つの案であろう。しかし，これは委員会として開催されるのであり，全議員が出席することはできない。他方，政府演説は内閣の信任・不信任と密接に結びついているので，衆議院でのみ行うという考え方もあろう[118]。日本国憲法の，国民代表議会であり，内閣と連帯して責任を負う国会を構成する一つの議院としての参議院という位置づけから，衆参各院にて行うという現行の運用が適切であるともいえよう。

---

(116)　第168回国会参議院会議録1号（2007年9月10日）2頁。

(117)　島原勉「『衆参両院合同本会議』における総理演説は可能か」議会政治研究65号（2003年）1頁。正木寛也「施政方針演説の一本化に関する議論について」707-709頁，722-730頁。

(118)　島原・同上，4-5頁。

第 3 章 議会運営による憲法慣習の形成

このように，衆参両院合同で本会議を開催して政府演説を行うことの是非は，参議院との関係で，日本国憲法上の議院内閣制を運用する憲法慣習にかかわる課題でもある。

なお，この事案のように，国会の会期のはじめに演説を行った直後に，各会派からの代表質問が行われずに総理大臣が辞任したのはきわめて異例の事態であるが，本項の射程からはやや外れるので，事実の指摘のみにとどめる。

小　括

議会運営はコンセンサス方式による合意形成を礎石とするが，二院制および議院内閣制が健全に機能するためには，多数派と少数派が入れ替わる政権交代を前提としたシナリオが必要である。日本国憲法という原作の憲法構造も同様であり，議会の各機関がそのシナリオづくりを補佐してきた。しかし，自民党が衆参両院の多数派を占める「55年体制」が約50年続いたことにより，事前審査という憲法慣習が定着して，衆議院，参議院，内閣という本来は独立した主役である三者の意思を国会での議論が始まる前に調整して統合させるようなシナリオが描かれるようになった。その結果，日本国憲法が定めた二院制の妙味を生かした議会制および議院内閣制の本来の意味合いは，実際の憲政の運営でも，憲法学説においても，忘れ去られていたように思われる。

本章では，議会運営のなかでも，会期の決定は延長も含め，衆議院優位型の議院内閣制であること，一事不再議原則の処理では衆参両院がおのおのの解釈にもとづいてせめぎあいをしていること，不文の憲法慣習および先例の形成では衆参両院の対立関係を超えたおのおのの院における多数派と少数派の合意形成が重要であることを明らかにした。

第4章 両院間の意思の相違と調整

はじめに

　国会は二院制を採用しているので，国会の意思が成立するためには，原則
として衆参両院の意思が一致しなくてはならない[1]。しかし，2007年期[2]
および2010年期において，衆参両院の多数派が異なり参議院少数与党となっ
た時期は，両議院の合意をめざすというよりは対立が激しく，与野党が衝突
しているばかりのような印象があった。

　この逆転国会，いわゆる「ねじれ」国会の解消には，大連立や政界再編な
どが考えられてきたが，それ以前に必要なのは，国会運営のあり方の工夫や
改革である。実際に，与野党の激突がある一方で，与野党の政策協議や合意
が進んだ例も見受けられ，意見の相違を調整するための国会対策委員会や幹
部レベルでの協議も活発に展開された。ただ，こうした国対政治は，いわば
永田町の中での内向きの手法であり，政策調整での不透明な妥協は，野合，
裏取引などと，市民の厳しい批判を招いてきた。したがって，衆参両院の意
思が異なることもありうるという国会においては，こういう不透明な決定プ
ロセスがまったくなくなることはないであろうが，それは最小限にとどめて，
情報が公開される透明性のある交渉の場で，各会派が堂々と意見を開陳し
合って交渉する政策調整が主役になることが期待される。

　そこで改めて注目されるのが，衆参両院の意思が異なるときに協議をする

---

(1)　宮沢俊義『新憲法と国会』（国立書院，1948年）177頁。
(2)　江田五月＝江橋崇「インタビュー　参議院のこれから」ジュリスト1395号
　　（2010年）4-21頁。大西祥世「参議院における憲政と憲法」ジュリスト1395号
　　（2010年）22-30頁。

第 4 章　両院間の意思の相違と調整

機関として日本国憲法が用意している「両院協議会」や，憲政の中で形づくられてきたその他の協議機関の役割である。かつてのように両院協議会が衆参両院の意思の合致をめざした議論の場として活用され，衆参両院が対立を乗り越えて国民の利益を考えた成案をつくりだすことができるようになるには，その組織や運用をどう改革するべきであるのか。本章はこうした二院制における憲政と憲法の課題について，両院協議会などのしくみや運用を中心に検討したい。

1　両院協議会の成り立ち──帝国議会

(1)　しくみ

　大日本帝国憲法の下では，両院協議会についての憲法上の規定はなく，議院法に基づいて設置，開催された。その回数は55件にのぼる。このうち，成案を得て貴族院，衆議院の両院で可決したものは40件，一方の院で否決したものは12件，一方の院で議決に至らなかったものは2件である。成案を得られなかったものは1件である。このように，多くの場合に成案を得ての貴衆両院で可決されていることがわかる。なお，一方の院が両院協議会の開催を求めたが，実際に開くに至らなかったものは5件である(3)。

　帝国議会において，貴族院と衆議院は対等であるため，両院のいずれかで否決されたものについては妥協の余地がない。後議の院が否決した場合には，両院協議会は開催されなかった。

　よって，両院協議会は，貴衆両院の意思が大まかに一致していながら個々の点でその一致が見られない場合に向けて設けられた（議院法第55条第1項)(4)。すなわち，議案を後議の院で修正して先議の院に回付した場合に，先議の院がそれに同意しないときに開催された。先議の院は両院協議会を開催することを求め，後議の院はそれを拒否できない（第2項)(5)。協議会は

---

(3)　前田英昭「帝国議会における両院協議会」政治学論集33号（1991年）115-121頁。

(4)　宮沢・前掲注（1）187頁。

1 両院協議会の成り立ち

議案ごとに設置されるが，数個の議案が同一両院協議会に一括して付託される場合もある。この点は現在の両院協議会と同じである。

両院協議会の協議委員は貴衆各院から，同数の委員（10人以下）を選挙により選ぶ。実際には議長による指名により選出される。おのおのの院で，協議委員の選び方は異なる。貴族院は各派から委員を選出し，衆議院は議決を構成した会派から全委員を選ぶのが慣例であった。衆議院は多数決方式で議決されるが貴族院は全会一致方式で議決されることが多いためにこの違いが生じたとされている[6]。

協議委員の定足数はおのおのの院の委員の3分の2以上とされ（両院協議会規程第5条），委員は何回でも発言できる（同第9条）。両院協議会の採決は，白球と黒球のいずれかを投じる方法を用いた無名投票により行われ[7]，過半数の賛成により成案となる。可否同数のときは議長が決裁する（議院法第59条，両院協議会規程第11条）。なお，全委員が一致すると認められるときは，異議の有無を問うとか，挙手や起立の方法によって決められたことが少なくなく，無名投票はだんだん行われなくなったとのことである[8]。

また，両院協議会は3人または5人から構成される小委員会を設置して協議を行ったこともある。

両院協議会は非公開で，傍聴することはできない（議院法第58条）。

協議の際は，後議の院の議決案を原案とし，先議の院の議決案を修正案として扱うこととされた。

---

(5)　第13回帝国議会の動産銀行法案と岡山県下郡廃置法案に関して，衆議院は貴族院に対して両院協議会の開催を求めたが，会期末が迫っていて自らの委員を選ぶことなく，散会した（1899年3月9日）。これを受けて貴族院は協議委員を選出する必要なしと決したとともに，衆議院の行為を不穏当とする決定を行った（前田・前掲注（3）102頁）。

(6)　前田・前掲注（3）98頁

(7)　前田・前掲注（3）106頁。

(8)　前田・前掲注（3）105頁。

第4章　両院間の意思の相違と調整

(2)　両院協議会の性格と，両院議長による協定

　両院協議会において，貴族院と衆議院の間に対立が生じ，これを解決するために第18回帝国議会において両院議長間で協定が交わされた。

　そのきっかけは，議案のうち，貴衆両院で賛成の議決を得ていた部分についても両院協議会で修正されて，それが成案となり，両院で可決されたことである。第4回帝国議会の両院協議会（1893（明治26）年2月24日）において，弁護士法案第5条第2号と第3号の間に，新たに第3号として「公権停止中ノ者」を加え，第3号を第4号と改めて成案を得て，そのまま貴衆両院で可決された。また，第13回帝国議会の両院協議会（1899（明治32）年3月8日）において，登録税法改正案中，衆議院送付案「文学，科学，美術ノ著作物金十円」を，貴族院が「文学，科学，美術ノ著作物毎一種一回金十円」と修正した部分について協議した際，すでに両院で賛成の議決を得ていた「文学，科学」を「文芸，学術」と修正した成案を得たが，そのまま貴衆両院で可決された[9]。これをきっかけに，この種の問題を回避しようとして協定が結ばれた。

　両院協議会の性格については，一つの考え方は「議案の審査機関」とみる見方がある。両院協議会は，原案または修正案もしくは新しい妥協案を作成して，成案とする。成案（協議案）が成立したときはまず先議の院で議決して，それを後議の院に送る（議院法第56条第1項）[10]。各議院の委員会または合同審査会のように一定の案件の付託を受けてこれを審査するという考え方に基づいている[11]。原案を修正するかたちで調整を行い，調整が成功して議決される成案は，修正部分を含めた付託議案の全体であるとするもので

---

(9)　これらの事例について，前田・前掲注（3）100頁。

(10)　唯一の例外は，第13回帝国議会（1899年3月9日）に政府提出の衆議院議員選挙法改正案における両院協議会で，後議の院の貴族院の議決が否決され，先議の院の衆議院の議決案は議題に取り上げられなかったという手続の誤りがある（前田・前掲注（3）108頁）。

(11)　浅野一郎「両院協議会」ジュリスト941号（1989年）94頁。

ある。

これに対し，もう一つの考え方は「成案の起草機関」とみる見方である。両院協議会は一定の案件の付託を受けて審査するのではなく，貴衆両院の議決の異なった部分について調整するというものである。ここでの成案は，貴衆両院の議決の異なった部分について作成された妥協案とするものである。

今野彧男によると，この両説は日本国憲法下の両院協議会においても食いちがって存在しており，前説の代表[12] は衆議院事務次長であった鈴木隆夫であり，後説の代表[13] は参議院委員部第一課長であった佐藤吉弘であるとされる[14]。学説上は，前者が帝国議会の下での両院協議会の性格であり，後者が第二次大戦後に制定された両院協議会規程第 8 条の趣旨であり，日本国憲法下での両院協議会の性格ととらえられていると理解することができる[15]。

2　日本国憲法と国会法による両院協議会の成立

日本国憲法が二院制を採用したことにより，両院協議会は憲法の規定を根拠に設置される機関となった（日本国憲法第59条第 3 項，第60条第 2 項，第61条，第67条第 2 項）。

(1)　憲法の本則に挿入された経過

GHQ 草案では一院制を採用していたので，両院協議会の条項はない。日本政府は 3 月 2 日案で二院制を採用したとき，予算，条約，内閣総理大臣に関する両院協議会について，憲法草案に関連条文を加えた[16]。

---

(12)　鈴木隆夫『国会運営の理論』（聯合出版社，1953年）500-501頁。

(13)　佐藤吉弘『註解参議院規則（新版）』（参友会，1955年）293頁。

(14)　今野彧男『国会運営の法理』（信山社，2010年）79頁。

(15)　浅野・前掲注（11）94頁。

(16)　佐藤達夫によると，3 月 2 日案の国会の章は，松本烝治国務大臣が書き下した（佐藤達夫 = 佐藤功補訂『日本国憲法成立史　第 3 巻』（有斐閣，1994年）80-81頁）。

第4章　両院間の意思の相違と調整

　1946年4月の枢密院の審査委員会では，法律案に関する両院協議会が憲法
上規定されていないことについて，国会法で設置しても差し支えないが，憲
法上は衆議院の再議決で対応するとされた[17]。

　結局，帝国議会に提案された当初の政府案では，内閣総理大臣の指名，予
算の議決，条約の承認について，衆参両院の意思が異なる場合に両院協議会
の開催条項が設けられた。その後の貴族院における憲法改正案審議において，
これらと法律案との扱いを区別することは憲法上の不一致との疑問が提起さ
れ，政府は国会法で対応するとくりかえし説明した[18]。審議中に，衆議院
はこの修正に反対の姿勢との情報も報告された[19]が，最終的には憲法の条
文に盛り込まれた。また，貴族院では，会期をまたぐ衆議院の3分の2ある
いは多数決による再可決も検討された[20]が，立ち消えになった。金森徳次
郎国務大臣からは，法律案において衆参両院の意思が異なる場合は，普通の
場合は両院協議会を開催するとするもので，「荒っぽく三分の二で決めてし
まはうとするものではない」[21]と説明された。

---

(17)　入江俊郎『憲法改正草案　枢密院審査委員会審査記録』（1946年4月15日）。

(18)　第90回帝国議会貴族院帝国憲法改正案特別委員会議録18号（1946年9月20
　　　日），同19号（1946年9月21日），同24号（1946年10月3日），貴族院帝国憲法
　　　改正案特別委員小委員会議録1号（1946年10月2日）。

(19)　第90回帝国議会貴族院帝国憲法改正案特別委員小委員会筆記要旨4号（1946
　　　年10月2日）。

(20)　大河内輝耕議員は第59条第2項について，両院協議会を開催しても意見が
　　　一致しないときは衆議院において次の会期において多数で再可決したときは
　　　法律となるという修正を提案したが，金森大臣など政府側からの答弁はなかっ
　　　た（第90回帝国議会貴族院帝国憲法改正案特別委員会議録24号）。なお，貴族
　　　院議員有志による研究会での議論について，山田三良手控「両院有志懇談会
　　　に於て憲法改正草案の修正に関し問題となりし要点（昭和21年6月16日）」赤
　　　坂幸一編『初期日本国憲法改正論議資料』（柏書房，2014年）（30)-(32）頁。
　　　山川端夫「参議院問題小委員会第一次報告（昭和21年6月27日）」赤坂・同，
　　　(59）頁。憲法草案研究委員会（山川委員控）「憲法改正草案ノ問題タルベキ
　　　箇所（昭和21年6月28日）」赤坂・同，（64）頁。牧野英一「改正憲法に対す
　　　る修正試案」赤坂・同，（85）頁。

2　日本国憲法と国会法による両院協議会の成立

　こうして，両院協議会の協議の対象は法律案にも拡大され，また，議案に後議の院が同意しない場合に限定されず，法律案の否決の場合も含まれるようになった[22]。すなわち，法律案において衆参両院の意思が異なる場合には，両院協議会を開催してもよいし，衆議院の3分の2で再可決してもよいとされた。ただし，与党が衆議院で特別多数を超える事態は例外的[23]であって，3分の2に満たない場合は，衆議院側は優越性を持たないまま両院協議会に臨むことになった。

⑵　国会法への挿入

　国会法規の制定作業は，第90回帝国議会に憲法改正案が提案されたのと前後して，内閣と衆議院の双方で議院法の改正問題を取り上げたことから始まった。この問題は，その後衆議院の主導で検討が進められた。衆議院国会法特別委員会での審議では，従前の，出席協議委員の過半数で成案を決定していた（旧規程第11条）のを，全会一致としただけで，そのほかに改正の必要性を認めなかったとされる[24]。

　その後，貴族院では国会法案特別委員会において，法律案について参議院

---

(21)　第90回帝国議会貴族院帝国憲法改正案特別委員小委員会筆記要旨3号（1946年10月1日）。

(22)　日本国憲法制定過程の詳細について，浅野善治「日本国憲法における両院制」比較憲法学研究18・19号（2007年）113-145頁。木下和朗「イギリス1911年議会法の憲法史的背景」山崎広道編『法と政策をめぐる現代的変容』（成文堂，2010年）35-67頁。同「日本国憲法成立過程における両院制の構想」曽我部真裕＝赤坂幸一編『憲法改革の理念と展開　上巻』（信山社，2012年）484-521頁。佐藤功『憲法改正の経過』（日本評論社，1947年）253-254頁。田中嘉彦「日本国憲法制定過程における二院制諸案」レファレンス2004年12月号（2004年）25-48頁。田村公伸「憲法制定過程と二院制」議会政策研究会年報6号（2004年）1-36頁。

(23)　与党の議席数が衆議院で3分の2を超えたのは，第163回～第171回国会（2005年～2009年），第182回以降（2012年～現在（2017年））の例がある。

(24)　今野・前掲注（14）83頁。国会法の制定過程の詳細について，赤坂幸一「戦後議会制度改革の経緯（一）」金沢法学47巻1号（2004年）1-250頁。

第4章　両院間の意思の相違と調整

からも両院協議会を開催できる規定を挿入した[25]ほか，成案を得る場合に，全会一致ではなく「3分の2以上の多数」に緩和する修正が行われた[26]。

　なお，帝国議会の初期（第18回帝国議会，明治36年）に，先述した両院協議会に関して貴族院，衆議院の議長間で取り決めた協定のなかの「両院協議会ノ議事ハ両院議決ノ一致セサル事項及当然影響ヲ受クヘキ事項ノ外ニ渉ルヲ得サルコト」は，日本国憲法制定後は，両院協議会規程第8条にそのまま転用された。

　こうして両院協議会は国会に引き継がれて，新たに衆参両院でおのおの議院規則が制定され，ともに同文の両院協議会規程が議決されたが，この段階でも，ほとんど議論らしい議論はなかった。これについて，「以前のものと変わらない」とする考え方は衆議院側により強く残り，一方の参議院は，貴族院の先例は一切失われたものとして意識的に排除したとの見解もある[27]。結局のところ，基本的には帝国議会の下での両院協議会と大同小異のものとされた。このような国会法などの制定過程を通じても，「当時は国会制度全体の改革の中で恐らく両院協議会は片隅の問題としか認識されず，討議らしい討議を経ないまま新制度へと移行したのが実情」[28]という指摘のとおり，旧帝国議会における両院協議会のあり方がそのまま踏襲されたのである。すなわち，憲法上の衆議院の優越との関係が十分に整理されないまま，多くは国会法および施行後の憲政の運用に任された。

3　両院協議会のしくみ

　両院協議会は，日本国憲法のもとでは憲法上の根拠をもつ機関となった。そのしくみと運用方法は，前述のとおり，帝国議会当時のものをほぼそのまま引き継いでいる。

---

(25)　大石眞『議院自律権の構造』（成文堂，1988年）301頁。
(26)　第92回帝国議会貴族院国会法案特別委員会議録3号（1947年3月18日）。
(27)　今野・前掲注（14）84頁。
(28)　今野・前掲注（14）94頁。

3 両院協議会のしくみ

(1) 協議委員

両院協議会の協議委員は，衆参各院において選挙されたおのおの10人の委員で構成される（国会法第89条）。実際には衆参両院ともに議長の指名によって（衆議院規則第250条第3項，参議院規則第176条第3項），各議院からその議決を構成した会派から10人選ばれる。

ただし，衆議院では，議決に賛成した会派から議員10人が選出される（衆議院先例集第481号）。なお，一の案件についての両院協議会協議委員は，すでに選任された他の案件についての協議委員と同一のメンバーにしたことがある。衆議院では，第2回国会の国家行政組織法案について，反対した会派の議員も選ばれたことがある。これは，刑事訴訟法改正案の協議委員と一緒に委員を選出したため，各派から選ばれたことによる。また，第10回国会の日本国有鉄道法改正案，関税定率法改正案，食糧管理法改正案については同一の協議委員とされた。

参議院は，院議を構成した会派に応じ協議委員を割り当てて選出する（参議院委員会先例録第356号）。数件の案件についての協議委員は，すでに選任された他の案件についての協議委員と同一のメンバーとすることもあるが，それぞれ別個に選任されることもある（参議院委員会先例録第357号）。ただし，法律案についていわゆる「みなし否決」が行われた際は，全会派の議席数に応じ割り当てて，指名される。

協議委員が辞任するときは，その所属会派を通じてその旨を議長に申し出て，議長はこれを議院に諮り，議院が許可する（衆議院規則第251条第1項，参議院規則第176条第4項）。欠員になったときは直ちに補欠選挙を行うが，この選任も議長に委任されている。なお，協議委員は，第13回国会の国家公務員法改正案外1件の両院協議会（1952年7月31日）において，参議院側の協議委員10人中4人が突然退席したことにより，会議の定足数を欠き，会議を開くことができなかった。そこで，1955年の国会法改正により，相当な理由なく欠席するか，両院協議会議長から再度の出席要求をしてもなお出席しないとき，その協議委員が属する議院の議長は当該協議委員が辞任したもの

第 4 章　両院間の意思の相違と調整

とみなし，直ちに補欠選挙を行うべきこととされた（国会法第91条の 2 第 2
項）。定足数の基準が高く定められているので，速やかに委員を補充する必
要があるからである[29]。

両院協議会の存続期間は，会期が終了すれば消滅する。会期中であっても
成案を得ておのおのの議院にその旨を報告するか，成案を得る見込みがない
ことを協議会で決定しておのおのの議院にその旨を報告すると，消滅する。

(2)　特　色

両院協議会は，憲法制定直後において，次の 3 つの特色があると理解[30]
された。

第一に，両院協議会は意見に相違のある衆参両院間の妥協点を見出そうと
するものであるから，協議が公開されていたのでは種々の拘束を受けて成功
しにくい。そこで，両院協議会は秘密で行われるべきであり，傍聴は許され
ない（国会法第97条）。

第二に，両院協議会は極めて自由な意見交換がなされなければならない。
そこで，協議委員は，協議会において同一の事件について，何回でも発言す
ることができる（両院協議会規程第 9 条）。

第三に，両院協議会の会議の目的は，厳格に限定されなければならないの
で，議事は，衆参両院の議決が異なった事項および当然影響を受ける事項の
範囲を超えてはならないとされている（両院協議会規程第 8 条）。

こうした憲法制定直後の指摘は，いうならば誕生したばかりの新制度への
期待であったが，後年でも同様の見解[31] がある。しかし，その後の運用状
況からみると，これらの特徴は生かされておらず，衆参各院の委員が自院の
固定した結論に固執して，議論を通じた妥協，成案の確立に達することが少

---

(29)　樋口陽一ほか『注釈日本国憲法下巻』（青林書院，1988年）974頁。

(30)　浅井清『国会概説』（有斐閣，1948年）198-199頁。

(31)　議会政治研究会「両院協議会——国会の事例」議会政治研究13号（1990年）
　　　3 頁。

ない。そもそも，これらの特徴と国会法や両院協議会規程の内容が合致しているのかどうか，疑問が残るといえよう。

4 両院協議会の運用

両院協議会は，2017年9月末までに44件で開催されている（後掲表1～4）。このうち，法律案に関するものが17件で，成案を得て衆参両院で可決したものは15件，成案を得なかったものが2件である。他の内閣総理大臣の指名（5件），予算（20件），条約（2件）に関する両院協議会は，すべて成案を得なかった。

両院協議会の開催は，初期の国会および2007年期，2010年期の参議院少数与党の国会に集中している。そこで，時系列に沿って検討したい。

⑴ 初期（1947年～1953年）の運用

55年体制の成立以前は，内閣・衆議院対参議院という対立がたびたび生じたため，両院協議会が活用された。内閣総理大臣の指名に関するものが1件，法律案に関するものが16件で開催された。圧倒的に法律案に関するものが多いが，法律案に関するもので成案を得たのは14件（27法案）であった。なお，この14件は，両院協議会で新たに起草された独立の議案として先議の院から後議の院へと送付されており(32)，一事不再議の問題は生じない。

⑵ 55年体制期（1954年～1989年）の運用

55年体制のもとでは，自民党が衆参両院で過半数の議席を確保し，衆参両院の意思が異なる場面はほとんどなくなった。両院協議会は1953年から1989年までの36年間には一度も開催されなかった。これにより参議院は独自性を発揮することが困難になり，「衆議院のカーボンコピー」と批判されるようになった(33)。

---

(32) 今野・前掲注（14）91頁。

125

第4章　両院間の意思の相違と調整

(3) 参議院与野党逆転期（1989年〜2007年）の運用

1989年の参議院議員通常選挙では，与党が多くの議席を失い過半数を下回った。その後，1994年に自社さ連立政権が誕生して与党が多数を回復するまでの不安定な期間に，両院協議会は12件で開催された。このうち，参議院での予算の否決が多く9件である。内閣総理大臣の指名に関するものが2件ある。いずれも成案は得られなかった。また，法律案に関するものは1件である。これは，1994年に政治改革関連法案において開催されたもので，4法律案について成案を得て，衆参両院で可決され，成立した。

ただし，本件については，両院協議会の会議の場では成案がまとまらなかったので，最終的には当時の細川護熙総理大臣と河野洋平自民党総裁とのトップ会談・合意によって調整が行われ，それを受けて衆議院議決案の施行期日を修正する両院協議会の成案がまとめられて，次の国会で法律改正が行われたという経緯がある[34]。与野党のトップ会談による決着は変則的といえるかもしれないが，これは別の面からみると，両院協議会で合意を得るための政策を決める権限が協議委員にないことを示した。すなわち，トップどうし，政策責任者どうしの合意が両院協議会でできるようにするにはどうしたらよいか，という問題を提起するものであった。

要するに，この期間は，「強い参議院」という日本国憲法が持っている性質が顕在化した時期といわれるが，与野党党首会談で事前に結論を得ていた政治改革関連法案の場合を別として，両院協議会においては衆参両院の妥協による成案が得られることはなく，衆議院の議決が国会の議決になっていたのである。また，この時期は両院協議会の開催が常態化したことにより，実務面において，成案がまとまらないことを前提とした形式的な運用が定着したようである[35]。

---

(33)　大山礼子『国会学入門（第2版）』（三省堂，2003年）153-154頁。

(34)　成田憲彦「政治改革法案の成立過程」中村睦男＝前田英昭編『立法過程の研究』（信山社，1997年）373-394頁。川﨑政司「国会審議の過程」国会月報2000年1月号（2000年）44-45頁。

4 両院協議会の運用

(4) 参議院少数与党期（2007年～2009年，2010年～2012年）の運用

　2007年および2010年の参議院議員通常選挙では，野党が参議院の第一党となった。2007年7月から2012年12月までの間に，両院協議会は15件開催された。内閣総理大臣の指名（2件），予算の否決（11件），条約の不承認（2件）について，両院協議会が開催されたが成案を得られず，衆議院の議決が国会の議決となった。

　法律案については，参議院が否決した2件の事例（補給支援特措法案，道路整備費財源等特例法改正案）と，参議院が議決に至らなかったので衆議院がみなし否決の議決をした1件（歳入関連法案）の事例において，衆議院は3分の2の再可決の途をとった。なお，衆参両院の意思が異なっていた道路特定財源制度について，野党の主張に歩み寄って翌年度から一般財源化して本規定は適用されない旨の閣議決定が，衆議院で再可決された当日の採決より前の時間帯に行われた。両院協議会が直ちに開催されて国務大臣の出席および説明を求めれば（国会法第96条）成案が得られる可能性があったものの，結局は開催されなかった[36]。

　歳入関連法案を参議院が否決したと衆議院がみなした2008年4月30日は，参議院では，協議委員選出の本会議や議院運営委員会の開会を予定していた。しかし，衆議院から両院協議会の開催は求められず，取り止めとなった。

　道路整備費財源等特例法改正案を参議院が否決した翌日の2008年5月13日

---

(35)　衆議院元事務総長の谷福丸氏への聞き取りによると，「両院協議会というのは，久しくやらないと大ごとだけれども，一回本会議を開いて両院協議会を選んで，実際に両院協議委員を開いてと，こうやるけれども，形ができてずっとなれば，ごく日常的なね。」，「実際に協議をやったって，意見が，喧々諤々やってまとまるというあれじゃないから，一応形式上，法規にのっとって両院協議会をやりまして，はい，まとまりませんでした，それでは衆議院優越の規定でこうなりますというだけ。」とのことである（赤坂幸一ほか編『議会政治と55年体制　谷福丸オーラル・ヒストリー』（信山社，2012年）262頁）。
(36)　江田五月「参議院野党の，無所属良識派グループという選択」都市問題2013年5月号（2013年）76頁。

に，衆議院本会議で，民主党・無所属クラブにより両院協議会の開催を求める動議が提出されたものの，否決され，両院協議会の開催は求められなかった。ただ，参議院側では，同日の本会議と両院協議会は予定されていなかったので，もし衆議院から両院協議会の開催を求められた場合は，協議委員の選出に手間取ることが予想された。

こうした両院協議会そのものが開催されないという事態は「異常」であり，「与野党の憲法的妥協が構築されなかった」[37] という見解がある。衆参両院の多数派が一致しないことによって二院制の意義が実質化され，また，協議により実際に成案が得られる可能性がありながらその機会が活用されなかったことは残念といえよう。

5　その他の衆参両院の協議機関の運用

衆参両院の意思が異なった場合，予算，条約，内閣総理大臣の指名，法律案以外にもその調整は必要となる。しかし，日本国憲法制定の際は国会法に定めがなく，その後は，課題が生じると衆参両院はアドホックに協議を行ってきた。すなわち，議会による憲法慣習の形成に委ねられ，実際に次のような例がある。

⑴　両院法規委員会

日本国憲法の制定当時に，衆参両院の議員で構成され国会に属するが，いずれの議院にも属しない独立性を有した両院法規委員会が新たに設置された（旧国会法第99条）。その役割は，衆参両院および内閣に対し，新立法の提案ならびに現行の法律および政令に関して勧告することと，国会関係法規を調査研究して衆参両院に対しその改正を勧告することである[38]。委員会は，1947年8月から1952年7月末までの間に63回開催され，12件の案件について

---

(37)　加藤一彦『議会政治の憲法学』（日本評論社，2009年）251-252頁。
(38)　浅井・前掲注（30）165-167頁。

5　その他の衆参両院の協議機関の運用

勧告を行った（後掲表 5 ）。

　両院法規委員会の委員は投票によって選出されるが，選任を議長に委任することもできる。衆議院から10人，参議院から 8 人がそれぞれ選出される。その任期は議員としての任期期間である（旧国会法第100条第 1 項，第 2 項）ので，参議院側の委員の任期は 6 年である。

　開会は，委員長が日時を定めて会議を開くが，いずれかの院の選出委員の半数以上が連名で要求したときは，委員長は委員会を開かなければならない（両院法規委員会規程第 7 条）。

　勧告を行う場合は，出席議員の 3 分の 2 以上の賛成が必要である。勧告の要旨と理由を文書にして，新立法の提案に関して衆参両院に勧告する場合は衆参両院の議長に，法律および政令に関して内閣に勧告する場合は内閣に，それぞれ通知する。内閣への通知は，その旨は衆参両院の議長に通知される。国会関係法規の改正に関する勧告は，その要旨および理由をつけて，勧告案を文書で，衆参両院の議長に提出する。委員会は勧告した事項の処理の経過について，内閣に対し報告書の提出を求めなければならない。

　両院法規委員会の特色を整理すると，①衆参各院の議員で構成されるが，いずれの院にも属さず独立した機関であること，②行政府および立法府に対して，一段高い立場から勧告することができること，③内閣に対する勧告では，事後の対応について報告書の提出を求めることができること，となる。これは，今日でいうオンブズパーソン的機能をもつ機関といえよう。なお，1951年10月の吉田茂総理大臣による衆議院解散を受けて行った1952年の衆議院の解散権に関する勧告を最後に[39]，第14回国会以降一度も開催されていないことから，1955年の国会法改正の際に，日本の議会制度にはそぐわないとされて，削除された[40]。

---

(39)　佐藤功「解散をめぐる憲法論争──両院法規委員会における論議を中心として」法律時報24巻 2 号（1952年）126頁。

(40)　第21回国会参議院会議録 7 号（1955年 1 月24日）。

第4章　両院間の意思の相違と調整

(2)　両院合同審査会

　衆参両院が合同して審査するべき案件について，国会法第44条に合同審査会の規定が置かれている。法律上，合同審査会の議を経なければならないのは，国会職員の政治的行為を禁止したり制限したり，その勤務時間などに関する規程（国会職員法第20条の2，第24条の2，第25条，第26条，第26条の2，第40条），証人などの日当に関する規程（議院に出頭する証人等の旅費及び日当に関する法律第5条），人事官弾劾の訴追案（人事官弾劾の訴追に関する法律案第6条，人事官弾劾訴追手続規程第5条）など，議院の権限に属するので法律で定めるのはふさわしくなく，かつ，衆参両院で異なる決定に至ることは不適切な性質のものである。合同審査会の委員は，衆参両院の常任委員会の委員全員である（参議院委員会先例録第309号）。その会長はこれまでは衆参各院の委員長を務めてきた。

　それ以外の事項について合同審査会を開催することもできる。参議院の常任委員会が衆議院の常任委員会と合同審査会を開く際に，委員長が衆議院の委員長と協議した後に決議をしなければならない（参議院委員会先例録第308号）。実際に，党首討論を行う国家基本政策委員会合同審査会を除き，これまで10件の合同審査会が開催されたことがある（後掲表5）。その内訳は，1947年8月から1949年11月末までに9件（議院運営委員会合同審査会，決算委員会合同審査会，文教委員会合同審査会，決算委員会合同審査会，労働委員会合同審査会，図書館運営委員会合同審査会，労働委員会合同審査会，労働委員会合同審査会，厚生委員会合同審査会），1999年に1件（予算委員会合同審査会）である。これも初期の国会に集中している。

　なお，合同審査会の委員は，議題について自由に質疑し，意見を述べることができる（常任委員会合同審査会規程第7条）が，合同審査会は法律に特別の定めのある場合を除いては，表決をすることができない（同第8条）。

(3)　両院合同協議会，両院合同会議

1990年6月に，消費税，納税者番号の導入などを議論するため，衆参両院

5　その他の衆参両院の協議機関の運用

の議院運営委員会で決定された要綱に基づき，「税制問題等に関する両院合同協議会」が設置された。1991年10月に，各党間の意見の隔たりは大きいとして協議は打ち切られ，大蔵委員会・地方行政委員会で改めて討議することとされた。そして，合同協議会長が解散を宣言し，散会した。同日に，この旨は衆参両院議長に報告された。結局，衆参両院間での意見が整わなかったが，議論や将来の検討事項を記録に残すことにより，現実の妥協・調整が図られた[41]。

　2005年4月に，超高齢社会での公的年金制度，国民年金保険料の徴収強化，年金一元化などを議論するため，衆参両院おのおのの議決に基づき，「年金制度をはじめとする社会保障制度改革に関する両院合同会議」が設置された。会議は計8回開催されたが，成案を得るには至らなかった。2009年7月の衆議院解散によって，論点整理も行われず[42]，終了した（後掲表6）。

　2011年9月に，同年3月11日に発生した東日本大震災にともなう原子力発電所の事故について，東京電力福島原子力発電所事故調査委員会の委員長および委員の推薦，その要請を受けて国政に関する調査を行うことなどのため，国会法が改正されて「東京電力福島原子力発電所事故に係る両議院の議院運営委員会の合同協議会」が設置された（同法附則）[43]。同調査委員会は，東京電力福島原子力発電所事故調査委員会法（平成23年法律第112号）に基づき，施行から1年間という期限付きで国会に設置され，原発事故の検証にあたり，調査において必要と認められるときには，同両院合同協議会に国政調査権行使を要請することができる。これを受けた同両院合同協議会は，必要と認めるときは当該要請にかかる事項について国政調査権（同法第104条）を行使することができる。ただし，調査活動中は必要とされる参考人などからすべて協力を得られて実際に国政調査権の発動の要請には至らなかった。なお，同

---

(41)　谷福丸氏の発言（赤坂ほか・前掲注（35）264頁）。
(42)　「最低保障年金に賛否両論」週刊社会保障2345号（2005年）22頁。
(43)　同調査委員会の設置の経緯について，塩崎恭久『「国会原発事故調査委員会」立法府からの挑戦状』（東京プレスクラブ，2011年）。

第4章　両院間の意思の相違と調整

合同協議会は同調査委員長および委員を推薦し，その所信を聴取する等3回開催され，終了した[44]（後掲表6）。

(4)　議院運営委員会両院合同代表者会議

2007年10月31日に，衆参両院の議院運営委員長間で，国会同意人事について，議院運営委員会両院合同代表者会議を設置し，ここで最初に内閣からその提示を受けることが決まり，提示前に人事が報道された場合は原則として当該案件の提示は受けないという取り決めが行われた[45]。人事案は同合同代表者会議に提示された後，衆参両院の議院運営委員会理事会に正式に提示され，候補者から所信をきく。その後，衆参両院の本会議で人事案を可決すると，国会として同意することになる。

それまでは候補者から所信をきくのみで同意するか否かが判断されていたが，2008年2月26日の衆参各院の議院運営委員長の合意により，日本銀行総裁・副総裁（合計3人），人事院人事官（3人），会計検査院検査官（3人），公正取引委員会委員長（1人）のポストについては，同代表者会議で衆参両院が同時に各件ごとに候補者の提示を受けたあと，おのおのの議院運営委員会で所信をきき，質疑を行うこととされた。所信をきいた案件については，本会議では各人ごとに承認の議決が行われることとされた。その手続は，所信の表明は原則公開として衆参両院それぞれの議院運営委員会で行うこと，所信に対する質疑は懇談形式とし非公開にできること，議事録は速やかに公表することとされた。両院合同代表者会議の委員は，衆参両院の議院運営委員長と自民，民主両党の同委員会筆頭理事であった。

同会議は，これまでに3回開催された。日銀総裁・副総裁の人事案件については，衆参両院ともに2008年2月26日，同年3月18日に内閣の提案した候補者の提示を受けた。人事院人事官の同意人事案件については，衆参両院と

---

(44)　第179回国会東京電力福島原子力発電所事故に係る両議院の議院運営委員会の合同協議会会議録3号（2011年12月8日）。

(45)　第173国会参議院議院運営委員会議録5号（2009年11月18日）。

132

もに 4 月 7 日に提示を受けた。

　後にこうした同意手続を求めるポストに原子力規制委員会委員長（1 人）が加わり，2012年 8 月 1 日に衆参両院ともに議院運営委員会において，同委員長の候補者から所信をきき，質疑が行われた。

　すなわち，これらの組織に関する案件はより慎重な手続が要請され，一括して議決される他の人事案件と区別して，重要視されることとなった。なお，衆議院で再び自民党，公明党が議席の過半数を獲得した後の第183回国会（2013年 2 月）において，新たな衆参両院の議運委員長申合せが行われ，同両院合同代表者会議は廃止された[46]。

(5) 国会議員の互助年金等に関する調査会

　2004年 6 月16日に，国会議員の年金制度を議論するため，衆参両院議長のもとに調査会が設置された。衆参両院議長から諮問を受けた機関が設置されるのは初めてのことである。諮問事項は「国会議員互助年金制度等に関する諸問題について」である。委員は外部の有識者 6 人であり，会議は18回開催された。

6　両院協議会の活用への展望

　両院協議会の活用が求められた2007年期および2010年期の参議院少数与党期において，具体的に得られた成果は，両院協議会の会議録の公開である。従来は，協議委員の間での率直な協議を確保するためとして傍聴が禁止されたが，制度の趣旨に反して，密室協議や低調な議論を生み，それを覆い隠すものとなった。今日の社会では協議を公開して社会への説明責任を果たすことがむしろ協議の妥協を促す効果も認められるので，傍聴，テレビ中継を許可するべきであるという指摘[47]もある。2009年 1 月26日および27日の両院

---

(46)　西木戸一馬「国会同意人事」立法と調査342号（2013年）107頁。
(47)　江田五月「江田議長インタビュー」Kyodo Weekly 2008年 2 月11日号。

第4章　両院間の意思の相違と調整

協議会での議論を経て，両院協議会の懇談会の部分についても議事の内容を公表することとされた。このように，懇談会での協議委員間の率直な意見交換の様子が明らかになったことは大きな前進[48]であり，国会内で両院協議会のあり方を問いかけるものとして，その後の進展が注目されている[49]。

　他方，2010年期は，衆議院における再可決が望めない状況となり，両院協議会を生かした衆参両院間の意思の調整がより一層期待されたにもかかわらず，そのような事例は見られなかった。また，協議会が開催された際の衆参両院間の実質的な懇談も低調で，意見を交換することなく終了することもあった[50]。

　こうした状況に対して，衆参両院の意思が異なることの問題は，衆議院で多数派の支持を受けている内閣が提出した法律案をいかに成立させるかという点であるから，衆参両院で内閣提出法案を柔軟に修正していく建設的な審議を行うことが両院間の協議を実りあるものにする前提となる[51]という，両院協議会の活用への期待には厳しい見方がある。

　そこで，憲法上定められている両院協議会が，本来求められている衆参両院間の意思の調整という役割を実現できるようにするためには，どのような論点があるのであろうか。具体的に取り上げて，検討したい。

(1)　参議院で審議中の法律案

　2007年期の国会において，衆議院は，参議院で審議中の法律案について，憲法第59条第4項に基づく「みなし否決」の議決を行うと，直ちに3分の2の再可決の議決を行った。参議院で審議中の法律案について，有無をいわせ

---

(48)　伊藤和子「『ねじれ国会』における国会審議の諸相」北大法学論集61巻5号（2011年）1731頁。

(49)　高見勝利『政治の混迷と憲法』（岩波書店，2012年）102-103頁。

(50)　平成二十四年度一般会計外二件両院協議会（2012年4月5日），平成二十五年度一般会計予算外二件両院協議会（2013年5月15日）。

(51)　大山礼子「議事手続再考」駒沢法学7巻3号（2008年）28頁，33頁。同「参議院改革の前提としての国会審議改革」都市問題2013年5月号（2013年）72頁。

ずに，その審議を打ち切らせることは穏当ではない。たしかに憲法上は衆議院によるこうした一方的な議決の方式が許容されているが，3分の2の特別多数という「高いハードルの設定は，両院協議会での審議に重きを置いていることの表れであるとみることもでき」[52]，両院協議会制度が設けられている趣旨からみると，こういう場合には，先述した日本国憲法制定過程での議論のとおり，衆議院から参議院に両院協議会の開催を求めて，衆参両院の妥協案を作成するように努力することが望ましいし，それが実る可能性は低くはない。実際，2013年期ではあるが，「みなし否決」された公職選挙法改正案が衆議院で再可決された際に賛成に転じた野党もある。

　また，参議院では衆議院から両院協議会の開催が求められたらそれに応じられるよう，本会議および議院運営委員会開催の準備を進めていたことがある。こうした参議院側の措置に応じた，二院制の原則に配慮した憲法慣習の形成が検討されるべきである。

(2) 協議委員の選任方法

　現在は，協議委員は，協議会を立ち上げるたびに，衆参各院でおのおの選出されている。両院協議会の趣旨が協議と妥協案の作成であるとすれば，現在の協議委員の選出方法は一考を要するだろう。

　まず，両院協議会においては委員の間での協議が円滑に行われることが望ましく，そのためには衆参両院の協議委員の間に人格的な信頼関係の醸成が必要であるので，かつての両院法規委員会の場合のように，会期の初めに委員を任命して，必要に応じて会議を開くとする，常置委員制に変更することが考えられる。これに関連して，協議委員自身が政党・会派の代表であるにとどまらず，衆参両院それぞれの本会議で選任された，国会の議決を要する案件について協議を行う議院の代表であるという共通の認識をもつことが必

---

(52)　只野雅人「相違と決定——代表における集団と規律に関する試論」浦田一郎＝只野雅人編『議会の役割と憲法原理』（信山社，2008年）92頁。

第4章　両院間の意思の相違と調整

要とする見解もある(53)。また，この方式のバリエーションになるが，半数は常置委員とし，半数は案件が起きた段階でその課題に精通する議員から選出するという方式もありえよう。なお，こうした委員の選出に際しては衆参両院とも会派の構成に沿った10人とするべきであるとする当時の参議院議長の見解(54)がすでに示されている。

　また，協議会の最後の場面で委員を差し替えて，政党の政策責任者が協議を行うのはどうか(55)という見解がある。妥協による成案の確保には必要な配慮である。もう少し選択の幅を広げて，各党とも，権限と発言力のある有力な議員を協議委員に指名するという慣習の確立を望む意見もあるだろう。

　さらに，衆議院は原案に賛成した会派から選ぶが，参議院は議席比例で選ぶとしてはどうかとする見解(56)がある。この場合は，成案を得るときは衆議院側に有利であり，参議院側は大幅な譲歩することになる。しかし，逆に参議院先議の案件では参議院側に結論をゆだねようとする機運が生まれる可能性があるので，お互いの妥協が生まれやすいとするものである。

　ただ，これは，その議案に対する合意というよりも，別の議案，将来の議案について妥協の余地が生まれやすいから，衆参両院で選出方法を変えようというものである。これについて，むしろ，異なる選出方法をとれば，成案は一方（上記の場合は衆議院側）に有利かもしれないが，あまりに衆議院側に有利とすると参議院で可決されないので，結局議案は成立しないことになる。だからこそ，両院協議会の議論の段階で，衆参両院で受け入れられる成案が得られる可能性があるとみる考え方もあるだろう。

---

(53)　佐々木勝実「『ねじれ国会』と両院協議会」議会政治研究85号（2008年）12頁。

(54)　江田・前掲注（47）。

(55)　成田・前掲注（34）35頁。

(56)　飯尾潤「衆参における多数派の相違と参議院の役割」わたしたちの国会14号（2008年）32頁。

6 両院協議会の活用への展望

(3) 両院協議会小委員会の設置

両院協議会は，小委員会を設置して細かな協議を行うことができる（参議院委員会先例録365号）。第10回国会日本国有鉄道法改正案に関する両院協議会（1951年5月7日）において，衆議院側から3人，参議院側から4人の小委員をそれぞれ推薦した。小委員長は置かれず，小委員打合会を開き，起草した協議案を5月25日の両院協議会において小委員を務めた議員が報告した。

また，両院協議会の運営に関して協議するため，「両議院の協議委員議長及び副議長打合会」が設置されたことがある（衆議院委員会先例集第311号，参議院委員会先例録第362号）。協議委員と衆参両院の議長および副議長の4人で構成される。委員会における理事会に相当するものであるが，議長と副議長の4人がメンバーなので調整が行いやすく，決定が早いとされている[57]。打合会では，開会時間，初回の議長の決定方法（くじ）の確認，定足数の確認，議事順序，傍聴禁止・協議委員以外の出席者の確認が協議された。

(4) 両院協議会における議事手続の整備

両院協議会における審議，妥協案の作成が容易にできるように，両院協議会協議委員に対する党議拘束の廃止を進めるべきであるという改革案もあろう。

最近の両院協議会は，最初から決裂することが前提になり，1日（のうちの数時間）で終了している。両院協議会の本来の趣旨である率直な協議と妥協案の成立のためには，1日で終わらせないで，結論を得るまで数日をかけて協議することがありえよう[58]。この点も，適切な憲法慣習の形成が望まれる。

その際は，与野党の協議委員の間での情報格差をなくすために，国務大臣などの出席・説明を求め，衆参両院，与野党に平等な情報提供・公開義務を

---

(57) 佐々木・前掲注（53）13頁。

(58) 成田・前掲注（34）35頁。

第 4 章　両院間の意思の相違と調整

課することがありうる。

(5)　議案の範囲

　両院協議会で議論できるのは，どの範囲までか。法律案の場合，法律案全般にわたるのか，それとも意見が異なった部分だけを協議することができるのか，という問題がある。

　両院協議会は当然であるが，衆参両院の議決が異なった場合に開催される。その議案は，両院協議会規程第 8 条により，衆参両院の議決が異なる，限定された事項とされている。議案は，参議院で否決された場合には議決が全面的に異なったのであるから，実際には議案の一部ではなく全体が範囲ということになり，同条の限定は効力をもたないのではないかという疑問が示されている[59]。

　この条項は，帝国議会における議案の取扱いを踏襲したものである。帝国議会においては，両院協議会は他院の送付案を否決した場合には開催がみとめられていなかった。論争が拡大し収拾が困難になるのを避けるためである。先に述べたように，第18回帝国議会（明治36年）の「両院協議会規程取扱方ニ関スル両院議長ノ協定」により，両院協議会の議事は，貴衆両院の一致しない事項および当然影響を受けるべき事項のほかは交渉してはならないとされた。

　そこで，この規程に関しては，「旧議会時代の協議会に適合した規準であり，現在でも一部には有効であるものの，国会になって新しく拡大された権限に基づく協議会に対しては，必ずしも適合していない」[60] という批判がある。また，この規程を厳格に解釈するのは好ましくないとの指摘もある[61]。同じ趣旨で，この条項を参議院少数与党の状況の国会では柔軟に解釈し，両院協議会で議決の異なった理由を明らかにし，議案全体について自由に調整

---

(59)　佐々木・前掲注（53）11頁。
(60)　今野・前掲注（14）118頁。
(61)　国会法規研究会「国会の活動（39）」時の法令1627号（2000年）83頁。

138

6　両院協議会の活用への展望

ができれば，合意形成が容易になり，両院協議会は重要な調整機関となりう
るとするものもある[62]。

　もう一歩進めて，両院協議会の成案に制限はないとする見解もある[63]。
両院協議会は制度としてあるので，制度は機能するように読むべきである，
両院協議会は委員会修正ではできないような妥協ができるのではないか，と
いう趣旨である。

(6)　合同審査会の活用

　案件により衆参各院の常任委員会に各党のワーキンググループのメンバー
を構成員とする小委員会を設置して，調整を行うことも考えられる。実務担
当者による会議体を新設したり[64]，委員会での審査段階から委員会調査室
と政府スタッフで調整を進めて，合意の準備を進めたり[65] することも検討
に値するのではないかとの見解がある。国会での実質的な与野党協議が行わ
れた例として，国民投票法案について，2006年の衆議院日本国憲法に関する
調査特別委員会日本国憲法の改正手続に関する法律案等審査小委員会および
小委員懇談会がある[66]。これは，一院の例であるが，衆参両院の意思の調
整方法として参考になるだろう。

　また，「両院合同会制」による合意をめざしてはどうかという見解もある。
緊急の案件や，衆参両院の意見がどうしても一致しない場合に両院合同の会
議を開くこと[67] や，より一般化して，両院協議会で得られた成案を可決す
るためのしくみとして，衆参両院が1回の議決で可否を決めるために両院合

---

(62)　佐々木・前掲注（53）11頁。

(63)　飯尾・前掲注（56）24頁。

(64)　加藤一彦「両院協議会の憲法的地位論」現代法学20号（2011年）96-97頁。

(65)　成田・前掲注（34）35頁。

(66)　橘幸信「議員立法から見た『ねじれ国会』・雑感」ジュリスト1367号（2008
　　　年）86頁。

(67)　憲法調査会第三部会『国会・内閣・財政・地方自治に関する報告書』（1964
　　　年）85-86頁。

第4章　両院間の意思の相違と調整

同会議にかけること[68] が提案されている。

小　括

　以上の検討から，日本国憲法が当初の構想である一院制から二院制に組み替えられたことの検証が不十分なまま両院協議会が盛り込まれたため，衆参両院の意思の調整のあり方について不十分な検討しか加えられておらず，また，これを反映してか，その後の運用でも，憲法制定直後の数年間は別として，いわゆる55年体制の成立後は，両院協議会がほとんど活用されていないことがわかった。両院にわたる一党優位型の状況では，「二院制のもとでは当然想定されるべき状況が意識されず，結果として，両院協議会を通じた両院の調整・妥協という，二院制の最も本質的な要素が等閑視されてきた」[69] という指摘のとおり，端的にいえば，両院協議会はこの60年間，ずっと見捨てられてきたのである。こうした状況もあってか，憲法第59条には欠陥があり，衆参両院の関係を他の衆議院の優越規定にそろえて考え直した方がよいという見解もある[70]。

　しかしながら，実際の国会の運営に当たっては，やはり，衆議院と参議院が協調できる点では協調していかないと，二院制の実が挙がらない。そこで，与野党の間では，さまざまなチャネルで話し合いが持たれ，両院協議会以外の機関での協議が成立し，意思を調整する試みが行われてきた。ただし，これまでの実践からみると，調整のしくみが新しく形づくられてもそれは政治状況によって一時的なものとなりがちであり，憲法慣習として定着することは困難なように見える。

　衆議院と参議院とでその構成会派の状況が異なり，衆参両院の意思に不一

---

(68)　橘幸信氏の発言（岡田信弘編『二院制の比較研究』（日本評論社，2014年）234頁）。
(69)　只野雅人「議会と『徹底した民意の反映』」杉原泰雄＝只野雅人『憲法と議会制度』（法律文化社，2007年）373頁。
(70)　西修『日本国憲法を考える』（文春新書，1999年）136頁。

小　括

致が生じた場合，これまで検討したように，議院の内部や研究者の間でも，国対政治といった政党間で調整するよりも，国民に開かれた，わかりやすい両院協議会を活用した調整が望ましいという見解が主張されているとともに，他方で，両院協議会の必要性を否定する見解こそ見当たらないものの，それがいわば宝の持ち腐れで「使えないしくみ」であるとする批判も強い。

　二院制の現実におけるこのような状況を考えると，国会では，両院協議会ではなく，憲法慣習に基づく衆参両院の新しい協議機関の活用を促進することが望ましいのであろうか。すなわち，衆参各院でその意思が決定された後に相違があれば調整を試みることが適切なあり方か，それとも，事前の調整が適切か，という論点である。

　事前の調整が望ましいならば，両院協議会の存在はむしろ障害物となるのであるから，両院協議会は不活発なままにとどめておいて，関連条文も死文化させておいたほうがよいということになる。実際，2007年期，2010年期に参議院が迎えた新しい事態に際しても，憲法上の規定があるので会議は開催されることはあっても，それは単なる形式上のスケジュールの消化に終わり，協議が決裂することが予定されていて，成案の作成は期待されていないような運営が行われた(71)。修正は両院協議会ではない場面ですべて整えられて，国会の場面ではほぼ形式的な問題，最終決着に絞られており(72)，また，政党における一院制的な運用・対応ということを念頭に置くならば「参議院の審議より前の政党間の調整に頼る方に向かっているのが現実である」(73) というように，両院協議会の活用はまったく期待されていない現状を追認することになる。

　2010年期では，法律案について衆参両院で意思が異なった場合に衆議院の再可決が難しい状況であったこともあり，国会の意思が整わない「決められ

---

(71)　大石眞「両院制運用への展望」北大法学論集63巻3号（2012年）758頁。

(72)　大石・同上。

(73)　川﨑政司「日本の第二院のシステムと立法を中心とした議会政治の特徴等」岡田信弘編『二院制の比較研究』（日本評論社，2014年）221頁。

第4章　両院間の意思の相違と調整

ない政治」といわれる状況が断続的に見受けられた。こうした事態を避ける
よう日本国憲法は両院協議会を定めているが，実際の憲政では機能せず，そ
の立法趣旨は依然としてよくわからないところがある。これまで衆参両院の
多数派が一致してきた状況のもとでは，両院協議会など，憲法条文の規定す
る事項にかかわる問題の多くが，一つの政党の内部問題や与党間の力関係，
与野党間の取引といった憲法解釈以前の問題として処理されてきた[74]。

　本章では，両院協議会および衆参両院が意思を調整するための協議機関の
成り立ちや運用を扱った。両院協議会には独自の憲法上の地位と機能があり，
適切に運用すれば，衆参両院の意思が異なった場合の調整機関として大きな
意義を持ちうると考えるべきなのであれば，両院協議会は本来の機能を発揮
しているとはいえず，再検討の必要性を指摘するもの[75]や，憲法は両院協
議会の枠組みのみを規定しているので，国会法や両院協議会規程などを改正
して，必要に応じて現状にあった実際のしくみを工夫できる[76]との見解も
ある。この場合には，国会法以下の法令も大胆に改革して，両院協議会が現
実的に機能するようにする必要がある。二院制の妙味を生かすのであれば，
まずは衆参各院での意思決定後に，相違点や対立点を乗り越えて合意をめざ
す憲法慣習を形成し，その知恵をふまえた制度化が求められる。

---

(74)　樋口陽一「政権交代と二院制の活性化——憲法学にとっての意味」書斎の
　　　窓600号（2010年）3-7頁。
(75)　今野・前掲注（14）121頁。本秀紀「『政治主導』と憲法——『国会中心』
　　　構想の可能性」憲法理論研究会編『政治変動と憲法理論』（三省堂，2011年）
　　　54頁。原田一明「『ねじれ国会』と両院関係」横浜国際経済法学17巻3号
　　　（2009年）187-188頁。
(76)　成田憲彦「衆参の意思をどう調整すべきか」改革者2008年2月号（2008年）
　　　35頁。

〔表1〕 法律案に関する両院協議会の例

国会回次	開 会 日	会 議 名	成案の議決
2	1948年7月5日	国家行政組織法案・刑事訴訟法を改正する法律案両院協議会	可決
7	1950年5月2日	地方税法案両院協議会	成案を得ず
10	1951年1月30日	地方公共団体の議員及び長の選挙期日等の臨時特例に関する法律案両院協議会	可決
10	1951年3月31日	関税定率法の一部を改正する法律案両院協議会	可決
10	1951年3月31日，5月7日，8日，10日	食糧管理法の一部を改正する法律案両院協議会	成案を得ず
10	1951年3月31日，5月7日，25日	日本国有鉄道法の一部を改正する法律案両院協議会	可決
10	1951年5月26日，28日，31日	教育公務員特例法の一部を改正する法律案両院協議会	可決
13	1952年5月29日，31日，6月2日，4日	一般職の職員の給与に関する法律の一部を改正する法律案両院協議会	可決
13	1952年7月29日	通商産業省設置法案外4件両院協議会	可決
13	1952年7月29日	日本電信電話公社法案両院協議会	可決
13	1952年7月29日	保安庁法案外4件両院協議会	可決
13	1952年7月29日，30日	労働関係調整法等の一部を改正する法律案外1件両院協議会	可決
13	1952年7月31日	国家公務員法の一部を改正する法律案外1件両院協議会	協議未了／可決
15	1952年12月24日	町村の警察維持に関する責任転移の時期の特例に関する法律案両院協議会	可決
16	1953年7月23日，24日	農業災害補償法の一部を改正する法律案両院協議会	可決
16	1953年7月31日，8月1日，4日	公職選挙法の一部を改正する法律案両院協議会	可決
128	1994年1月26日，27日，29日	公職選挙法の一部を改正する法律案外3件両院協議会	可決

第4章　両院間の意思の相違と調整

〔表2〕 内閣総理大臣の指名に関する両院協議会の例

国会回次	開　会　日	会　議　名	成案の議決
2	1948年2月23日	内閣総理大臣の指名両院協議会	成案を得ず
115	1989年8月9日	同	成案を得ず
143	1998年7月30日	同	成案を得ず
167	2007年9月25日	同	成案を得ず
170	2008年9月24日	同	成案を得ず

〔表3〕 予算に関する両院協議会の例

国会回次	開　会　日	会　議　名	成案の議決
118	1990年3月26日	平成元年度一般会計補正予算（第2号）外二件両院協議会	成案を得ず
119	1990年4月4日	平成二年度一般会計暫定予算外二件両院協議会	成案を得ず
119	1990年5月18日	平成二年度一般会計暫定補正予算（第1号）外二件両院協議会	成案を得ず
119	1990年6月7日	平成二年度一般会計予算外二件両院協議会	成案を得ず
119	1990年12月17日	平成二年度一般会計補正予算（第1号）外二件両院協議会	成案を得ず
120	1991年4月11日	平成三年度一般会計予算外二件両院協議会	成案を得ず
126	1993年3月31日	平成五年度一般会計予算外二件両院協議会	成案を得ず
126	1993年6月8日	平成五年度一般会計補正予算（第1号）外二件両院協議会	成案を得ず
145	1999年3月17日	平成十一年度一般会計予算外二件両院協議会	成案を得ず
169	2008年2月6日	平成十九年度一般会計補正予算（第1号）外二件両院協議会	成案を得ず
169	2008年3月28日	平成二十年度一般会計予算外二件両院協議会	成案を得ず

171	2009年1月26日	平成二十年度一般会計補正予算（第2号）外一件両院協議会	成案を得ず
171	2009年1月27日	平成二十年度一般会計補正予算（第2号）外一件両院協議会	成案を得ず
171	2009年1月27日	平成二十年度政府関係機関補正予算（機第2号）両院協議会	成案を得ず
171	2009年3月27日	平成二十一年度一般会計予算外二件両院協議会	成案を得ず
171	2009年5月29日	平成二十一年度一般会計補正予算（第1号）外二件両院協議会	成案を得ず
176	2010年11月26日	平成二十二年度一般会計補正予算（第1号）外二件両院協議会	成案を得ず
177	2011年3月29日	平成二十三年度一般会計予算外二件両院協議会	成案を得ず
180	2012年4月5日	平成二十四年度一般会計外二件両院協議会	成案を得ず
183	2013年5月15日	平成二十五年度一般会計予算外二件両院協議会	成案を得ず

〔表4〕 条約に関する両院協議会の例

国会回次	開　会　日	会　議　名	成案の議決
169	2008年4月25日	在日米軍駐留経費負担特別協定両院協議会	成案を得ず
169	2009年5月13日	第三海兵機動展開部隊の要員及びその家族の沖縄からグアムへの移転の実施に関する日本国政府とアメリカ合衆国政府との間の協定両院協議会	成案を得ず

第4章　両院間の意思の相違と調整

〔表5〕合同審査会の例

国会回次	開 会 日	会 議 名	
1	1947年8月26日～1952年7月28日	両院法規委員会（1955年の国会法改正・削除により廃止） ＊63回開催。	
1	1947年8月29日，10月16日，12月8日	議院運営委員会合同審査会 ＊国会議員の特別手当の額，国会職員考査委員会規程案など	
1	1947年9月30日，10月1日	決算委員会合同審査会 ＊国家公務員法案など	衆議院より開会請求
1	1947年10月20日	文教委員会合同審査会 ＊六・三制教育制度実施に関する件	参議院より開会請求
2	1948年5月26日	決算委員会合同審査会 ＊国家行政組織法案	衆議院より開会請求
2	1948年6月1日，18日	労働委員会合同審査会 ＊職業安定法上の職業安定委員会委員旅費支給額に関し議決を求める件	18日に案件の採決
2	1948年6月7日	図書館運営委員会合同審査会 ＊昭和23年度国会図書館の予算に関する件	衆議院より開会請求
3	1948年11月25日	労働委員会合同審査会 ＊職業安定法上の職業安定委員会委員旅費支給額に関し議決を求める件	案件の採決
4	1948年12月8日	労働委員会合同審査会 ＊職業安定法上の職業安定委員会委員旅費支給額に関し議決を求める件	案件の採決
6	1949年11月25日，26日	厚生委員会合同審査会 ＊身体障害者福祉法案	参議院より開会請求
146	1999年11月10日，17日	予算委員会合同審査会 ＊予算の執行状況に関する調査	両院より開会請求
―	2000年1月20日～	国家基本政策委員会合同審査会 ＊党首討論	

〔表 6〕 その他重要な国策に関するものの例

開　会　日	会　議　名
2005年 4 月 8 日，4月14日，4 月20日，4 月22日，6 月 6 日，6 月30日，7 月 8 日，7 月22日，7 月29日	年金制度をはじめとする社会保障制度改革に関する両院合同会議
2007年 2 月～2013年8 月	議院運営委員会両院合同代表者会議 ＊国会同意人事に関する所信を聴くため
2011年11月 2 日，12月 1 日，12月 8 日	東京電力福島原子力発電所事故に係る両議院の議院運営委員会の合同協議会（計 3 回）

第5章　内閣の国会に対する責任と二院制

はじめに

　国会が内閣の責任を問う（憲法第66条第3項）方法として，憲法上想定された
れたのは，衆議院による内閣総理大臣の不信任決議案の可決（同第69条）で
ある。他方，憲法条文にはない，内閣総理大臣や国務大臣の責任を問うたり，
警告・戒告したりする決議案（以下，「問責決議案」という）がある。

　議院決議権とは，「議院が単独議決により国政上の意思をおこなう権
能」(1) であるが，そもそも，衆議院の不信任・信任決議権を除き，憲法上明
文の根拠規定がない。ただし，国会法は「常任委員会は，その部門に属する
議案（決議案を含む。），請願等を審査する。」（第41条第1項）と定め，本会議
の議案として取り扱われる。決議は，議院の当然の機能として認められてい
る。

　決議の内容は，①内閣に対する不信任，②特別委員会の設置，③国交また
は領土に関する意思表明，④感謝，表彰，祝賀，慰問，弔詞その他国政に関
する所管の事項の4つに分類できる（衆議院先例集第377号）(2)。直接の法的
効果は伴わない。学説では，決議は衆参各院の一定の意思の決定と表明とさ
れている(3) が，議院の明確な意思を伝えるという意味において，政治的な
効果が期待されている(4)。議院の意思として，内閣の責任を問う決議が可
決されれば，内閣の政治責任は大きいことになる。

---

(1)　大石眞『議会法』（有斐閣，2001年）121頁。
(2)　参議院の先例では定義が明示されていないが，同様の内容である（参議院平
　　成22年版先例諸表）。
(3)　上田章「国会決議の法的考察」議会政治研究16号（1990年）2頁。

149

第5章　内閣の国会に対する責任と二院制

　実際には，問責決議は，もっぱら参議院において憲法慣習として形成されてきた[5]。他方，憲法学界は，従来の問責決議権否定論と矛盾することないように，これを，参議院の一般的な決議権の一内容であると説明してきた。決議権の行使であるから，法的効果は生じないし，参議院の意思を示す以外には政治的な効果も生じないというのである。

　ところが，参議院が少数与党になると可決される例が増え，問責決議に内閣ないし大臣の政治責任を追及する性質を見出す理解が強まった。加えて，問責決議の可決後には，内閣が改造によって当該大臣を閣外に去らせて国民の支持を得ようとしたり，国政選挙で大幅に議席を失って総辞職したりして，政治的に大きな効果が生じている。他方，問責決議を二院制の議会の構造の中でどう位置づければよいのかについては，実務主導型で展開しているのに対し，学説の展開は十分とはいえない。

　そこで，本章では，問責決議を検討することにより，内閣の国会に対する責任について検討し，新しい状況に対応したその憲法慣習としての位置づけを検討したい。

1　参議院による内閣の責任の追及と問責決議

　参議院本会議で採決された問責決議案は，2017年9月末現在で50件である。このうち，内閣総理大臣に対する決議は19件（16人），国務大臣に対するものは31件である。可決された決議は，内閣総理大臣が4件，国務大臣が8件である。貴族院においても問責決議が1件，可決されている（問責決議の概要は後掲表1～3）。

　このように，参議院は，内閣に対する責任を追及する際に，「問責決議」

---

(4)　竹中治堅監修，参議院総務委員会調査室編『議会用語事典』（学陽書房，2009年）168頁。

(5)　衆議院において，国務大臣に対する不信任決議案が可決された例として，池田勇人国務大臣不信任決議案がある（第15回国会衆議院会議録8号（1950年11月28日））。

150

1 参議院による内閣の責任の追及と問責決議

という決議案を可決することで，その院としての意思を表明してきた。

(1) 貴族院における問責決議の考え方

　1929年2月22日に，貴族院において，田中義一総理大臣に対する問責決議が可決された[6]。これは，水野錬太郎文部大臣の辞任のために天皇の優詔を利用したことに対して，田中総理大臣のとった措置は軽率不謹慎なので，職責上欠けるところがあるのは遺憾であるという内容の決議である。

　貴族院における問責決議の憲法上の位置づけについて，美濃部達吉[7] は，「解散ノ制ナキ貴族院ガ内閣ニ対シ不信任ノ意ヲ表シ其退職ヲ促スハ，国法上違法ニ非ズトスルモ，少クトモ政治上ハ不当ナリ」[8] と，貴族院による問責決議は政治的に不当だという説であった。しかし，この問責決議の可決という事態に対しては，「通常の政治事情に於いては，それが疑を容れない原則であるにしても，若しそれを覆すに足るべきだけの特別の理由ある場合であれば，必ずしも此の原則を墨守せねばならぬ理由は無い」[9] と，政治上不当という状況ではなかったので是認した。

　その後，美濃部は，大日本帝国憲法においては，「内閣不信任決議は衆議院のみに属する権限と解すべき法律上の根拠は無かったので，理論上は貴族院も其の決議をなし得べきものと解せられて居た」[10] としており，美濃部の憲法論の中では，貴族院の問責決議は一般的には望ましくないが，必要なときもあると考えられていたようである。なお，田中内閣はこの問責決議の

---

(6)　第56回帝国議会貴族院議事速記録目次（帝国議会会議録データベース）。

(7)　美濃部達吉の貴族院論については，西村裕一「『代表』・『国益』・『輿論』」北大法学論集61巻4号（2010年）193-248頁，同「美濃部達吉の憲法学に関する一考察（一）・（二）」国家学会雑誌121巻11・12号（2008年）1-55頁，122巻9・10号（2009年）114-175頁が詳細に検討している。

(8)　美濃部達吉『憲法撮要』（有斐閣，1923年）361頁。

(9)　美濃部達吉「貴族院の大臣問責の決議」『現代憲政評論』（岩波書店，1930年）338-339頁。

(10)　美濃部達吉『日本国憲法原論』（有斐閣，1948年）398-399頁。

151

第 5 章　内閣の国会に対する責任と二院制

可決から 4 か月後に総辞職した。

(2)　内閣への反省を促した問責決議

　日本国憲法の制定過程において，内閣への責任に関する議論は主に，①帝
国議会とともに天皇に国務大臣の問責権を付与することと，②責任は単独責
任か連帯責任か，③内閣の不信任案を提出するのは衆議院か，国民にも直接
認めるか，の 3 点であった[11]。第一の点は，近衛文麿案や佐々木惣一案に
盛り込まれたが，象徴天皇制への議論の推移とともに立ち消えとなった。第
二の，大日本帝国憲法上の「単独」責任から「連帯」して責任を負うことへ
の転換[12]は，後者が議院内閣制の特質であり，民主政を実現するための憲
法の主な改正点として強調された。

　GHQ 草案における一院制の国会のあり方を二院制に改めた際に，日本政
府は，国会の内閣に対する責任の追及については，衆議院の優越性を念頭に
おいていた。憲法制定後の初期の学説は，衆議院が優越することを重視する
二院制論が強く，問責決議について否定的であった。美濃部は，日本国憲法
の制定後は，内閣に反省を促したり非難したりする決議は衆参両院で行うこ
とができるが，参議院には不信任の意思を表示する権能はない[13]として，
問責決議は新たに否定されたと説明した。不信任決議を行う権限は第一院に
のみ属する権能であり[14]，参議院の問責決議権を否定したのである。こう
した参議院の内閣総理大臣の指名に参加しても罷免については参加しないと
いう，内閣の形成と解消に関わる程度のギャップを問題視する議論はなかっ
た。参議院が問責決議を行う権限を主張するものもなかった。

---

(11)　原秀成『日本国憲法制定の系譜Ⅲ』（日本評論社，2006年）328-333頁，700-
　　　701頁。今井威『議院内閣制の研究』（大学教育社，1980年）280-303頁，334-
　　　340頁。赤坂幸一『初期日本国憲法改正論議資料』（柏書房，2014年）767-768頁。
(12)　法学協会編『註解日本国憲法下巻（1）』（有斐閣，1953年）1003頁。
(13)　美濃部達吉『新憲法逐条解説』（日本評論社，1947年）110頁。
(14)　美濃部達吉『議会制度論』（日本評論社，1946年）320頁。

1 参議院による内閣の責任の追及と問責決議

　実際に参議院に提出されたこの時期の問責決議案は，内閣や国務大臣に反省をせまり，忠告，警告する趣旨のものが多く，これを受けて，他の学説も美濃部と同旨であり，衆議院の不信任決議と対比させて，参議院の問責決議は一般的な決議権の行使に過ぎないと説明した。

　1947年の憲法施行から1970年までの間は，内閣総理大臣の問責決議案の提出はわずかに１件であり，それも戒告の決議案であって，内閣総理大臣の辞任を求める問責決議が憲法慣習として成立していたとはいえない。国務大臣に対する問責決議案は３件である。なお，1954年に「政府は過ちを改め速やかに善後の措置をとるべきである」[15] という，内閣に対する責任を問うた警告決議案が可決された。これも問責決議の一つといえよう。なお，可決直後に政府（緒方竹虎副総理）が発言を求め，「謹しんで承わります」との所信が表明された。

(3)　問責決議による内閣の責任追及の開始

　状況が大きく変化したのは1970年代の前半期である。この時期に内閣総理大臣ないし国務大臣の責任を追及する問責決議という慣習が始まったといえるだろう。ロッキード事件などを契機に，国会による内閣の責任追及が強調されるようになり，参議院の問責決議案においても，追及される政治責任の内容が，単なる反省の要求ではなく，総辞職の要求になった。すなわち，内閣総理大臣に対する問責決議案は，内閣は一体であることから，内閣総理大臣を個別にではなく，内閣そのものの不信任を意味するようになった[16]。1970年から1998年６月までに，内閣総理大臣に対しては８件，国務大臣に対しては９件の問責決議案が提出された。

　また，この時期には，汚職事件につき，警察・検察の捜査が進行し，刑事

---

(15)　「法務大臣の検事総長に対する指揮権発動に関し内閣に警告するの決議案」
　　　第19回国会参議院会議録38号（1954年４月23日）。
(16)　大石・前掲注（1）123頁。

第5章　内閣の国会に対する責任と二院制

責任が問われることが多かった。それと並行して，国政調査権を行使して内閣の責任を政治的に追及してよいかが議論を呼び，多くの学説が，並行調査合憲論を唱えた。これは主として衆議院における内閣不信任決議あるいは国政調査を想定した議論であったので，参議院における問責決議に関する学説が発展することは不十分だった。そのため，問責決議に関しても，従来の一般的決議権説が踏襲された。

　1989年の参議院議員通常選挙によって参議院で与野党が逆転したり，1993年に自民党が政権から離れて非自民連立政権が誕生したりしたが，問責決議の趨勢については実務上も学説上もそれほど大きな変化は生じなかった。

(4)　問責決議の可決とその後の大臣辞任

　問責決議に関する憲法慣習が変化したのは，1998年7月の参議院議員通常選挙後である。1998年7月から2007年6月までに内閣総理大臣に対しては5件（4人），国務大臣に対しては10件の問責決議案が提出された。そのうち，防衛庁不祥事に関連する額賀福志郎防衛庁長官の問責決議案は，第143回国会の会期の最終日に可決された。

　1998年以降にほぼ毎年問責決議案が本会議に提案されるという新しい状況が生じたが，それでもなお，当時の学説の関心を十分に引いたとはいえない。しかし，参議院では少数与党となった2007年期以降，高見勝利は，額賀防衛庁長官に対する問責決議の可決をふりかえり，衆参両院の「『ねじれ』状態が継続し，国政が安定を欠く場合，従来，さほど注目されることのなかった『問責決議』が，政治的威力を発揮しうることが明らかになった」[17] と指摘した。また，国務大臣への問責決議の性質については，国務大臣の任免権は内閣総理大臣にあり，額賀防衛庁長官の管理責任，道義的責任，結果責任を追及したものであり，出処進退を明らかにしてみずからけじめをつけることとする趣旨の問責であったため，法的な意味はなく，政治的意味しか有しな

---

(17)　高見勝利『現代日本の議会政と憲法』（岩波書店，2008年）119頁。

いが，内閣総理大臣への問責決議の政治的効果は比べものにならないとも指摘[18]した。2007年期になって，改めて学界においても問責決議をふりかえり，その意味が問い直されたといえよう。

(5) 参議院少数与党期における政治的効果の発見

こうした問責決議の可決による政治責任の重さが明らかとなったのが，2007年期および2010年期の参議院少数与党期である。2008年6月11日に，参議院では憲政史上初めて，内閣総理大臣への問責決議案が可決された。福田康夫総理大臣は，同日の記者会見で衆議院解散は考えていない，与えられた条件で最善を尽くす旨を述べた。翌12日に与党は，衆議院に内閣信任決議を提出し，可決された（野党の民主党，社民党，国民新党は欠席）。しかし，福田内閣はその3か月後の同年9月に総辞職した。2009年7月14日に麻生太郎総理大臣の問責決議案が可決された。その2か月後の8月末に行われた任期満了による衆議院議員総選挙により，自民党は議席を大幅に失い，与野党が逆転して，麻生内閣は退いた。

2009年9月以降の民主党を中心とした連立内閣では，問責決議案の多発期といえよう。菅直人内閣発足後から野田佳彦内閣が総辞職するまでの約2年間に，内閣総理大臣に対して1件，国務大臣に対して6件の問責決議案が可決された。2012年8月29日に野田佳彦総理大臣の問責決議案が可決された。同年12月の衆議院議員総選挙で民主党は議席を大幅に失い，与野党が逆転して，野田内閣は総辞職した。

2013年6月26日に安倍晋三総理大臣への問責決議案が可決された。ただし，同年7月に行われた参議院議員通常選挙において，与党は過半数の議席を獲得した。その結果，参議院の少数与党は解消されて，衆参両院で与党が多数派となり，安倍内閣は継続した。

このように，参議院が内閣の責任を追及する際の手法の一つとして，問責

---

(18)　高見・同上，120頁。

第5章 内閣の国会に対する責任と二院制

決議案を提出することが慣習化したといえよう。また，参議院の2007年期と2010年期では，参議院の多数派と内閣との間の対立が生じた場合，両院協議会などによる衆参両院の意思を調整する試みは十分な成果を得られなかった（第4章参照）。衆議院での再可決ができなければ，内閣は法案を一つも成立させることができない状況になって，政治が不安定になることが改めて明らかとなった。これを解消するには，参議院において衆議院と同様の多数派を形成するために内閣は連立政権を構成することが必要となる。参議院で問責された内閣総理大臣は，1例を除き，可決直後ではないが数か月後に内閣を総辞職し，国務大臣は，例外なく，結果として辞任するか，もしくは，内閣の改造によって交代することになった。こうして，問責決議は，内閣不信任決議案と同義・同質のものになり[19]，政治的効果がたいへん大きいことが改めて顕在化した。

2 議院内閣制における内閣の法的責任と政治的責任

　問題は，問責決議が可決されたときの政治責任の問われ方にある。日本国憲法は，内閣が国会の信任の上に成立することを求めている。すなわち，内閣総理大臣は国会の指名に基づいて任命され，内閣は行政権の行使について国会に対して責任を負い，そのために，内閣総理大臣は国会に対して施政方針を報告し，議案を国会に提出し，必要に応じて国会に出席して施政の内容を説明するのである。このように，国会を基礎にした議院内閣制という憲法構造の中で，参議院は問責決議により，どのように内閣総理大臣の政治責任を問うことができるのであろうか。

⑴ 問責決議によって追及する責任の内容の変化

　内閣総理大臣に対する問責決議案の提案理由からみると，1970年代から80年代は，ロッキード事件やリクルート事件などの具体的な政治スキャンダル

---

(19) 今野彧男『国会運営の法理』（信山社，2010年）204頁。

2 議院内閣制における内閣の法的責任と政治的責任

の発覚をきっかけにしている。これと対照的に，1990年代以降は，内閣総理大臣としての適格性を問うたり，政治不信を招くなどの失政の全面的な責任を問うたりすることが多いことがわかる。

とくに，1998年以降は，内閣総理大臣の政治責任を追及して辞任を求める問責決議という制度が憲法慣習として成立しているようにみえる。決議案の求める趣旨は，退陣要求がほとんどであるが，2001年の森喜朗総理大臣への2回目の問責決議案および2008年の福田康夫総理大臣への問責決議案では，内閣総辞職か解散・総選挙かいずれかの選択を求めている。

参議院は，内閣総理大臣の問責決議とともに，国務大臣の問責決議も行ってきた。国務大臣に対して提出された問責決議案は，提案理由からはその内容を3点に整理できる。第一に政治スキャンダルの責任を問うもの，第二に大臣の憲法観を中心に責任を問うもの，第三に失政や国会軽視の責任を問うもの，である。決議案で求めたのは，大臣の反省，大臣の辞任，内閣総理大臣による大臣の罷免が多い。

1998年の与野党逆転の後に，額賀福志郎防衛庁長官に対する問責決議が可決し，その1か月後に同長官が辞任したことによって，問責決議が実際に責任追及の手段であることが明確になった。これは，美濃部による「責任」の定義[20] によれば，「他の批判論議を受ける責任」から，「結果負担の責任」に移行したことを意味する。しかし，政府は，同長官の辞任は問責決議の効果ではないし，そもそも問責決議は参議院の一般的な意見表明の権限を駆使しているだけであり，責任追及の意味を持ち得ないものであると説明した。それを支持する学説[21] も有力であるし，参議院が問責決議により，内閣と対立し，これを窮地に陥れるというようなことは，本来，憲法の予想しない事態であるとする学説[22] もある。しかし，くりかえしになるが，実際には，

---

(20)　美濃部・前掲注（8）281頁。美濃部の大臣責任論について，蟻川恒正「責任政治」法学59巻2号（1995年）9-29頁。

(21)　竹中治堅「福田内閣と参議院」経済倶楽部講演録（2007年）109頁。

第5章　内閣の国会に対する責任と二院制

問責決議という憲法慣習は成立していて，問責決議案の可決と大臣の辞任は深く結びついている。

こうした実務の先導により，問責決議の根拠は，一般的決議権ではなく，むしろ憲法第66条第3項の定める，内閣の国会に対する連帯責任に求められるようになりつつある。只野雅人は，参議院少数与党期になる前の2007年にいち早くこの考え方を提唱した[23]。また，江田五月参議院議長（当時）より，内閣総理大臣の指名にかかわることの裏返しとしての問責決議案の位置づけが表明された[24]。

(2)　内閣の国会に対する責任の取り方

内閣が負う責任の相手は，「国会説」と「各議院説」があり，各議院説が多数[25]である。ひろく内閣が衆参両院のコントロールの下におかれるという意味[26]である。国会が内閣の責任を問う方法として，衆参各院が質問，国政調査，決議などの方法により責任を追及するなかでの，質問への回答や協力といった責任の取り方もある。この意味で，日本国憲法は，参議院も含めた国会に対する責任を規定するものと考えられている[27]。

「法的」な責任追及の手段が，衆議院の内閣不信任決議権である[28]。議院内閣制では例外的である不信任決議の可決に対応する責任が内閣の総辞職である[29]。ただし，内閣総理大臣は，内閣を総辞職せずに衆議院を解散する

---

(22)　野中俊彦ほか『憲法Ⅱ（第5版）』（有斐閣，2012年）161頁〔高見勝利〕。

(23)　只野雅人「議院内閣制の基本構造」土井真一ほか編『岩波講座憲法4　変容する統治システム』（岩波書店，2007年）77-107頁。

(24)　江田五月＝江橋崇「インタビュー　参議院のこれから」ジュリスト1395号（2010年）13頁。

(25)　渋谷秀樹『憲法（第3版）』（有斐閣，2017年）617頁。

(26)　宮沢俊義＝芦部信喜『全訂日本国憲法』（日本評論社，1978年）509頁。

(27)　安念潤司ほか編『論点日本国憲法（第2版）』（東京法令，2014年）217頁。

(28)　工藤達朗ほか『憲法（第5版）』（信山社，2014年）263頁。

(29)　宍戸常寿ほか『憲法学読本（第2版）』（有斐閣，2014年）292頁。

2 議院内閣制における内閣の法的責任と政治的責任

こともできる。それゆえ，内閣総理大臣の「解散権」がおよばない参議院が責任を追及してなす問責決議には，法的効力はない[30]，という考え方が提唱されている。

しかし，憲法第66条第3項は，衆議院ではなく「国会」の語が用いている以上，「両議院」に対する「広義の政治責任」のみならず，参議院をも含んだ「全体としての国会」に対する「狭義の政治責任」を考える余地は，本当にないのであろうか[31]。責任を問う作用は，立法作用と異なり，衆参両院の意思の一致を待って発動される機能ではない[32]という指摘もある。憲法に明文の規定がないことにより，参議院は内閣の責任を追及することが許されないと解する[33]のであろうか。それとも，参議院は，先述の江田議長（当時）が述べたように，指名に関わった議院の責任として，信任に値しなくなった内閣総理大臣に対しては，総辞職してより適切な内閣と交代するように求める責務と呼ぶものがあるとはいえないだろうか。日本国憲法の議院内閣制は，衆参両院を基礎とするいわゆる「国会内閣制」であり，参議院は少数与党期に予算・決算・条約の否決など衆議院とは異なる態度決定をして一定の役割を果たしている[34]のではないだろうか。そこに，内閣総理大臣の問責決議という不文の制度，すなわち憲法慣習が生まれたといえよう。

(3) 法的責任と政治責任の関係

他方，「国会」が決議により内閣の責任を追及しうる[35]とはいえ，参議院は憲法第69条のような実効的手段を欠くことから，「内閣の参議院に対する責任」は一般的・政治的意味におけるものとなる[36]として，責任の性質

---

(30)　安念ほか・前掲注（27）217頁。

(31)　只野・前掲注（23）85頁，101頁。

(32)　吉田栄司『憲法の責任追及制論Ⅰ』（関西大学出版会，2010年）145頁。

(33)　野中ほか・前掲注（22）221頁。

(34)　加藤一彦『議会政治の憲法学』（日本評論社，2009年）127頁。

(35)　佐藤功『憲法（下）（新版）』（有斐閣，1984年）842頁。

第5章　内閣の国会に対する責任と二院制

を区別する考え方がある。すなわち，内閣が国会に対して負っている法的責任と政治責任の関係が議論となる。

　宮沢俊義は，日本国憲法が，内閣は国会の意思によって進退するのではなく，衆議院の不信任決議に基づいて総辞職すべきことを定めていることから，「たぶんに政治道徳的なものになつてしまい，法律的な意味は少くなる」[37]として，内閣の責任を政治責任とみなしている。高柳信一は，政治的責任は究極において総辞職によって果たせるとしつつ，憲法第69条により法律的責任たる性質を帯びるに至っている[38]と，内閣の責任は政治責任でもあり法的責任でもあるとする。吉田栄司は，憲法上の責任についての詳細な研究において，法的責任を限定的に規定して，それ以外をいわば控除説的に政治的責任ととらえ，内閣の対国会責任を政治責任と呼んでみても，必ずしも意味がないように思われる[39]と指摘する。

　すなわち，憲法第69条による衆議院の不信任決議の議決によって生じる法的責任とはどういうものであろうか。憲法第69条にいう不信任の後の執行は，内閣の判断に任せられていることになる。解散か総辞職かを選ぶのは内閣の選択の問題である。

　そもそも，「法的責任」を違法行為に対する責任や，なんらかの制裁をともなうものと理解すれば，日本国憲法上は明文でこれらを定めていないので，政治的な責任と理解されることになる。しかし，大日本帝国憲法における内閣の責任は天皇に対するものであったのでこれを法的な責任とすると，政府が議会に対して負った責任は政治責任であったといえる。これに対して，日本国憲法は，内閣は国会に対して責任を負うことを明文化しているので，大日本帝国憲法の時代は政治責任にとどまったとするならば，法的責任ともい

---

(36)　佐藤功・同上，823頁。なお，佐藤功は，国務大臣に対する不信任決議は衆
　　　参両院ともに「もとより可能」とする（同844頁）。
(37)　宮沢俊義『新憲法と国会』（国立書院，1948年）203頁。
(38)　高柳信一「内閣の責任」清宮四郎編『憲法』（青林書院，1959年）331頁。
(39)　吉田・前掲注（32）141頁。

えるのではないだろうか。ところが，これまでの憲法学説では，内閣の責任は法的責任ではなく，政治責任として説明されてきた。それをフランス公法学の視点から検討を加えた三上佳佑は，政治責任であれば辞職といった法的効果が生じないという，従来の議論について，「政治責任原理に留まろう，という公法学者たちの精一杯の『良心』の現れ」[40]で歯切れの悪い議論であると提起した。すなわち，日本国憲法においては，衆議院の不信任決議には法的な責任追及の効果が生じ，参議院の問責決議には政治的責任しか生じないとする考え方には，法的責任のほうが，政治責任よりも上位の責任であるという観念があるようにみえる。

こうした従来の学説とは異なり，実際には，政治責任を追及する制度は決して軽いものではない。法的責任は限定責任であるが，政治責任は無限定の責任である。不信任決議そのものは，議会の有する決議権に基づく法的行為であるが，その「問責が政治的理由に由り，引責が自律的であるから，之を政治上の責任と云うに止る」[41]という大日本帝国憲法下における指摘は，日本国憲法においてもあてはまるだろう。すなわち，内閣総理大臣は，不信任されたときは，法的には総辞職すればいいのだが，政治的には，単に職務を辞するという法的責任よりもはるかに重い責任を有している[42]。日本国憲法下の日本の政治では，こうした政治責任を軽視し，無責任に終わる例があまりにも多いが，それが正しいわけではないといえよう。

3　参議院による不信任と国会による不信任

日本国憲法における議院内閣制は，衆参両院に基礎をおく「国会内閣制」という日本国憲法の憲法構造が適切であるのか。それとも，衆議院の優越性をさらに強調して，参議院の問責決議の権限を単なる一般的決議権に過ぎな

---

(40)　三上佳佑「憲法学における『政治責任』概念」早稲田法学会誌64巻1号（2013年）216頁。

(41)　森口繁治『憲政の原理と其運用』（改造社，1929年）216頁。

(42)　松澤浩一「立憲政治と責任（中）」議会政治研究61号（2002年）59-68頁。

第5章　内閣の国会に対する責任と二院制

いと軽視し，あるいはそういう権限は存在しないと否定する「国民内閣制」
という構造なのであろうか。

　問責決議は「再考を求められるべき」[43]，「国益を損なう」[44]，憲法に定
める国会のあり方を注意深く読み直すこともなく「戦闘の院」の姿勢をみせ
る[45]，議院内閣制ではなくなるので制度上も大きな問題がある[46]，といっ
た酷評もある。ただし，くりかえしになるが，参議院にはこうした議院単独
の内閣不信任の権限は認められていないといっても，すでに多くの決議が可
決されて，実際に内閣総理大臣や国務大臣が辞職するという憲法慣習が実務
上は成立している。すなわち，内閣に対する「結果負担の責任の追及ルート
が少なくとも2本存在する」[47]といえよう。

(1)　国会の不信任という意思における衆議院の優越とその限界

　問責決議は政治責任を問うものであり，どのような政治責任を果たすのか
は，決議の中で決めることになる。参議院の問責決議は重大なものであるが，
憲法上の規定はないのであるから，決議を議決するに際して，その決議で具
体的に内閣に求めることと，内閣がそれを実行しないときの措置を，主文な
いし提案説明で自らが明確にしたうえで議決しておく必要がある。その際に，
衆議院であれば解散して民意を問うよう要求することはできるが，参議院と
しては，内閣に総辞職すべしとはいえても，衆議院の解散を求めることは行
き過ぎであろう。内閣ないし内閣総理大臣の責任は，「議会に対するという
よりも，実際には，国民に対するものになってきている」[48]との指摘もあ

---

(43)　原田一明「議会の調査・監督機能」公法研究72号（2010年）161頁。
(44)　吉田仁美「参議院問責決議の憲法的検討」ジュリスコンサルタス22号（2013
　　　年）145頁。
(45)　新井誠「2013年参院選と両院制の今後」法律時報85巻10号（2013年）3頁。
(46)　赤坂幸一ほか編『議会政治と55年体制　谷福丸オーラル・ヒストリー』（信
　　　山社，2012年）398頁。
(47)　小島慎司「国民主権の原理」南野森編『憲法学の世界』（日本評論社，2013
　　　年）44頁。

3 参議院による不信任と国会による不信任

るように，参議院も「全国民の代表」として，内閣の責任を負う役割がある
と，自らを位置づけているのである。これは，日本国憲法の条文を素直に解
釈した「国会内閣制」論といえよう。国民内閣制を提唱する立場からも，
「日本国憲法における議院内閣制は『国会内閣制』の様相をもつものではあ
る」[49]との指摘がある。

これまでの憲法学説では，議院内閣制の本質について，議会の内閣に対す
る信任および内閣の議会に対する政治責任とする「責任本質説」と，信任に
加えて議会と内閣の均衡をはかる解散権を重視する「均衡本質説」の2つの
考え方があるとされている。均衡本質説は，内閣の自由な解散権により，内
閣が自らの政策を国民に問うことを可能にする，国民内閣制論と親和的であ
る。こうした国民内閣制論によれば，内閣に対する不信任および信任の決議
権が衆議院にのみ与えられた理由は，「憲法が二院制を採用した根本的理由
に基づくものであり，衆議院に参議院よりも頻繁な民意の反映を求めたこと
による」[50]とする考え方ができるだろう。

しかし，日本国憲法は，議院内閣制が基礎とする「信任・不信任」の関係
では，「内閣と衆議院の意思が一致することを予定するものの，内閣と参議
院の意思が一致することを予定していない」[51]のであり，「日本国憲法の下
で内閣と衆議院は融合している」が，「内閣に対する参議院の独立性はかな
り強い」[52]といえよう。すなわち，2007年期・2010年期の参議院少数与党
の実態によって，衆議院の優越との関係では，憲法第69条は衆議院と内閣と
の信任関係および不信任決議可決後の後始末[53]を規定したものであること

---

(48)　近藤敦「不信任決議の合理化と首相の交代」議会政治研究58号（2001年）
　　　47頁。
(49)　横尾日出雄「日本国憲法における議院内閣制の構造とその運用」法学新報
　　　120巻1・2号（2013年）516頁。
(50)　浅野一郎＝河野久編『新・国会事典（第3版）』（有斐閣，2014年）146頁。
(51)　竹中治堅『参議院とは何か』（学陽書房，2010年）332頁。
(52)　竹中・同上，332-333頁。
(53)　江橋・前掲注（24）14頁。

第5章　内閣の国会に対する責任と二院制

が明らかとなった。これにより，衆参両院で多数派が一致する場合を念頭に
おいた国民内閣制論は無理があり(54)，その基礎を失ったようにみえる。

⑵　問責決議をした参議院の責任

　国会の信任を得て成立した内閣に対して，その後に，内閣から提出される
議案について，衆議院と参議院の賛否の意思が食いちがうようになることが
ある。そうなった場合には，衆参両院は，両院協議会などにより，両院の意
思の一致を基礎にした国会の意思の成立を求めて十分に協議することが望ま
れる。そのうえでもなお不一致が改まらないときは，最終的に衆議院の意思
が優越して，国会の意思とされることが多い。ただし，憲法改正案の発議や，
そのほかのいくつかの議案に関しては，衆参両院が対等の立場を与えられて
いて，両院の意思の合致がなければ国会の意思は形成できないとされ，衆議
院の優越が認められていない。すなわち，日本国憲法では，衆参両院が同じ
権能を持つことがありうる，と予定されている。

　先述のとおり，内閣総理大臣は「国会」の指名によって定まり，内閣は
「国会」に対して責任を負い，国政について「国会」に報告し，法案や予算，
条約などを「国会」に提出して議決を求め，両議院の要求する国政調査に応
じ，決算の議決を受け，人事案件の議決を受けるのである。こうした憲法上
の国会の権能の半ばを担う参議院に，責任追及に限ってその権限を認めない
というのは，どのように考えればよいのであろうか。

　他方，衆議院は，内閣不信任決議について，解散という自らの進退をかけ
て発意することになる。参議院は解散制度がないので，問責決議を発意する
ときに，どのような責任を取ることになるのであろうか。従来の議論は，解
散されないから問責決議を行うべきではないという説明はされても，実際に，
問責決議をした場合の参議院としての責任の取り方については議論が及んで

---

(54)　高橋和之「ねじれ国会下の憲法運用」読売クオータリー2008年冬号（2008
　　年）94-107頁。

3 参議院による不信任と国会による不信任

いない。

これは，問責決議が内閣によって無視された場合の執行力にも関わる問題である。決議で決めた内容を内閣が実行しないときに，参議院にはそれを強行する組織，人員，権限がない。国務大臣は「議院に出席する」権利を憲法上与えられている（憲法第63条）[55] ため，問責決議を行ったことを根拠に，内閣総理大臣および国務大臣との接触を断ち切ったりすることは憲法上許されない。こうした八方塞がり[56] になることも想定しつつ，参議院は問責決議を提案することが求められよう。

(3) 信任決議との関係

日本国憲法では，衆議院の信任決議が可決された場合の法的効果については定められていない[57]。日本国憲法の制定過程においては，GHQ民政局における議論のなかで，信任決議の制度があると，与野党が拮抗しているときに法律案の瀬踏みができるという主張があり[58]，憲法第69条に盛り込まれた。すなわち，信任決議案は内閣および衆議院が自ら提出でき，重大な局面で「内閣が提出することにより始めて意義をもつ」[59] ともいえるだろう。

このように憲法上は，衆議院において信任決議案が可決された場合，なんらかの法的効果が生じるわけではなく，その意味で，政治的な決議である。しかし，参議院において内閣総理大臣の問責決議案が可決された後に，憲法第69条に基づいて衆議院が信任決議案を可決するならば，これにより国会の

---

(55)　野中ほか・前掲注（22）222頁。

(56)　2008年6月の福田康夫総理大臣の問責決議可決後，会期が6日間延長された。野党は審議拒否をしたが，最終日に会期末処理を行った（大西祥世「参議院における憲政と憲法」ジュリスト1395号（2010年）25頁）。

(57)　内閣信任決議案が可決された例は2件である。1992年6月14日の宮澤喜一内閣および2008年6月12日の福田康夫内閣である。

(58)　高柳賢三ほか『日本国憲法制定の過程Ⅰ』（有斐閣，1972年）255頁。

(59)　野村敬造「議院内閣制」田中二郎編『日本国憲法体系第4巻』（有斐閣，1962年）116頁。

165

意思を統一する効果を生じる。そうなれば，参議院がさらに対決の姿勢を続けることは「憲法の趣旨からみて不可能」[60] であり，自らの権威を失うことになるといえるだろう。

4　二院制の中での問責決議のあり方

　衆議院は，内閣に対する責任を問う際に，不信任決議においては単独で行動することができる。この条文の背後には，不文ではあるが，衆議院が単独で内閣を不信任する権限を認めている憲法がある。他方，参議院には，内閣の不信任について単独で国会を代表する権限は認められていない。参議院は，問責決議によって内閣に対する自己の不信任の意思は明らかにできるとしても，それをもって国会全体を代表する意思を形成したことにはならない。ただ，参議院は，衆議院と協議して，問責決議の内容が国会全体の意思になるように努めることもできよう。憲法にこれに関する規定は存在しないので，参議院は，新しい憲法慣習を形成する心構えが必要であろう。

　要するに，今日成立している憲法慣習をまとめてみれば，参議院には問責決議を通じて内閣総理大臣の政治責任を追及する憲法慣習が成立しており，内閣総理大臣は真剣に参議院の意思に対応するべきであるが，具体的な政治責任の果たし方，その時期と内容については，なお，内閣総理大臣の自主的，自発的な判断に任せられているのである。ただし，これは参議院は問責決議を行うべきではない[61]，ということを意味するものではない。参議院は，内閣と衆議院が一体となって行う政権運営を一定の範囲で抑制する機能をもつ。それが日本国憲法が二院制を採用する意義といえよう。問責決議による参議院単独の不信任の議決では，国会による不信任の議決とはいえない。衆議院において，もし不信任決議が否決されたり，対抗的な信任決議が可決されたりした場合は，内閣に対する信任か不信任かという最重要問題について

---

(60)　今野・前掲注（19）205頁。

(61)　高安健将「日本は議院内閣制か？」改革者2012年9月号（2012年）31頁。

4 参議院による不信任と国会による不信任

衆参両院の意見が分かれて国会の統一の意思が形成できないのであるから，内閣総理大臣の指名（国会法第86条）の手続を参考にしつつ，両院協議会を開催して意見を調整する方法もあるだろう。意見がまとまらなければ，内閣総理大臣の指名の手続と同じレベルで衆議院の優越を認めるべきことになるであろう。このような憲法慣習が形成されれば，衆議院の優越という憲法上の制度を組み入れつつ，国会としての意思の形成の調整ができるのではないだろうか。

また，こうした内閣の国会に対する責任のあり方の衆参両院のギャップの調整を図るため，参議院改革案が提唱されている。曽我部真裕は，現行の強い参議院を置く憲法構造を無視することができないのは当然であるとして，参議院の選挙制度を改革して，衆参両院の役割と会派構成を異なるものにしたのちの改革可能性を示唆する[62]。田村公伸は，衆議院における国務大臣に対する不信任決議，参議院における内閣総理大臣および国務大臣に対する問責決議は，いずれも「政治的効果しかないとしても，議院の意思を内外に表明する議院の決議であり，事実上の効果は極めて大きい」[63] ことを評価し，二院制を採用する国のうち，第二院の解散を認める国の例として，イタリア，スペイン，オランダ，オーストラリアを挙げ[64]，「議院内閣制と参議院の『抑制と均衡』を確保するための制度的試みとして，参議院の『権限縮小』ではなく，『解散』を一つの視点」[65] とする。憲法改正を視野に入れた提起であり，たいへん注目されるが，前述のとおり，現行憲法上も工夫する余地はあろう。

---

(62) 曽我部真裕「民主党政権下における政治主導実現のための改革について」憲法理論研究会編『政治変動と憲法理論』（三省堂，2011年）41-43頁。

(63) 田村公伸「参議院と内閣」曽我部真裕＝赤坂幸一編『憲法改革の理念と展開上巻』（信山社，2012年）468頁。

(64) 田村・同上，472-475頁。

(65) 田村・同上，482頁。

第 5 章　内閣の国会に対する責任と二院制

小　括

　本章では，実務と学説の考え方がさまざまに入り乱れている内閣に対する
責任を問う国会のあり方について，問責決議を取り上げてその論点の整理を
試みた。参議院の問責決議は内閣不信任という憲法上の権限ではないが，内
閣の責任を問う憲法慣習として位置づけられることが明らかになった。日本
国憲法における衆議院優越型の議院内閣制は，参議院で問責決議が可決され
た場合，内閣の存立と親和性のある衆議院の信任決議の可決または不信任決
議の否決によって明確にすることができる。しかし，衆議院が，「国会」を
構成する相方である参議院の意思に同調してはならないという法理はない。
参議院で問責決議が可決される事態を「国会」軽視や失政ととらえて，立法
権と行政権相互間の抑制・均衡を図る視点から，衆議院がこれに同調して憲
法第69条に基いて内閣の責任を追及することもありえるのではないだろうか。
　また，本検討により，日本国憲法制定過程において，二院制の制度設計だ
けでなく，議院内閣制の根幹的な規定が国会の章から内閣の章に移され
た[66] ことが，内閣の責任を問う国会の役割の複雑さやわかりにくさを生む
一つの要因ではないだろうかと思われた。参議院は議院内閣制の枠内に収ま
らない存在[67] なのか，それとも政府形成機能とは別の働きを求められてい
る[68] のかといった，議院内閣制そのものに関する検討もなお必要であろう。
これについては第 7 章で扱う。

---

(66)　大石眞『憲法史と憲法解釈』（信山社，2000年）169頁。

(67)　竹中治堅「参議院とねじれ国会」日本記者クラブ研究会『参議院①』（2010
　　年）2 - 3 頁。

(68)　原田一明「『ねじれ国会』と両院関係」横浜国際経済法学17巻 3 号（2009
　　年）188-189頁。

〔表1〕貴族院における，内閣総理大臣に対する問責決議

年　月　日	対象者	採決の結果	辞職の有無
1929年2月22日	田中　義一	可決	同年7月2日に総辞職

〔表2〕参議院における，内閣総理大臣に対する問責決議の一覧
（2017年9月末現在）

国会回次	年　月　日	対象者	採決の結果	効　　果
24	1956年3月5日	鳩山　一郎	否決	
68	1972年6月16日	佐藤　栄作	否決	
73	1974年7月31日	田中　角栄	否決	
76	1975年12月24日	三木　武夫	否決	
98	1983年5月25日	中曽根康弘	否決	
113	1988年12月24日	竹下　登	否決	
123	1992年6月7日	宮澤　喜一	否決	
132	1995年6月14日	村山　富市	否決	
142	1998年6月17日	橋本龍太郎	否決	
145	1999年8月12日	小渕　恵三	否決	
147	2000年5月31日	森　喜朗	否決	
151	2001年3月14日	森　喜朗	否決	
154	2002年7月31日	小泉純一郎	否決	
166	2007年6月29日	安倍　晋三	否決	同日に衆議院にて内閣不信任決議案否決。同年7月29日の参議院議員通常選挙で敗北。同年8月27日に内閣改造。同年9月26日に総辞職。
169	2008年6月11日	福田　康夫	可決	同年6月12日に衆議院にて信任決議案可決。同年8月2日に内閣改造。同年9月24日に総辞職。
171	2009年7月14日	麻生　太郎	可決	同年7月14日に衆議院にて内閣不信任決議案否決。同年8月30日の衆議院総選挙で敗北し，9月16日に総辞職。

第 5 章　内閣の国会に対する責任と二院制

180	2012年 8 月29日	野田　佳彦	可決	同年10月 1 日に内閣改造。12月16日の衆議院総選挙で敗北し，同年12月26日に総辞職。
183	2013年 6 月26日	安倍　晋三	可決	
189	2015年 9 月18日	安倍　晋三	否決	

〔表 3 〕 参議院における，国務大臣に対する問責決議の一覧(2017年 9 月末現在)

国会回次	年　月　日	対象者の役職	対象者	採決の結果	効　　果
19	1954年 4 月23日	内閣	なし（前法務大臣の指揮監督権発動について）	可決	同日の本会議において，緒方竹虎国務大臣（副総理）が所信表明。
24	1956年 5 月30日	農林大臣	河野　一郎	否決	
46	1964年 6 月20日	法務大臣	賀屋　興宣	否決	
67	1971年10月28日	外務大臣	福田　赳夫	否決	
67	1971年11月 9 日	通商産業大臣	田中　角栄	否決	
71	1973年 9 月22日	防衛庁長官	山中　貞則	否決	
71	1973年 9 月24日	文部大臣	奥野　誠亮	否決	
72	1974年 5 月27日	文部大臣	奥野　誠亮	否決	
76	1975年12月12日	大蔵大臣	大平　正芳	否決	
113	1988年12月24日	自治大臣，国家公安委員長	梶山　静六	否決	
113	1988年12月24日	法務大臣	林田悠紀夫	否決	
128	1994年 1 月26日	農林水産大臣	畑　英次郎	否決	
143	1998年10月16日	防衛庁長官	額賀福志郎	可決	同年11月20日に辞任。
145	1999年 8 月12日	法務大臣	陣内　孝雄	否決	
154	2002年 4 月 5 日	農林水産大臣	武部　勤	否決	
156	2003年 7 月16日	国務大臣（金融担当兼経済財政政策担当）	竹中　平蔵	否決	

156	2003年7月24日	外務大臣	川口　順子	否決	
156	2003年7月24日	防衛庁長官	石破　茂	否決	
156	2003年7月25日	内閣官房長官	福田　康夫	否決	
159	2004年6月5日	厚生労働大臣	坂口　力	否決	
165	2006年12月15日	文部科学大臣	伊吹　文明	否決	
166	2007年6月29日	厚生労働大臣	柳澤　伯夫	否決	
176	2010年11月26日	内閣官房長官	仙谷由人	可決	2011年1月14日に，菅第2次改造内閣の発足にともない退任。
176	2010年11月27日	国土交通大臣	馬淵　澄夫	可決	同上
179	2011年12月9日	防衛大臣	一川　保夫	可決	2012年1月13日に，野田改造内閣発足にともない退任。
179	2011年12月9日	国家公安委員会委員長，内閣府特命担当大臣（消費者及び食品安全）	山岡　賢次	可決	同上
180	2012年4月20日	国土交通大臣	前田　武志	可決	2012年6月4日に，野田第2次改造内閣の発足にともない退任。
180	2012年4月20日	防衛大臣	田中　直紀	可決	同上
185	2013年12月6日	内閣府特命担当大臣（消費者及び食品安全）	森　まさこ	否決	
186	2014年6月20日	環境大臣	石原　伸晃	否決	
189	2015年9月18日	防衛大臣	中谷　元	否決	
193	2017年6月14日	内閣府特命担当大臣（地方創生）	山本　幸三	否決	2017年8月3日に，第3次安倍第3次改造内閣の発足にともない退任。
193	2017年6月14日	法務大臣	金田　勝年	否決	同上

第6章　国会の予備費承諾議決と財政統制権

はじめに

　内閣は，国会の予算の議決に基づいて予備費を支出することができるが，事後に国会の承諾を得なければならない（憲法第87条第1項，第2項）。予備費は，予算の事前議決制度の例外であるが，予算総則によって使途がある程度限定され，使用後に国会の承諾を得ることとされて，国会のコントロールがおよぶことになる。

　しかし，近年，財政国会中心主義という日本国憲法の原則からそのあり方に疑念が生じている。発端は，2009年度予算に経済緊急対応予備費として1兆円という巨額な予備費が計上されたことである。当時，どのようにこれを憲法学的に理解して評価すべきかが議論となった[1]。その論点は，次の2つに整理できよう。

　第一に，規模の大きさである。2009年度から2012年度までの4か年度において，「経済緊急対応予備費」や「経済危機対応・地域活性化予備費」として，おのおの約1兆円の予備費が計上された。一般会計予算中での予備費の1兆円は，金額が異例に大きいので，財政民主主義や，国会の事前議決の原則の観点からは疑問が生じる。

　第二に，衆参両院の議決が「承諾」と「不承諾」とに分かれた場合の調整の規定がないことである。一方の院で不承認と議決されると，衆参両院の意思が一致した「国会」の承認が得られなかったことになる。しかし，承諾を

---

(1)　江田五月 = 江橋崇「インタビュー　参議院のこれから」ジュリスト1395号
　　（2010年）10-11頁。

173

第6章　国会の予備費承諾議決と財政統制権

得られなかった場合はどうなるかという憲法上の規定はない。実際に、国会の承諾が得られなかった事態が憲政史上4回生じており、その予備費の支出は憲法第87条の要件を満たさなかったことになる。

ただ、こうしたいわば「憲法違反」という深刻な事態の発生を、憲法学の多数説では「内閣の政治責任」と位置づけて、今日まで問題視してこなかったと思われる。憲法上、予備費の承諾は予算の承認と同じ「国会が議決する」という重い位置づけであるのに、予備費はすでにその年度の歳出予算の一部として「議決」されているので、事後の承諾は屋上屋を重ねることになり、どうでもよいもののように扱われてきた。こうした「国会」による予備費不承諾の軽視は、予備費そのものの性質とともに、予算の作成と使用に関する内閣の権限への偏重があるように思われる。しかし、こうした「軽視」によって、予備費が内閣や与党にとって、国会の事前チェックが不要な、自由に配分しうる資金とされて、「どんぶり勘定」で支出することを許容する結果となれば、財政民主主義から大きく離反することとなろう[2]。

なお、1兆円規模の巨額の予備費は2013年度以降には継続されていない。当面慣例化は免れたが、憲法学的な検討を加えておかないと、今後復活する可能性があるので、この際整理しておく必要があろう。

そこで、本章では、予備費の性質や実際の運用を考察し、予備費の国会による承諾の意義を明らかにして、「国会」の財政統制について検討したい。

1 「予備費」の性質と運用

まず、予備費の性質に関する日本国憲法の制定過程における議論を概観し、財政法との関連で、実際の設置や使用手続について検討する。この分野では憲法学研究者の小嶋和司、甲斐素直、行政法学研究者の碓井光明、櫻井敬子らの詳細な先行研究があるので、それらに依拠して考察したい。

---

(2)　同旨として、碓井光明「財政法上の予備費に関する立法政策」碓井光明ほか編『公法学の法と政策（下）』（有斐閣、2000年）600頁。

1 「予備費」の性質と運用

(1) 日本国憲法における予備費規定の制定経過

日本国憲法の GHQ 草案では，予備費について，予見し難い予算の不足に充てるため，予備費を設け，内閣の直接の監督のもとにこれを支出することができ（第81条第1項），すべて予備費からの支出については内閣が国会に対し責任を負うものとする（第2項）とされた[3]。

日本国憲法草案の作成にあたり，GHQ 民政局の運営委員会と財政に関する小委員会との会合（1946年2月7日）では，この部分について，「避けることのできない予算の不足を補うため，または予算の外に生じた必要な費用に充てるため，予算の中に予備費を設けることができる」「予備費からの支出がなされたときは，事後に国会の承認を得ることを要する」[4] とされていた。この趣旨は，「budget の外に留保される基金であり，その管理の態様を念入りに規定にして設置可能性」[5] を明示したものとして予備費条項を挿入したというものである。

GHQ 側は，そもそも，予算を国会で（承認の）議決することに関し，大日本帝国憲法下での予算議決制は予算に関する国会の権限を限定しているとして批判した。これに対し，日本国憲法下では国会は選挙民の代表であるから，予算の項目を削減し，増加し，削除し，新項目を提案する権限をもっていることと，予算は行政府が主導するものではなく，国会の明示的な同意なくしては成立しないとすることを考えていた[6]。しかし，日本政府側は GHQ とのやりとりのなかで巧妙に文言を省略するなどによって，「3月2日案」では従前の予算議決権の趣旨を条文に盛り込んで，復活させた[7]。

---

(3) 高柳賢三ほか『日本国憲法制定の過程Ⅰ』（有斐閣，1972年）299頁。

(4) 高柳・同上，169頁。ここでいう承認は「approval」である。日本国憲法の英文で「approval」は，予備費の「承諾」（第87条）のほか，天皇に対する内閣の助言と「承認」（第3条，第7条），条約の締結に必要な国会の「承認」（第61条，第73条第3号）にある。

(5) 小嶋和司『憲法と財政制度』（有斐閣，1988年）180頁。

(6) 小嶋・同上，240-241頁。

(7) 小嶋・同上，241-246頁。

175

第 6 章　国会の予備費承諾議決と財政統制権

　小嶋和司は，GHQ 草案と政府の「3 月 2 日案」とは大差がなかったと
いってごまかした日本側当事者の判断を批判した[8]。第86条の「毎年度の
予算」と第87条の「予算の不足」の予算とは，本来異なる内容のものなのに，
日本国憲法では，等しく「予算」と述べていることが問題である，というこ
とである[9]。

　このように，予備費に対する GHQ の考え方はいわゆる「予備金」であっ
た。予算と別に内閣が自由に使える準備金を用意するが，これは予算に匹敵
するものだから予算と同様国会の（承認の）議決が必要なので，事後に国会
に承認してもらうという趣旨のものである。しかし，日本政府側の画策に
よって，予備費は，大日本帝国憲法下と同じように，毎年度予算として事前
に（承認の）議決されて，歳出予算の一部となった。また，予備費は，当該
年度の本予算に盛り込まれて（承認の）議決されているので，二重の議決を
きらって，条文の文言上は「承諾」にしたのかと思われる。よって，予備費
の国会による事後承諾には本来の意味がなくなってしまった。これが本章で
扱う問題の背景にある。

　小嶋は，「奇妙なことに」として，帝国議会での審議において，金森徳次
郎国務大臣が行った予備費の性格に関する説明は，GHQ 側の意図と合致す
るもので，予算とは別に設置されるべき性格のものとされた，と指摘した[10]。
金森大臣は，予備費を，予算が成立しないときに，他に支出の方法がなく，
そのために生じた国の支出の障害に対して善処する方法とした[11]。加えて，
予備費は，決して政府の一存で設けるわけではなく国会の議決に基づいてい
ること，しかし後日の（内閣の）責任を保留しつつも，そのなかみは底抜け
で何でも使えるということになるので，実質からいうと第79条，第81条（い
ずれも改正案）に対してかなり自由な立場におかれていること，予備費を活

────────────

(8)　小嶋・同上，181頁。

(9)　小嶋・同上，253頁。

(10)　小嶋・同上，183頁。

(11)　第90回帝国議会貴族院議事速記録26号（1946年 8 月29日）13頁。

1 「予備費」の性質と運用

用しうるように平素から工夫するために，予備費を念頭に置いてそれに対する歳入を予想しておかなければならないと説明した[12] のである。

憲法施行後のわずか2年後に，予備費が自由な立場に置かれたことに「問題の種子」[13] があると指摘されたにもかかわらず，この懸念は広く共有されずに，実際の運営は金森大臣の説明通りには行われなかった。小嶋和司が自らの説について振り返ったように，「たんなるアカデミックな少数説たる以上の地位を認められなかった」[14] のである。

なお，衆参両院が異なる議決をした場合についての対応は，当時は想定されなかったのか，制定過程における議論には見当たらない[15]。

(2) 予備費の設置と使用手続

予見し難い予算の不足に充てるため予備費を設け，内閣はそれを支出することができる（憲法第87条第1項）。予備費は，歳入歳出予算に計上されて，国会により議決される（財政法第24条）。追加の予算を提出して臨時国会を召集するまでもない軽微の事態の支出に対応するための制度である[16]。その設置も使用も，内閣の広範な裁量が認められていると解されている[17]。

その使用手続は，財政法に定められている。予備費を使用する前は，財務大臣が管理し（財政法第35条第1項），各省各庁の長は，予備費の使用を必要と認めるときは，理由，金額および積算の基礎を明らかにした調書を作製し，

---

(12)　第90回帝国議会衆議院帝国憲法改正案委員会議録19号（1946年7月22日）371-372頁。

(13)　小林幾次郎『憲法と財政附録』（日大印刷，1949年）44頁。

(14)　小嶋和司「財政制度はどう運営されたか——立法・慣行・学説等」ジュリスト131号（1957年）58頁。同説を再注目するものとして，宍戸常寿の発言（藤谷武史ほか「座談会　憲法学における財政・租税の位置？」宍戸常寿ほか編『憲法学のゆくえ』（日本評論社，2016年）171頁）。

(15)　清水伸『逐条日本国憲法審議録第3巻』（原書房，1962年）618-627頁。

(16)　河野一之『予算制度』（学陽書房，1952年）135頁。

(17)　碓井・前掲注(2) 572頁。

第6章　国会の予備費承諾議決と財政統制権

これを財務大臣に送付しなければならない（同条第2項）。さらに，予備費使
用書の閣議決定を経てから使用されるが，予め閣議の決定を経て財務大臣の
指定する経費[18]については，閣議を経ることを必要とせず，財務大臣が予
備費使用書を決定することができる（同条第3項）。いずれも義務費で，政府
の意思で支出を左右し得ないものである。

　他方，予備費を使用した後は，その金額についての調書を作製して，次の
国会の常会の開会後直ちに，これを財務大臣に送付しなければならない（同
第36条第1項）。財務大臣は，前項の調書に基づいて予備費を以て支弁した金
額の総調書を作製しなければならず（同条第2項），内閣は，予備費を以て支
弁した総調書および各省各庁の調書を次の常会において国会に提出して，そ
の承諾を求めなければならない（同条第3項）。

　予備費は予算の不足に対して使用するものであるので，いかなる経費に対
しても内閣が必要であると認めれば使用できる。ただし，国会で予算を削除
や削減したものに対して使用することは，国会の予算審議権を無視するもの
であるので許されない[19]。予算概念の研究を深めた甲斐素直も，予算と法
律にかい離がある場合の予備費使用は認められない[20]とした。

　また，碓井光明は，予備費の性質，管理および使用，支弁した場合の事後
的手続きについて，財政法上の規定と「憲法第87条の予備費」を検討した。

---

(18)　閣議決定（1952年4月5日）により，大蔵大臣（当時）の指定する経費が
　　　定められた。①扶養手当，②勤務地手当，③休職者給与，④公務災害補償金，
　　　⑤退官退職手当，⑥政府職員等失業者退職手当，⑦保険料，⑧賠償遡及払戻金，
　　　⑨国家公務員共済組合負担金，⑩社会保険国庫負担金，⑪健康保険組合補助金，
　　　⑫失業保険費負担金，⑬保険金，再保険金，保険給付費，保険料還付及び保
　　　険無事戻金，⑭利子及び割引料，⑮年金及び恩給，⑯議案類印刷費，⑰裁判費，
　　　⑱訟務費，⑲登記諸費，⑳検察費，㉑矯正保護収容費の21項目であった（河
　　　野・前掲注（16）145頁）。その後項目の増減があったが，平成18年4月4日
　　　の閣議決定「予備費の使用等について」以降33項目が指定されている（最終
　　　改正平成19年4月3日）。
(19)　河野・前掲注（16）147頁。
(20)　甲斐素直「予算概念とその限界」法学紀要38巻（1997年）236-237頁。

1 「予備費」の性質と運用

碓井による財政法第24条からみた「財政法上の予備費」の内容[21]は，次の3点に整理できる。

第一に，予備費について歳入歳出予算計上主義を採用したことである。憲法第87条は「国会の議決に基いて」と予備費の国会議決主義を定めるのみで，どのような方法の議決であるかを特定していない。予算であるから，その議決方式，成立要件は憲法第60条に従うことになる。歳入歳出予算であるので，予備費についても限度額が設定される。これも，憲法上，予備費に関する国会の議決が，当然に金額の限度を付さなければならないことを意味するものではないので，これは財政法レベルの政策判断によるものである。

第二に，財政法第24条の「計上することができる」という表現によって，計上するか否かは任意であることが明らかにされていることである。ここには，憲法第87条は予備費の設置を任意なものとしたという憲法解釈が包含されていると解される。財政法は制定当初は「計上しなければならない」と，予備費を必置としていたが，1949年に現行法の内容に改正され，同年度の予算には予備費が計上されなかった。

第三に，予備費の計上を，内閣の権限としていることである。憲法第87条は「内閣の責任で」支出できるとしているのみで，予備費計上権限を明示的に内閣に与えているわけではない。憲法の解釈としては，法律形式による予備費設置もありうることに鑑みると，予備費提案権の所在は白紙である。

また，財政法第35条の予備費の管理および使用に関しては，財務大臣（大蔵大臣）管理主義が採用されており，暗黙のうちに各省各庁に分割した予備費の計上を否定しているとみることができる（分割予備費の禁止）。

財政法第36条では，支弁した金額について各省各庁の長は調書を作製し，「次の国会の常会」の開会後直ちに財務大臣に送付し，財務大臣はその調書に基づいて「総調書」を作成し，内閣は総調書および各省各庁の調書を「次の常会」において国会に提出して，その承諾を求めなければならない。これ

---

(21)　碓井・前掲注（2）588-589頁。

第6章　国会の予備費承諾議決と財政統制権

は，憲法第87条第2項の事後の国会の承諾を求める手続を定めたものである
が，碓井は，可能な限り早い時点において国会の承諾を求める考え方からす
れば，常会，臨時会，特別会を問わず直近の国会において求めることが望ま
しいという議論もあるのに，なぜ財政法第36条が「次の国会の常会」とした
のかという疑問を表した。これについては，「早期承諾の要請と並んで，事
務的な便宜も考慮して，一種の妥協としてこのように定めたもののようであ
る」が，「立法政策的には，一つの論点となろう」(22)と指摘した。

　実際には，常会に提出された議案が継続審査となった場合は，次の会期，
すなわち臨時会にも提案されている。たとえば，第166回国会（常会）に衆
議院に提案された2006年度予備費の承諾を求める案件は継続審査となり，引
き続き第167回国会（臨時会），第168回国会（臨時会）に付託されたが継続審
査となり，第169回国会（常会）で衆議院は承諾，参議院は不承諾とされた
（参議院先例録第156号）。特別会に提出された議案が次の会期（特別会）に再
提出されたこともある（第15回国会，第16回国会）。

　他方で，財政国会中心主義の立場からみるとどのようになるか。櫻井敬子
は，「予算の効力についても，それは基本的には国会と内閣との関係領域の
中で把握されるべきものであり，決算制度との関連を視野に入れることが不
可欠である。しかも，予算の場合，憲法上予備費という『白地項目』が認め
られ，法律上も補正予算・暫定予算および移用・流用制度がそれぞれ正当性
をもって認められるとすれば，それが通常の法律とは異なる『弾力性』を有
する規範であることがその特徴としてあげられるのであるが」(23)，このよう
な特徴こそ，その効力について解明されるべき主要な問題であったといわな
ければならないとし，そもそも予算措置がいかなる特質を有しており，予算
措置に関して国会が関与することの意義は何か，予算領域において国会と内
閣がいかなる関係に立つのかという問題が検討されなければならないと指摘

---

(22)　碓井・前掲注（2）589頁。
(23)　櫻井敬子『財政の法学的研究』（有斐閣，2001年）40-41頁。

180

した。その上で，ドイツのような予算外支出や予算超過支出が認められていない日本の制度では，「予備費という白地項目の計上は変動を予定する予算の特質から不可欠であり，各予算項目の拘束性を一定程度確保するためにも有益なものと考えられる」[24]とした。また，「予算措置が不確定な将来予測を基礎として行われる以上，国会による事前決議は事後における相当程度の変更は織り込み済でなされるものであり，本来厳格なものではあり得ないことを承認すべきであって，予備費の計上は事前決議の原則においてむしろ内包されているものと認識すべきである」[25]と指摘した。

要するに，第一に，予備費は予算の歳入歳出項目として計上すること，第二に，事前に予算として国会の（承認の）議決をすること，第三に，支出は内閣の責任において行うこと，ただし，第四に，いわば「白地項目」の形状であるのでその使用後はできるだけ早い会期において内閣は国会に承諾を求めることが，国会による財政統制のあり方として最低限の，憲法上の要請といえよう。

2 予備費の使用状況

予算に計上されている金額の内容をあらわすものを「予算科目」という。予算書では，収入や支出に関係のある部局の組織別に「部，款，項，目，節」の5つに区分される（財政法第23条）。予備費は，予算の（承認の）議決議案においては「部」に大くくりされていて，使用後の承諾議案では各部局の「項」として計上される。すなわち，予備費は，①新しい「項」を設けるか，②規定経費の「項」の中に追加するか，いずれかの方法によって使用される。なお，予備費は財源留保であるから，その未使用の残額は「予算の不用額」となり，翌年度に繰り越して使用することはできない[26]。

---

(24) 櫻井・同上，191頁。
(25) 櫻井・同上，191頁。
(26) 河野・前掲注（16）142頁。

第 6 章　国会の予備費承諾議決と財政統制権

(1)　一般会計予備費の使用状況

　一般会計予備費の主な使途[27] は，国内の災害復旧，補欠選挙などの国政
選挙，裁判の結果に基づく補償金や給付金，海外で発生した大災害への救援
経費，自衛隊の海外活動などである。かつては，内閣総理大臣の外遊にも用
いられていた。補正予算の編成を待たずに，迅速な支出が求められた事案と
いえよう。例外として，1950年度と1954年度は，次年度予算が 4 月 3 日に成
立したので，それまでの経費に予備費を流用し，国会はそれを黙認したこと
がある[28]。なお，次年度予算が年度内に成立しない場合，今日では暫定予
算が組まれることになる。

　一般会計予備費の1989年度までの使用率の分析[29] によると，1947年以降
から1974年までは各年度ともほぼ90〜100％であった[30]。1985年以降の10年
間の平均は48％であった。1990年代になってからも，湾岸戦争関連の支出な
どのため使用額が大きかった1990年度（92.5%），1991年度（96.3%）を除き，
42.4％から最小1.1％まで，使用割合は低下傾向にある[31]。

　一般会計予備費は補正予算の財源として組み入れられることもある。1947
年以降の20年間ではほとんどみられなかったが，1965年以降にその傾向は顕
著に表れてくる[32]。

　2000年度以降，2015年10月末現在で決算が国会に報告された2013年度まで
の一般会計予算中での予備費の予算額をみると，当初予算ではいずれの年度
も通常の予備費は3500億円であり，変化がない。このうち，2011年度と2012

---

(27)　予備費の使用状況については，参議院決算委員会調査室『予備費に関する
　　　参考資料（平成元年〜平成25年度）』（1991年〜2015年）による。
(28)　小嶋和司『日本財政制度の比較法史研究』（信山社，1996年）440-441頁。
(29)　久保田正志「変貌する予備費の使用状況」立法と調査166号（1991年）10-11
　　　頁。
(30)　昭和25年度は63％，昭和49年度は58％であった。久保田・同上，10頁。
(31)　大石夏樹「予備費制度の在り方に関する論点整理」経済のプリズム72号
　　　（2009年）15頁。
(32)　久保田・前掲注（29）11頁。

182

2 予備費の使用状況

年度を除き，毎年500億円～1500億円が補正予算の財源に移し変えられて，使用された（補正予算への組み入れは後項（3）で扱う）。これを除いて本来の予備費として使用した費目は，年度によって異なるが，その主な内容は，衆議院議員総選挙（2003年度・2005年度・2012年度），裁判の判決に基づく国家賠償金や和解にともなう補償金・給付金（2001年度・2002年度のハンセン病訴訟，2007年度のC型肝炎感染者，2010年度・2011年度・2012年度水俣病被害者，2011年度のB型肝炎訴訟など），新型インフルエンザワクチンの確保や接種（2006年度，2009年度），災害復興支援（2004年度のスマトラ沖地震，2005年度の豪雪被害，2007年度の能登半島沖地震，2011年度の東日本大震災や原発事故など），海外における自衛隊の活動（2001年度，2002年度，2003年度，2005年度，2006年度，2007年度，2008年度，2009年度，2010年度）であった。各年度末までに使われることのなかった不要額は最小で約1180億円（2003年度）であり，最大で約2752億円（2011年度）であった。

(2) 特定目的に使用を限定した予備費の設置

　予備費については，憲法第87条も，財政法第29条も，使途の制限を設けていない。

　他方，使途が緩やかに限定された特定予備費は，これまでにも一般会計予算中に設置されたことがある。具体的には，「災害対策予備費」（1953年度，吉田茂内閣提出，100億円）のほか，「公共事業等予備費」として，1976年度（三木武夫内閣提出，1350億円），1978年度（福田赳夫内閣提出，2000億円），1979年度（大平正芳内閣提出，2000億円），1999年度（小渕恵三内閣提出，5000億円），2000年度（小渕恵三内閣提出，5000億円），2001年度（森喜朗内閣提出，3000億円），「給与改善予備費」として1991年度（海部俊樹内閣提出，1350億円）である。先述のとおり，「経済緊急対応予備費」（2009年度，麻生太郎内閣提出，1兆円），「経済危機対応・地域活性化予備費」として，2010年度（鳩山由紀夫内閣提出，1兆円），2011年度（菅直人内閣提出，810億円），2012年度（野田佳彦内閣提出，910億円）である。「東日本大震災復旧・復興予備費」と

第6章　国会の予備費承諾議決と財政統制権

して2011年度（菅直人内閣提出，8000億円），「熊本地震復旧等予備費」として2016年度（安倍晋三内閣提出，7000億円）である。2009年度以降の4か年間はとくに巨額の予備費が計上されていることがわかる。

　もともと予備費は，予見し難い予算の不足に充てる目的で設けられているにもかかわらず，目的を緩やかにとはいえ「特定」することの是非が問われよう。特定予備費の設置に違法性は生じないという立場によれば，他の目的に使用できないという意味を含む特定予備費は，内閣が政策的に優先する財源として示したものであるとして，積極的に評価することになる[33]。他方，特定予備費を違法とする考え方によれば，限られた財源の有効活用を重視し，あらゆる科目の予算不足に対して予備費を使用可能としておくことを要求していると解することになる。杉村章三郎は，特定予備費を設けることも可能であるが，使途の特定の範囲が狭すぎたり，数が多過ぎたりする場合には，予備費としての意味が減殺される上に財源の効果的な使用にも反することになるので，限界があると解した[34]。碓井光明は，特定予備費を設けることは憲法上許容されるが，その限界を「法的限界」とするのは困難である[35]として，法的に禁止されているとまではいえないと指摘した。

　憲法制定直後の大蔵省の解説でも同様に，包括的に予備費を計上する場合には国会の審議権を軽視し，ひいては国費の濫費を助長するおそれがあり，特定予備費は当該経費の不足のみに限って使用することができるので，この制度は認められるべきと指摘された[36]。

　このように，特定予備費の設置は研究者にも政府にも評価されている。

　ただし，公共事業等予備費については，公共事業費の実質的拡大を意図しながら，一般会計の公共事業費を膨らませることには抵抗があったので，予備費で扱うことによって公共事業費増額要求に応じたのではないか[37]とい

---

(33)　碓井光明「公共事業等予備費について」ジュリスト1169号（1999年）84-85頁。
(34)　杉村章三郎『財政法（新版）』（有斐閣，1982年）84頁。
(35)　碓井・前掲注（33）85頁。
(36)　平井平治『予算決算制度要論』（双珠社，1948年）129頁。

2 予備費の使用状況

う疑念が生じる。実際，1999年度は5000億円の予備費が使用されたが，その中には，高規格幹線道路整備に672億円，整備新幹線に420億円，関西国際空港2期工事に155億円などが含まれており，この点が「予見し難い予算の不足」という要件に明確に反しているのではないか，と疑問が表された[38]。これについて，碓井は，整備新幹線など常識的には十分に予見できた経費に予備費という「予見し難い」という虚偽のレッテルを貼ることは，財政民主主義に対する重大な挑戦であり，憲法の要請する「国会議決主義」の根本を揺るがすもので許されるべきことではないと強く批判した[39]。

1999年度以降に設置された特定予備費の使用状況は，次のとおりである。

第一に，「公共事業等予備費」の予算と使用額は，1999年度では予算額は5000億円で，主に，道路整備特別会計へ繰入（1097億円），治水特別会計への繰入（637億円）などに使われ，使用合計額は4999億990万円であった。具体的には，金額が大きいものから順に，高規格幹線道路（672億円），再度災害防止対策（543億5900万円），災害危険箇所緊急対策（504億9500万円），整備新幹線（420億円），UR（住宅）対策（273億500万円），九州・沖縄サミット関連事業（207億7800万円）などであった。2000年度も予算額は5000億円で，主に，道路整備特別会計への繰入（1051億円），治水特別会計への繰入（567億円），新幹線鉄道整備事業（560億円）などに使われ，使用合計額は4999億990万円であった。具体的には，金額が大きいものから順に，基幹的交通網の整備（整備新幹線560億円，高規格幹線道路540億円を含む。合計で1265億9900万円），社会保障・教育研究基盤の充実（546億2900万円），有珠山緊急防災対策（493億9600万円），環境対策（443億4000万円），食料自給率向上のための基盤整備（425億円）であった。2001年度では予算額は3000億円で，全額が補正予算に組み入れられた。前述の一般の予備費の場合と異なり，予算枠いっぱいに使

---

(37)　入内島修「予備費調書等の作製と国会審議」立法と調査82号（1977年）41頁。

(38)　第147回国会参議院予算委員会議録4号（2000年3月3日）30頁。

(39)　碓井・前掲注（33）85-86頁，88頁。

第 6 章　国会の予備費承諾議決と財政統制権

い切っていることがわかる。

　第二に,「給与改善予備費」の予算と使用額は,1991年度の予算額は1350
億円で,全額が補正予算に組み入れられた。なお,同年度の通常の予備費の
予算額は1500億円であり,通例よりも金額が低く抑えられたが,このうち使
用されたのは1445億円であった。

　第三に,「経済緊急対応予備費」の予算と使用額は,2009年度の予算額は
1兆円で,全額が補正予算に組み込まれた。2010年度の経済危機対応・地域
活性化予備費の予算額は1兆円で,そのうち3000万円が補正予算に組み込ま
れた。主に,優良住宅取得支援やエコポイントの活用などに使われ,使用合
計額は999億6000万円であった。2011年度の経済危機対応・地域活性化予備
費の予算額810億円は,全額が補正予算に組み込まれた。2012年度の経済危
機対応・地域活性化予備費の予算額910億円は,保育所緊急整備や中小企業
信用保険,雇用対策などに使われ,使用合計額は909億9000万円であった。

　第四に,大災害の復旧・復興の予算と使用額は,2011年度(東日本大震
災)の予算額は8000億円で,平成23年度第3次補正予算における東日本大震
災関係経費以外の経費に充てるため2343億円が減額され,使用合計額は4909
億7107万円であった。2016年度(熊本地震)の予算額は7000億円で,自衛隊
の災害派遣活動や中小企業などへの補助金に使われ,使用合計金額は2737億
円であった。

　このように,使途を限定した特定予備費は,ほぼ予算額どおりに使用され
ていることがわかる。格別の予知能力があるかのように,予備費の金額は
「予見し難い」事態への対処に必要な金額と見事に一致している。他方,前
項(1)で扱った通常の予備費は,かなりの金額の残額が生じている。多額の残
りが生じるのは,本来の目的である「予見し難い」事態に,必要最小限の経
費に絞って支出されたと評価できる一方で,予算制度の例外としての予備費
の趣旨からすると,実際の金額とかけ離れた,余分な裁量の幅を認める予算
額を提案した政府の見通しの悪さと責任を追及することもできよう。

2 予備費の使用状況

(3) 1兆円規模の予備費の妥当性

麻生太郎内閣は，2009年1月19日に，翌2009年度の予算の（承認の）議案を国会に提出した。同案は2月27日に衆議院で可決され，同日に参議院に送付された。参議院では，審議を経て，3月27日に否決された。衆議院の求めにより両院協議会が開催されたが，成案は得られず[40]，同日に衆議院の議決が国会の議決とされて，予算として成立した[41]。

そこで，規模の大きい予備費の先駆けとなった2009年度の特定予備費の問題点を指摘しておきたい。予備費の支出は，国会による予算の事前議決原則の大きな例外であり，政府の裁量拡大および安易な歳出拡大につながることから，その予算計上には慎重さが求められる。こうした1兆円を超える予備費の計上についてはしっかりとした議論を重ねる必要があろう[42]。

特定予備費は各年度の予算総則によって，その使途である「項」が決められている。2009年度の特定予備費である「経済緊急対応予備費」は，予算総則第15条に基づく経費と，第7条に基づく公共事業費以外には使用できない。こうして一応，使途は限定されているが，その内容は公共事業費や社会保障費が中心である。1兆円は「異例の大きさ」であり「経済緊急対応予備費については，ばらまき的な支出に使われることが懸念されている」[43]という批判もある。また，2009年夏に任期満了にともなう衆議院議員総選挙が予定されていたこともあり，予備費が「『選挙対策色』の強い事業に回る」[44]との大きな懸念も示された。さらに，実際には全額が予算の財源として使用されたことからすると，本来は補正予算で対応することが考えられるが，予備

---

(40) 第171回国会参議院平成二十一年度一般会計予算外二件両院協議会会議録1
号（2009年3月27日）1-5頁。

(41) 第171回国会衆議院会議録18号（2009年3月27日）2頁。第171回国会参議
院会議録3号（2009年3月27日）7頁。

(42) 石原淳「景気重視にかじを切った平成21年度予算」立法と調査289号（2009
年）9頁。

(43) 長谷川卓「平成21年度予算案の概要」調査と情報630号（2009年）5頁。

(44) 「巨額予備費にバラマキ懸念」（日本経済新聞2008年12月25日）。

第6章　国会の予備費承諾議決と財政統制権

費を計上するという判断は，「政府・与党の立場からは『ねじれ国会』を考慮したものであると見ることもできる」[45] だろう。

⑷　予算額の9割を占める予備費の妥当性

　安倍晋三内閣は，2016年5月13日に，同年4月に発生した熊本地震への支援に対応するため平成28年度一般会計補正予算を閣議決定し，同日に国会に提出した。同案は同月16日に衆議院で可決され，翌17日に参議院で可決された。巨額な予算が大災害への対応に必要とはいえ，国会提出から4日間という短期間で成立したことや，補正予算7780億円の内訳が災害救助等関係費の780億円および「熊本地震復旧等予備費」の7000億円であり，予算の9割が使途の定めがない予備費であることから，財政国会中心主義の観点から問題視された。

　このように拙速ともいえるような対応が行われたのは，2つの事情がある。第一に，当時の第190回国会（常会）の会期末は同年6月1日と定められており，さらに，会期終了後に参議院議員通常選挙の実施が予定されて会期の延長が考えにくかったため，成立が急がれたのである。第二に，復旧や復興のための支出が見込まれていても，災害の発生から1か月後とまもない時期に実際に必要とされる予算の使途を明確にすることができず，予算として組み立てるのが著しく困難だったため，予備費の金額が大きくなったのである。

　しかし，予備費は使途を限定しない財源であり，その使用がちょうど国政選挙に重なることは，内閣および与党の恣意的な支出を招くおそれが高くなるといえよう。国会の財政統制権の視点から，その支出に関する国会による事後のチェックは，より慎重に行われる必要がある[46]。

---

(45)　長谷川・前掲注（43）6頁。

(46)　「熊本復興へ柔軟支出　補正7780億円成立，大半使途定めず」（朝日新聞2016年5月18日）。

188

3 「予見し難い予算の不足」が生じた場合の支出は,「補正予算」を組むか,「予備費」を使うか

　予算編成にあたって，当初予期し得なかった事態の発生や事情の変更により，経費の不足が生じたり，新たな経費が必要になったりすることがある。この場合，補正予算を作成・提案するか，予備費を使用することになる。補正予算は，本予算のほかに，年度途中で予算の不足や新たな経費が必要となれば，それに対応するために国会の審議を経た上で，当該年度の予算の内容を変更するものである（財政法第29条第1項，第2項）。

　憲法第87条にいう予備費の性質について，憲法学では2つの学説が主張されている。通説は，碓井光明の整理によると，予見し難い予算の不足，新たな費目の支出の必要性（予算外支出）または既定費目で予算に定められている金額を超過する支出（予算超過支出）の必要性を生ずる場合に備えるものであると理解される[47]。これは，大日本帝国憲法第69条の延長線上で理解されたものである。他方，GHQ草案第81条が「reserve fund」という一種の基金を想定していたことから，国会の議決に基づいて設けられる「恒久的基金」，資金的予備金こそが憲法の予定する予備費であるとする説[48]もある。なお，後者の立場をとる小嶋和司は，先述のとおり，第86条の「毎年度の予算」の「予算」と第87条の「予算の不足」の「予算」とは，本来異なる内容のものなのに，日本国憲法では等しく「予算」と述べていることが問題である，と指摘した[49]が，少数説にとどまっているといえよう。そこで，予算として国会の審議と（承認の）議決が可能な国会開会中には，予備費は補正「予算」を組んで支出すべきかどうかが議論となる。

---

(47)　碓井・前掲注（2）572頁

(48)　小嶋和司『憲法概説』（良書普及会，1987年）520頁。

(49)　小嶋・前掲注（5）253頁。

第6章　国会の予備費承諾議決と財政統制権

(1)　国会開会中の予備費の使用の是非

　政府（大蔵省，財務省）の考え方は，予備費は予算に不足が生じた場合に処する制度の一手段であり，予算に不足が生じた場合は，国会の（承認の）議決を経て，追加予算を以って処理するのが最も理想的であり原則であるとしつつも，軽微な予算の不足にそのつど国会を召集して，議決を求めることは事務が煩雑になるばかりでなく，行政能率の低下を来し，機宜の措置をなし得ないおそれがあるので，予備費が存在するとされた[50]。ゆえに，国会開会中に予備費を使用することは，法律上の禁止規定がないにしても内閣自ら慎まなければならないとされた[51]。他方，『註解日本国憲法』では，国会開会中に使用するという仕方は，予備費が設けられた趣旨を著しく逸脱し，そもそも違法ではないかと指摘された[52]。

　すなわち，国会開会中に予備費を使用することは，内閣は慎むべきである[53]といえよう。国会開会中に予算の不足が生じた場合には，国会の議決を経て補正予算を組んで，国会の議決をあらかじめ経るべきであるとされている[54]。ただし，1952年4月5日の閣議決定では，①大蔵大臣の指定する経費のほか，②事業量の増加などにともなう経常の経費，③法令又は国庫債務負担行為により支出義務が発生した経費，④その他比較的軽微と認められる経費については，例外的に国会開会中も予備費の使用が認められてきた。さらに，1997年4月3日の閣議決定では，国会開会中は①事業量の増加などにともなう経常の経費，②法令又は国庫債務負担行為により支出義務が発生した経費，③災害に起因して必要を生じた諸経費その他予備費の使用によらなければ時間的に対処し難いと認められる経費，④その他比較的軽微と認め

---

(50)　平井・前掲注（36）231頁。

(51)　平井・同上，231頁。

(52)　法学協会編『註解日本国憲法下巻（2）』（有斐閣，1953年）316-317頁。

(53)　河野・前掲注（16）148頁。

(54)　土方秀男大蔵大臣の発言（第80回国会参議院予算委員会議録2号（1977年2月21日）14頁）。

190

3 「予見し難い予算の不足」が生じた場合の支出は、「補正予算」を組むか、「予備費」を使うかられる経費を除き、予備費の使用は行わないとした。

政府は、特定予備費である公共事業等予備費に関連して、「国会開会中は予備費というものは原則として使えない、補正をお願いするというのは、従来政府がとってまいりました方針でございますし、それに変わりございません。」[55] とくりかえし説明した。加えて、「災害ならともかくそうでないものは、入り用なら補正予算を出し、そして国会の審議を仰ぐべきものとの趣旨と考える」[56] と明言した。

碓井光明は、補正予算との関係では、予備費を使用する場合は「補正予算を待つことのできないような緊急性が要件とされるべきである」と指摘し、厳格な運用を主張しているようである。櫻井敬子は、補正予算は、「予算執行にあたって内閣が依拠すべき準則そのものを変更するものであり、これも予算執行が予算作成と区別しえないという予算の『柔構造』の一現象として理解される」[57] とした。ただし、実際に執行にあたっては、「予備費の使用によるか、補正予算によるかは、内閣の裁量判断による」との指摘にとどまっている。

(2) 巨額な予備費と、その「国会開会中の使用」への示唆

ところが、先述した2009年度の1兆円の特定予備費について、当時の与謝野馨財務大臣は、1兆円という規模は総予算額88兆円に対する比率としては断トツに大きくはないので、国会開会中における予備費の使用もありうるとの見解を示した[58]。すなわち、国会開会中に使用することはないか、という質問に対し、「経済緊急対応予備費についても、従来の閣議決定に従い、義務的な経費や災害その他の経済情勢に予想外の変動が生じ、予備費の使用によらなければ時間的に対処し難いと認められる緊急な経費等に該当する場

---

(55) 第145回国会参議院予算委員会議録14号（1999年2月16日）18頁。
(56) 第145回国会衆議院予算委員会議録21号（1999年7月15日）9頁。
(57) 櫻井・前掲注（23）192頁。
(58) 第171回国会参議院予算委員会議録10号（2009年3月10日）5頁。

第6章　国会の予備費承諾議決と財政統制権

合には，国会開会中でも使用することが<ruby>で<rt>・</rt></ruby><ruby>き<rt>・</rt></ruby><ruby>る<rt>・</rt></ruby>ものと考える」[59]（傍点筆者）
とさらに一歩ふみこんだ表現でこれを肯定した。これが従来の政府解釈の変
更を意味するかどうか，与謝野大臣の説明は明確ではない。他方，同大臣は，
一般予備費だけではなく特定予備費であっても，財政民主主義との関連は十
分議論をして予算を編成しており，使うときには内閣の責任で使うが，最後
には国会にきちんと報告して承認を得るため，予算のあり方として憲法に照
らして正しいあり方である[60] として，国会による事後承諾の憲法上の意義
の重要性を指摘した。

　先述のとおり，予備費制度のメリットである内閣が自由に使える資金とい
う予備金の趣旨をいかしつつ，財政民主主義の要請にも応えるため，通常の
予備費を抑え，特定予備費を活用することは，学説でも実務でも受け入れら
れている。ただし，くりかえしになるが，2009年度の経済緊急対応予備費の
ように，その金額が1兆円という規模であり，予算総則による使途が広範で
ある場合には，この考え方が当てはまるかどうかは疑問が残るであろう。予
備費は，政府（内閣）の基金として理解するとしても，予見し難い経費の支
出とみても，その使途は最小限の範囲にとどめるべきであるとの，学界およ
び政府（財務省）の指摘はもっともである。これは，財政国会中心主義の立
場からみても，当然の帰結であろう。そうすると，この経済緊急対応予備費
は，あまりにも金額が大きく使途が広いため，予備費の趣旨からすると不適
切といえ，補正予算を組むことが求められるだろう。

(3)　補正予算への組み入れの例

　実際には，この特定予備費1兆円はどのように使われたのであろうか。

　2009年4月21日の閣僚懇談会で報告されて，同月27日に閣議決定されて国
会に提出された補正予算（合計15兆円）の財源の一部として，経済緊急対応

---

(59)　第171回国会参議院予算委員会議録14号（2009年3月16日）16頁。
(60)　第171回国会参議院予算委員会・前掲注（58）4頁。

192

予備費1兆円のうち8500億円が充てられた。本予算で空前の巨額な予備費が決まった後わずかに20日あまりでそれの補正予算への組み込みが決定されたことになった。本予算の国会における議論の最中に，内閣が本予算の成立後の補正予算の提出を想定して議論を始めて，結局，本予算執行開始後最速の補正予算成立となったが，それならば，本予算の組み替えを行うべきであったといえよう。すなわち，補正予算への組み入れはすでに本予算の国会における審議中に想定されていたのであるから，「予見し難い」事態に備える予備費の趣旨には合致しないのではないだろうか。その意味でも，より単純で透明性の高い手続にして説明責任を果たすべきではなかったのか，疑問が残る事態であった。

4　参議院の不承諾の実例

　予備費は歳出予算に計上されて，国会により議決される。その議決は一般歳出予算とは性質が異なる。一般歳出予算の議決は，その目的に従って内閣の支出し得る限度を承認したものであり，その行為に従ってその予算を実行すべき内閣の責任を定めたものである。予算に含まれる予備費に対する（承認の）議決は，単に予備費の金額が妥当であるかどうかを審議議決したものにとどまって，その支出を承認したものではない[61]。そこで，国会による事後承諾が憲法上必要とされている。

(1)　国会による予備費の事後承諾

　予備費使用の承諾案件[62]については，内閣，実質的には財務省の便宜上[63]，年度当初から12月末までに使用決定された分がその年度の「予備費（その1）」として，それ以降の1月から3月末までに使用決定された分がそ

---

(61)　河野・前掲注（16）137頁。
(62)　運用と実態は，鴫谷潤「予備費制度の運用と国会審議」日本財政法学会編『財政法の基本課題』（勁草書房，2005年）79-97頁に詳しい。
(63)　入内島・前掲注（37）36-37頁。

第6章　国会の予備費承諾議決と財政統制権

の年度の「予備費（その2）」として，国会の常会に提出される慣例となっている。議案は，衆議院の先例によると，先に衆議院に提出され，衆議院での承諾後，参議院に送付される（衆議院先例集第353号。参議院先例録には記述なし[64]）。審議未了で国会が閉会となった場合には，その諾否の決定があるまで，その後の国会に何回でも提出しなければならない。仮に衆議院が解散されてその承諾が得られなかった場合は，総選挙後の会期において改めて議案として提出される。

　国会による承諾は，内閣が予算を支出したその執行責任を免除するためにある，とされている。事後承諾を求める議案について，衆議院に先に提出されるが衆参両院で議決することで「国会」の承諾とするべきか，衆参各院に提出されてそれぞれが議決して「承諾」できるかについて，衆参両院において論争となったことがある。その影響で，内閣からの提出が遅れた1997年に橋本龍太郎内閣は，「事後に国会の承諾を得ることが義務付けられているものと理解している」[65]（傍点筆者）との見解を示した。

　しかし，国会の事後承諾が得られなかったとしても，すでに行われた支出は有効であり，その効果には影響がないと解されている[66]。他方，予備費は使用されていてもその歳出が執行されていなかったとするならば，予備費の使用が効力を失うので，その予算もなくなり，予算の執行ができなくなるという効力を認めてもよいとする見解[67]もある。

　また，事後承諾は，予備費をある特定の使途に支出したことに対して行われる。その支出のやり方の適否についてまでおよぶものではない[68]。支出

---

(64)　鳴谷・前掲注（62）90頁。

(65)　栗原君子参議院議員提出の質問主意書への答弁書（内閣参質140第9号）（1997年5月30日）。

(66)　法学協会編・前掲注（52）1318頁。

(67)　小林俊之の発言（「討論──決算制度」日本財政法学会編『決算制度』（学陽書房，1993年）102頁）。

(68)　ABC「制度紹介　予備費・予備金」時の法令253号（1957年）16頁。

4 参議院の不承諾の実例

のやり方の適否は，予算全体に関する会計検査院の検査に付されて，国会に提出されることになる。

ただし，承諾を得られないという結論を得た場合については，憲法第87条に適合しているとはいえない事態となる。内閣は国会に対して責任を解除されないことになるが，法律上の責任ではなく，政治責任とされている[69]。不承諾は，内閣の行為を不当として非難する意思表示にとどまり，行為自体の効力を左右することはない[70] という考え方が学説の多数説とされている[71]。予算に関する法的性質についての議論が，財政国会中心主義を貫いて国会による財政統制を強く求める[72]「予算法律説」ではなく，予算に関する内閣への広範な権限を許容する「予算法規範説」あるいは「予算行政説」に基づく理解から導かれているからであろう。

このような予備費の不承諾が生じた場合における，いわば「憲法学の許容度の深さ」については疑問も投げかけられている。碓井光明は，予備費不承諾の責任が，どのような場合でも内閣の政治責任に吸収されることを問題視し，「予備費使用の要件を備えた適法な予備費の使用について国会の事後承諾を得られなかった場合」と，「違法な予備費使用について国会の事後承諾を得られなかった場合」とを区別して，後者の場合には，少なくとも行政内部における懲戒処分などになる事由になりうるとして，各省各庁の長や財務大臣の責任追及の可能性を指摘した[73]。

なお，宮沢俊義は，「ここに『国会』とは，むしろ両議院の意味に解すべきであり，両議院は各々独立に，かならずしも他院に関係なく，その承諾ま

---

(69)　河野・前掲注（16）151頁。

(70)　法学協会・前掲注（52）1318頁。

(71)　碓井光明『政府経費法精義』（信山社，2008年）73頁。

(72)　吉田善明「議会による財政統制」公法研究36号（1974年）45-62頁。小嶋・前掲注（14）58頁。川上勝己「予算と法律」ジュリスト638号（1977年）193-197頁。甲斐素直『財政法規と憲法原理』（八千代出版，1996年）143-144頁。

(73)　碓井・前掲注（71）73頁。

第6章 国会の予備費承諾議決と財政統制権

たは不承諾を決すべきものだと解させる」とした上で,「かならずしも両議院一致の議決を必要とすると見るべきではない」[74]と指摘した。二院制の下における財政統制の実際の機能を向上させようとの観点からは,宮沢説の「再評価も必要であると思う」[75]との見解が示されている。もしそうであるならば,憲法上の規定は「国会」の承諾ではなく,「両議院」あるいは「各議院」の承諾とされるべきであろう。

なお,現行の取扱いでは,予備費案件を衆議院が不承諾にした場合に,参議院への議案の送付はなく,参議院では当該予備費の審議をすることができない[76]。このことからも,宮沢説は説得力を持ちえないといえよう。

(2) 参議院の「不承諾」の例

これまで国会が予備費を承諾しなかった例は4件であるので,それぞれについて検討したい。

① 第1回目は,1949年5月23日の参議院本会議において,予備費の承諾を求める議案4件が一括して採決された事案である[77](参議院先例録第344号,参議院委員会先例録第85号)。日程第四十五(昭和22年度予備費),日程第四十六(昭和22年度特別会計予備費),日程第四十七(昭和23年度一般会計予備費),日程第四十八(昭和23年度特別会計予備費)であり,日程第四十五(昭和22年度予備費)中,文部省所管北海道大学理学部実験工場火災復旧などに必要な経費のうち,工業専門学校の「(部)教育文化費,(款)直轄諸学校費,(項)工業専門学校」に関する30万円分を除いて承諾すべきものとの委員長報告があった後,委員長報告のとおり議決された。すなわち,予備費を「不承諾」とするのではなく,「一部を承諾した」のである。

なお,参議院本会議での審議の際に,決算委員会が,予備費が過大な積算

---

(74) 宮沢俊義『全訂日本国憲法』(有斐閣,1971年)731-732頁。
(75) 鳴谷・前掲注(62)95頁。
(76) 鳴谷・同上。
(77) 第5回国会参議院会議録32号(1949年5月23日)847-848頁。

4 参議院の不承諾の実例

となっていることは，予備費の濫用であり，立憲精神や国会の予算審議権尊重の精神に反するとして，内閣に対して厳重に注意する要望を行ったことが付言された[78]。

② 第2回目は，1989年12月1日の参議院本会議において，予備費の承諾を求める議案2件が2回に分けて採決された事案である[79]。

採決の1回目は，日程第三（昭和62年度一般会計予備費（その2）），日程第六（昭和63年度一般会計予備費（その1）），日程第七（昭和63年度特別会計予備費（その1））について採決され，賛成118票，反対125票により，不承諾と決まった。

採決の2回目は，日程第四（昭和62年度特別会計予備費），日程第五（昭和62年度特別会計経費増額調書（その2）），日程第八（昭和63年度特別会計経費増額総調書（その1））は過半数により承諾された。

この不承諾について，同国会での本会議において，野党議員からの質問への答弁として，海部俊樹総理大臣は遺憾であることを示した[80]。橋本龍太郎大蔵大臣は，私見として，参議院で不承諾とされたのに，憲法上の「国会

---

(78) 内閣に対する要望事項「国会開会中には，新たな款項を設ける必要のあるもの，公務員定員の増加を伴うもの，行政機構の設置改廃を伴うもの，法律政令の改廃を伴うもの，その他一般に比較的重大と認められる経費の使用については追加予算の方法によるべきであつて，予備費の使用を行うべきでないことは，立憲精神並に国会の予算審議権尊重の精神に照して明らかであり，又現に（財政法施行後の）昭和二十二年四月二十六日の閣議においても，このことを決定しているに拘わらず，これに反する予備費使用の決定がしばしば行われていることは誠に遺憾である。内閣はこの重大問題についてはその政治的責任を痛切に反省して，将来このような事態を繰返さないよう厳重な注意を払うべきである。」第5回国会参議院会議録・同上，848頁。

(79) 第116回国会参議院会議録9号（1989年12月1日）6-7頁。

(80) 海部俊樹総理大臣の発言（「予備費の使用について参議院の御承諾がなかったことについては，まことに遺憾であったと思っております。政府といたしましては，今後とも予備費の使用に当たってはその適正な使用に一層留意してまいる考えでございます。」第116回国会参議院会議録12号（1989年12月13日）3頁）。

第 6 章　国会の予備費承諾議決と財政統制権

の承諾」を得られたと受け止めることは不遜ではなかろうかとの見解を示した上で，適正な使用に努力したい，とした(81)。

　承諾とされた 3 件については，国会において承諾することを議決したとして内閣に送付された。他方，参議院で不承諾とされた 3 件については，参議院から衆議院に返付された後，衆議院の議院運営委員会において両院協議会を求めないものと決定されたため，衆議院は「国会の承諾はなかった」旨，参議院および内閣に通知した(82)。衆議院が両院協議会を求めなかった背景には，予備費はすでに使用済みであり，また，両院協議会を開催しても成案が得られる可能性はないという判断があったようである(83)。しかし，財政国会中心主義を強調して「国会」の承諾という文言を重視する立場からは，国会の意思を形成するための試みとして両院協議会の開催を求めないとした衆議院の決定には批判があろう(84)。

　③　第 3 回目は，2008年 5 月28日の参議院本会議において，予備費の承諾を求める議案 5 件が 3 回に分けて採決された事案である(85)。

　採決の 1 回目は，日程第一（平成18年度一般会計予備費（その 1 ））と日程第三（平成18年度経費増額総調書（その 1 ））の 2 件で，賛成105票，全野党が反対し131票で不承諾と決まった。

---

(81)　橋本龍太郎大蔵大臣の発言（「予備費の使用につきまして参議院で不承諾という事態になりました。私は，これは極めて遺憾でありますし，この事実は重く受けとめなければならないと思います。政府は，今日までも予備費につきまして節度ある使用に留意しながら，みだりに流されることのないようにその適正な処理に努めてきたところでありますが，事態を真剣に受けとめながら，今後こうした御指摘を受けることのないように，予備費の一層適正な使用に努力してまいりたいと思います。」第116回国会参議院本会議・同上，4 頁）。

(82)　笹嶋正「決算是認せず，予備費不承諾」会計と監査90年 2 月号（1990年）23頁。

(83)　笹嶋・同上。

(84)　同旨として，鳴谷・前掲注（62）96頁。

(85)　第169回国会参議院会議録22号（2008年 5 月28日） 1 - 2 頁。

198

4 参議院の不承諾の実例

採決の 2 回目は，日程第二（平成18年度特別会計予備費（その 1 ））と日程第五（平成18年度一般会計予備費（その 2 ））の 2 件で，賛成117票，反対118票の 1 票差で不承諾と決まった。

採決の 3 回目は，日程第四（平成18年度一般会計予備費（その 2 ））で，賛成117票，反対118の 1 票差で不承諾と決まった。

一般会計予備費支出が参議院で不承諾となったのは，1989年以来である。ただし，予備費承諾案件のすべてが不承諾となったのはこれが初めてである。

これについて，同日，福田康夫総理大臣は，次のような談話を発表した。

　内閣総理大臣の談話
　平成18年度予備費の使用等の国会承諾について　　　　平成20年 5 月28日
　　政府は，予備費等について，財政法の規定等に従い，節度ある運用に留意し，適正な使用等に努めてきたところである。
　　今般，平成十八年度予備費の使用等について，参議院の承諾を得られなかったことについては誠に遺憾である。
　　政府としては，今後とも予備費の適正な使用等に努めてまいる所存である。

予備費使用の不承諾が憲法違反かどうか，政府の認識を問う質問についての回答は，「政府としては，当該国会の承諾を得るべく努力すべきことは当然であるが，不承諾となった場合にも，過去における予備費の支出行為の効力に影響を及ぼすものではないと解されている」[86] との見解を示した。

④　第 4 回目は，2009年 6 月24日の参議院本会議において，予備費の承諾を求める議案 5 件が 2 回に分けて採決された事案である[87]。

採決の 1 回目は，日程第四（平成19年度一般会計予備費（その 1 ）と日程第六（平成19年度特別会計経費増額総調書（その 1 ））の 2 件で，賛成91票，反対

---

(86)　鈴木宗男衆議院議員提出の質問主意書への答弁書（内閣衆質169第431号）（2008年 6 月 3 日）。
(87)　第171回国会参議院会議録32号（2009年 6 月24日） 2 - 3 頁。

第 6 章　国会の予備費承諾議決と財政統制権

130票で不承諾と決まった。

　採決の 2 回目は，日程第五（平成19年度特別会計予備費（その 1 ）），日程第七（平成19年度特別会計予備費（その 2 ）），日程第八（平成19年度特別会計予備費経費増額調書（その 2 ））の 3 件で，賛成106票，反対116票の10票差で不承諾と決まった。

(3)　不承諾の理由から，その意義を問い直す

　2008年と2009年におのおの不承諾とされた2006年度，2007年度の予備費は，テロ対策やイラクにおける人道復興支援に関する費用に対しても使用されている。これらの費用が予備費で支出された理由は，第一に，活動の根拠となる基本計画の期限が短く，毎年年度内に期限が到来すること，第二に，基本計画は延長されない可能性があることである。よって，予算編成時における既存の基本計画の期限以降の活用については，予備費で支出してきたと政府は説明した[88]。ただ，実際には，基本計画は毎年延長されていた。事実上複数年度にわたる施策に対して予備費が使用されることが妥当かどうかは，慎重な検討が必要であろう[89]。

　加えて，慎重な検討を要するのは，そうした複数年度の支出というだけの理由にとどまらない。当時，テロ対策やイラクにおける人道復興支援のあり方は，国会で大きな論争となっており，参議院では当該予備費の承諾を審議した会期中に，根拠法となるテロ特措法が否決されたり，その費用の支出が盛り込まれた予算が参議院で否決されたりした。これらの案件では，両院協議会が開催されたり，衆議院による再可決が行われたりして，「国会の議決」としては「継続」という意思が示されたものの，参議院ではそれを否定したのである。2006年度の予備費には，インド洋の米軍などに対する給油に

---

(88)　大野功統防衛庁長官の発言（第163回国会参議院外交防衛委員会議録 3 号（2005年10月20日）11頁）。香川俊介政府参考人の発言（第169回国会衆議院決算行政監視委員会議録 4 号（2008年 5 月14日）11頁）。

(89)　大石・前掲注（31）17頁。

93億円，イラクにおける米軍への給油に10億9500万円の支出[90] が，2007年度予備費にはインド洋の米軍などへの給油に54億円余，自衛隊イラク派遣経費として23億8800万円の支出[91] が含まれていた。それゆえ，参議院では，おのおのに関する予備費を承諾しなかったといえよう。

くりかえしになるが，予備費はそもそも，国会の意思に反する支出は行うことができないというのが学説上・実務上の考え方である。参議院の「不承諾」という結論は，当該予備費に関連する法案や予算への対応と併せてとらえることにより，少なくとも一院ではその支出の根拠法を否決したことの当然の帰結としてその支出を認めなかったということとなろう。しかし，内閣にも衆議院にもその意味合いは無視された。これを，国会の財政統制の面から慎重にとらえるか，両院関係における衆議院の強引な運営のあらわれの一つととらえるか，検討の余地があろう。

5　「決算」と「予備費の承諾」との関係

⑴　決算の「報告」という憲法上の位置づけと「不承諾」

内閣は，会計検査院の検査報告とともに，決算を次の年度に国会に提出しなければならない（憲法第90条第1項）。予備費使用額については，歳入歳出の決算として明らかにしなければならない（財政法第38条第2項）。補正予算に組み入れられた予備費は当該年度の本予算として一体となるため，決算においてもその中に包含される。決算の国会への提出時期は，財政法上，翌年度開会の常会とすることが常例とされている（財政法第40条第1項）。ただし，その提出を受けた後，国会がどのように対応すべきかは，憲法上の規定はない。

決算の性質については，2つの考え方が提唱されている。国の財政処理は国会の議決に基づかなければならないという原則から，予算と決算を等置し

---

(90)　第169回国会参議院決算委員会議録10号（2008年5月26日）32頁。
(91)　第171回国会参議院決算委員会議録9号（2009年6月22日）41頁。

第6章　国会の予備費承諾議決と財政統制権

て，予算の（承認の）議決を定める憲法第83条を根拠に決算にも国会の議決が必要であるとする「議案説」[92]と，第90条を根拠に国会には報告で足りるとする「報告説」である。後者が多数説である。

　「議案説」の立場は，財政国会中心主義の一般原則を重視し，決算に対する国会の審査および議決権は，根本的に憲法第83条に由来するものであり，加えて，憲法第66条第3項により国会は決算を審査議決して内閣の責任を追及し得るのであるから，通常の議案と同様に国会としての意思決定を行うべきであるというものである[93]。

　他方，「報告説」は，憲法第90条は国会の決算審議権については，国会に決算を提出する際には必ず会計検査院の検査報告を添付しなければならないことを規定したものであって，第二次的の規定と解すべきであるとする[94]。決算は報告事項で，承認事項ではない（憲法第90条第1項，第91条）という規定の存在がこれに影響している。

　決算の審議は，「単に事実の審査並びにこれに対する批判的意見の決定たるにとどまり，これによつて議決又は承諾を与うるものではないから，国会としての意思決定である」[95]と位置づけられている。清水望は，決算の議決の性質は予備費の支出に対する事後承諾の場合と異ならないと解されるのであるが，通常の議案とは区別されて，国会の議決事項というよりも，報告書として扱われているといい得るとしている[96]。決算の審査と議決は，国会の権限ではなく，衆参各院の権限であることがその主張の根拠とされている[97]。

----

(92)　鈴木隆夫『国会運営の理論』（聯合出版社，1953年）294頁。

(93)　佐藤功『憲法（下）（新版）』（有斐閣，1984年）1188頁。

(94)　鈴木・前掲注（92）295頁。これを支持する立場として，上田章「国会における決算の審査」法令解説資料総覧80号（1988年）98頁。

(95)　河野・前掲注（16）183頁。

(96)　清水望「国会における決算の審査」早稲田政治経済学雑誌149号（1958年）94頁。

5 「決算」と「予備費の承諾」との関係

このように決算に関する議決は政治的議決であり，政治的意味しかもたないとされていることが拡大されて，予備費についても，決算の承認，不承認には政治的な意味しかないとされているのである。

他方，櫻井敬子は，予備費が憲法上国会の事後承諾が要求されていることと対比して，決算は報告事項であるから，追認を要するという積極的な理由が認められないという見解[98] に対して，「予算が，内閣によって準備され，国会によって議決され，内閣によって国会の関与のもとに執行され，そして，その執行結果として最終的に国会に提出されるものが決算であるという，決算が一連の予算循環の中に位置づけられる制度であることを看過しているものと言わざるを得ない」[99] として鋭く批判した。また，決算が事前の予算議決権を補完するものである以上，予算議決と同様の手続をとって国会としての意思表示を明確に行うのが相当であるとして，立法による具体化を提案した[100]。この提案は注目されよう。

また，木村琢磨は，財政民主主義の本質は「議決による統制」ではなく「情報による統制」であるとし，憲法第91条の報告制度は，憲法第83条の理念を具体化したものであるとした[101]。財政民主主義を国民や国会に対する説明責任と一体的に理解[102] し，「議決という形式にこだわるべきではなく，議会における審議方式や情報提供のあり方にも注目する必要がある」[103] という立場である。

---

(97)　清水・同上。

(98)　小林俊之「国会による事後的財政統制」日本財政学会編『決算制度』（学陽書房，1993年）9-12頁，24頁。

(99)　櫻井・前掲注（23）198頁。

(100)　櫻井・前掲注（23）199-200頁。

(101)　木村琢磨「財政の法的統制——その限界と新たな可能性」公法研究72号（2010年）116頁。

(102)　木村琢磨「財政の現代的課題と憲法」土井真一ほか編『岩波講座憲法4 変容する統治システム』（有斐閣，2007年）169頁。

(103)　木村・前掲注（101）117頁。

第 6 章　国会の予備費承諾議決と財政統制権

　さらに，国会の議決には，政治責任の解除だけではなく，国会は，大臣の国に対する民事賠償責任に関する最終判断権を有すると考えられるため，民事責任の解除も含むと解し得るとする[104]。加えて，議会による政治的統制と，会計検査院を通じた情報による統制とを連結させていくべきという主張である[105]。

(2)　会計検査院による監査との関連

　会計検査院は，予備費の支出に関する会計検査は，支出を決定した内閣の閣議決定行為そのものの検査になってしまうという理由で，これまで予備費についてはほとんど意見を述べてこなかった。憲法上の制度である会計検査院の態度として，このような消極性には疑問が残る。

　碓井光明は，会計検査院が検査する際に，「予見し難い」という憲法第87条の要件を満たしていたかどうかも審査できると解すべきことや，予備費予算額の金額と実際の支弁額とを比較して，使用残額が大きい場合はその発生原因を調査し，予備費予算額を過大であると認定・指摘することもできると指摘した[106]。加えて，会計検査院による事前の関与も考えられるとされた[107]。

　予備費の支出のあり方については，参議院決算委員会調査室が毎年，詳細な報告書を作成し，同委員会の審議の際に活用されている[108] が，あわせて会計検査院の監査も実施して，衆参両院における予備費承諾案件の審議に活用されることが求められよう。

---

(104)　木村琢磨「財政統制の現代的変容（下）」自治研究79巻 3 号（2003年）47頁。
(105)　木村・同上，51頁。
(106)　碓井・前掲注（2）589-590頁。
(107)　碓井・前掲注（2）595頁。
(108)　参議院決算委員会調査室・前掲注（27）。

小　括

　予備費の支出については，憲法上は国会の事後承諾を要すると定められて
いるにもかかわらず，衆参両院の議決が異なるか，あるいは議決が存在しな
くて国会の承諾を得たとはいいがたい事態が発生しても，憲法に反する事態
としてそれを問題にしないという支配的な憲法解釈がある。本章の検討によ
り，こうした少額で異論の余地がない緊急の支出を想定した従来の憲法解釈
では，巨額の予備費が発生する事態への対応が困難であり，解釈としての不
十分さも浮き彫りになったといえよう。

　他方，内閣が憲法第87条を軽視しているとともに，両院関係においては衆
議院も同条を軽視していることが明らかとなった。「国会」の承諾が憲法上
の要請であるから，予算の（承認の）議決と同様に，衆議院の議決の優位が
認められるとしても，両院協議会の開催を求めて，衆参両院の議決による国
会としての意思形成に努めることが要請されるのではないだろうか。憲法上
同じく国会の議決のあり方（approval）であるのに，条約では「承認」とされ，
予備費では「承諾」とされている。なお，1989年の参議院での予備費不承諾
の際は中途で立ち消えとなったが，衆議院において両院協議会の開催につい
て検討されたことがある。憲法第87条には，衆参両院の議決が異なる場合の
両院協議会の開催規定が欠落しているが，これにかわるものとして，国会法
の規定を改めて，開催することを禁止する趣旨とは解されない。国会法上の
両院協議会の開催を認める余地は十分に存在するといえよう。

　本章では，予備費の規模の大きさや予備費の不承諾という憲法不適合な事
態を検討することにより，国会の財政統制のあり方について検討した。議院
内閣制の裏側として「議会による財政統制のあり方を解釈していくべき
だ」[109]との石川健治の指摘は，予備費のあり方を考察する上でも重要な視

（109）　石川健治の発言（「秋季研究総会シンポジウムのまとめ」憲法問題17号
　　（2006年）132頁）。

第6章　国会の予備費承諾議決と財政統制権

座となろう。しかし，参議院が予備費を承諾しなくても「痛痒を感じない」，あるいは，政権が交代すれば「国会の不承諾は政治的には無意味になる」[110] という財政法研究者の評価は，国会内閣制の論理と親和的であろうが，憲法慣習および議会制のあり方として正当といえるだろうか。憲法学は，予備費そのものも，その国会による承諾の意義も軽視してきた結果，研究の蓄積は不十分であるといえよう。

---

(110)　槇重博『財政法原論』（弘文堂，1991年）186頁。

第7章　参議院と議院内閣制

はじめに

　議院内閣制における議会と内閣との関係は，与党単独内閣，連立内閣，少数与党内閣など議会と政府の関係が多様であることに応じて単純ではない。議院内閣制は「行政府と立法府との関係の一つの『器』にすぎず，その実際の働き，あるいはあるべき機能の仕方に関する考え方は，時代状況によって異なる」[1] のであれば，日本国憲法のそれはどのような特徴があり，どのような知恵が必要なのだろうか。それを考えることが，議会における憲政の運用を考える重要な前提となろう。しかし，これまでの憲法解釈や国会運営の原則は，衆議院の第一党の党首が参議院でも第一党の党首であって，連立与党を形成することもあるがおのおのの議席の過半数を制している内閣総理大臣という憲政を暗黙の前提としてきたのではないだろうか。これは，衆参両院の多数派の安定的な基盤の上に立った内閣総理大臣，すなわち，衆議院・参議院・内閣のいわば「三位一体」の体制であり，基本的に議院内閣制の運用を政府が決めることができることを示している。内閣総理大臣が自らを「私は立法府の長」と表明することが続いている[2] のは，この「三位一体」

---

(1)　曽我部真裕「議院内閣制」曽我部真裕＝見平典編『古典で読む憲法』（有斐閣，2016年）108頁。

(2)　安倍晋三総理大臣の発言（第166回国会参議院日本国憲法に関する調査特別委員会議録12号（2007年5月11日）7頁，第190回国会衆議院予算委員会議録20号（2016年5月16日）15頁。ただし，後者は「私は行政府の長」と修正されて会議録に掲載された）。福田康夫総理大臣の発言（第169回国会参議院予算委員会議録2号（2008年1月31日）2頁）。

第 7 章 参議院と議院内閣制

体制の長であるという意味合いを端的に示しているといえよう。

この「三位一体」体制が大きく崩れたのが，連立内閣を組めないほどに参議院での与野党の議席差が大きくなったので参議院少数与党となった2007年期[3] および2010年期であった。日本国憲法における議院内閣制の運用について原理的な考察を求めるような事態が生じた[4] といえよう。その後，2016年には内閣総理大臣が参議院議員通常選挙を，それまでは内閣の支持・存立基盤である衆議院議員総選挙の際に用いられてきた重要政策に関して「信を問う」選挙として位置づける[5] など，参議院と内閣のあり方は新しい局面を迎えている。

議院内閣制を，議会と内閣との関係[6] という憲政の運用から考察する際に重要な事項は，内閣への責任追及，行政統制，予算および決算・予備費といった財政の取扱い，条約の承認，内閣提出法案の議決，同意人事などである。任命や奏上，皇室会議など，おのおのと天皇との関係もある。憲法学ではこれについて，主に国会と内閣という国家機関間の権限分配のあり方や，

---

(3)　江田五月 = 江橋崇「インタビュー　参議院のこれから」ジュリスト1395号
　　（2010年）4-21頁。大西祥世「参議院における憲政と憲法」ジュリスト1395号
　　（2010年）22-30頁。
(4)　高見勝利『現代日本の議会政と憲法』（岩波書店，2008年）ⅴ頁。
(5)　「参院選，脱デフレ争点──あえて『参院選で信を問う』，首相，衆院選並み
　　の重み強調」（日経新聞2016年6月2日）。安倍晋三総理大臣は，消費税を8％
　　から10％にする時期を2017年4月から再延期して2019年10月とすることに関
　　して，2016年7月に予定される第24回参議院議員通常選挙にて「信を問う」
　　と説明した。なお，同総理大臣は，2014年11月に，2015年10月に予定されて
　　いた消費増税を2017年4月に延期することへの国民の信を問うため衆議院を
　　解散した。
(6)　実務を重視した比較憲法研究として近藤敦『政権交代と議院内閣制』（法律
　　文化社，1997年）。これらを与党と野党の関係からの考察として，川人貞史
　　『議院内閣制』（東京大学出版会，2015年）。立法補佐機関の立場からの研究と
　　して，蒔田純『立法補佐機関の制度と機能』（晃洋書房，2013年）。内閣制度
　　の多様な形態からの検討の必要性について，林知更「議院内閣制」南野森編
　　『憲法学の世界』（日本評論社，2013年）70頁。

はじめに

衆議院と内閣の関係を取り上げて，選挙制度のあり方[7] を含めて膨大な先行研究がすでに蓄積されている。しかし，議院内閣制は「内閣のあり方を指示する」[8] ものであると理解されてきたためか，その多くは，議院内閣制の主役の「議院」は下院で第一院である衆議院を意味し，上院の参議院は憲法解釈によって第二院として目立たない脇役に徹するよう脚色されるように思われる。すなわち，日本国憲法における憲政はウェストミンスター型の衆議院と内閣を舞台とした「ゼロサム・ゲームの枠には収まりきら」[9] ず，そのモデルから離脱[10] しているにもかかわらず，参議院も含む「国会」と内閣との関係は十分に論じられてこなかったといえよう[11]。

また，議会における憲政の運用は，憲法附属法と実務がつくりあげた不文の憲法慣習に大きく支えられている。日本国憲法下での参議院の展開は，後者の重要性を示す好例である。日本国憲法という「原作」に描かれた参議院は，制定後70年の運用の中で蓄積された憲法附属法と憲法慣習による「シナリオ」では，ときには主役の下院以上に目立つ存在感を発揮する性質を含んでいるというものである。本章では，衆議院再可決および国会同意人事を中心にとくに参議院と内閣との関係を取り上げてその憲政の実態を明らかにし，日本国憲法における議院内閣制についてさらに検討する。

---

(7) 最高裁判所は1票の格差に関する判決において「立法を始めとする多くの事柄について参議院にも衆議院とほぼ等しい権限を与え」ているという認識を示した（最大判平成24年10月17日民集66巻10号3357頁）。

(8) 小嶋和司『憲法学講話』（有斐閣，1982年）163頁。これに注目するものとして，高見勝利「議院内閣制の意義」大石眞＝石川健治編『憲法の争点』（有斐閣，2008年）219-221頁。

(9) 高見勝利『政治の混迷と憲法』（岩波書店，2012年）175頁。

(10) 笹田栄司ほか『トピックからはじめる統治機構』（有斐閣，2015年）98-99頁〔遠藤美奈〕。

(11) 加藤一彦『議会政治の憲法学』（日本評論社，2009年）9頁。棟居快行「二院制の意義ならびに参議院の独自性：国会の憲法上の位置付けから見た論点整理」レファレンス771号（2015年）13頁注（7）。

第7章　参議院と議院内閣制

1　内閣の国会に対する責任と参議院の劣位

日本国憲法では，その制定過程のはじめから，国会が国権の最高機関で，議院内閣制による責任政治の方針を採用することが当然の帰結であると解されてきた[12]。しかし，実際の日本国憲法は，その制定過程において議会の設計にあまり関心がもたれなかった[13]からか，この議院内閣制の根幹である「国会」の「責任」について制度的な不備が含まれている。これが明らかになったのは，憲法第66条第3項に定める行政権の行使に関する内閣の「国会」に対する連帯「責任」の理解が論争になってからである。

(1)　設計の不備①——憲法第66条第3項の「国会」の2つの意味合い

日本国憲法の「第4章国会」には，2つの精神が同居する混乱があるといえるだろう。これはもともと，日本国憲法制定過程において，GHQ草案では内閣が一院制の「国会」（Diet）に対する責任を負うという趣旨であったものを日本側が二院制に改めた後もこの文言をそのまま残したことに由来する。そのために，内閣は，二院制の「国会」（Diet）に対して連帯して責任を負うこととなった[14]。

議会と内閣との関係を規定した憲法第66条第3項の「国会」については，憲法学説では，衆参各院にそれぞれ責任を負うという立場と，全体の国会に対して責任を負うという立場がある[15]。責任の追及方法を広く解釈し，衆参各院がそれぞれ，質問，国政調査，決議などの方法によって内閣の責任を追及することができ[16]，内閣は質問への解答や協力といった責任の負い方

---

(12)　法制局「憲法改正草案逐条説明（第4輯）」（1946年）。

(13)　岩崎美紀子『二院制議会の比較政治学』（岩波書店，2013年）164頁。

(14)　憲法制定過程および内閣の憲法調査会の議論のうち参議院に注目したものとして，田村公伸「憲法制定過程と二院制」議会政治研究会年報6号（2004年）1-36頁。

(15)　野中俊彦ほか『憲法Ⅱ（第5版）』（有斐閣，2012年）221-223頁〔高橋和之〕。

1 内閣の国会に対する責任と参議院の劣位

もあるので，内閣は衆参各院に責任を負うという前者が多数説である。

他方，狭義の責任追及，すなわち「議会から内閣に対する問責への応答」については，もっぱら下院の信任を基礎に活動するウェストミンスター型の議院内閣制を念頭に，憲法第69条においては，衆議院で内閣不信任決議が議決された場合を想定し，衆議院の解散か内閣総辞職が行われることとした。多くの学説で，憲法上，責任追及に関する衆議院のほぼ独占ともいえる優越が定められて，内閣は衆議院に対して狭義の責任を負うことになったと解された。参議院の狭義の責任追及の効果について憲法に明文化されていないことから，参議院には認められていないと解釈してきた。

しかし，憲法第69条は単に，解散や内閣の総辞職を招くような法的効果をともなう責任追及は衆議院のみができるという意味に過ぎない。議院内閣制の性質からみると，責任本質説を手がかりに衆議院と参議院はともに内閣が政治責任を負う国会の構成要素である[17]ので，責任追及は衆参各院が独立して行い[18]，第5章で述べたように，参議院では問責決議によって内閣の責任を追及できると踏み込んで解することができるだろう。衆参両院の信任・不信任の意思が異なるときは，両院協議会で協議して，合意ができなければ衆議院の意思が優先されるにしても，内閣総理大臣の指名手続に参議院の権限が認められている以上，参議院にも責任追及の権限があると解する余地がある[19]。棟居快行は，内閣総理大臣の衆議院解散権に重きを置く均衡本質説の意味での議院内閣制の下にある衆議院と，責任本質説の意味での議院内閣制の下にある参議院という2つの意義は並存しており，こうした使い

---

(16) 上田健介は政府統制（行政統制）に国政調査権の積極的な活用を求める（上田健介「議院内閣制」大石眞監修『なぜ日本型統治システムは疲弊したのか』（ミネルヴァ書房，2016年）21-23頁）。

(17) 責任本質説の理解からである。棟居・前掲注（11）12頁。

(18) 今井威『議院内閣制』（ブレーン出版，1991年）314頁。

(19) 木下智史＝只野雅人編『新・コンメンタール憲法』（日本評論社，2015年）547頁〔只野雅人〕。

211

第7章　参議院と議院内閣制

わけは許されるとした[20]。

　こうした議院内閣制の理解の混乱は，日本国憲法下でのその「議院」の意味合いは一義的ではなく，「衆参各院」と「衆議院」という2つの形態があり，場合によって使いわけることから生じている。従来の憲法学説は，責任の範囲を狭義に解釈し衆議院優位の「国会」に支えられた議院内閣制では「問責」という厳しい責任追及の方法は衆議院に限られる[21]として，この設計不備を乗り越えようとした。しかし，この憲法解釈には，衆議院の優位性を強調することにより参議院の存在理由を失わせるという難点があった。もともと一院制であったGHQ草案を二院制に改めた理由が参議院によって衆議院多数派の急激な舵取りを牽制するというのであれば，参議院にその役割を果たせるような権限を認めなければならない。実際，GHQは，一院制を二院制に改めるのであれば，衆参両院がともに選挙で全国民を代表する「国民代表議会」[22]として，政府よりも上位に置くことを構想していた。GHQが日本には一院制の方がふさわしいと考えていた理由[23]は，第一に，代表民主制運営の責任を一点に集中する方が有用であるからである。二院制にした場合は国民の代表選出について2つの形態を用いることになり，どちらの院に「不信任決議」の権能を認めるのかという難しい問題が生じる。このように，GHQは，内閣の責任追及について混乱することを警戒していた。第二の理由は，一院制を提示し，日本側がその採用に強く反対したときにはこの点について譲歩することで，もっと重要な点を優位にすることができるからである。

---

(20)　棟居・前掲注（11）15-16頁。

(21)　樋口陽一『憲法Ⅰ』（青林書院，1998年）307頁。

(22)　マイロ・E・ラウエル「日本の憲法についての準備的研究と提案のレポート」（1945年12月6日）は，立法府は一院でも二院でもよいが，全議員が公選されなければならないことを示したが，GHQ草案は一院制を採用した。

(23)　「1946年2月5日民政局会合の議事要録」高柳賢三ほか『日本国憲法制定の過程Ⅰ』（有斐閣，1972年）121頁。「（総司令部側）憲法改正（案）の説明のための覚え書き」同311頁。

212

1 内閣の国会に対する責任と参議院の劣位

実際に，二院制の導入は日本側と GHQ 側のかけひきの道具となった。
1946年2月13日に松本烝治国務大臣がコートニー・ホイットニー GHQ 民政
局長に二院制のメリットを説明し，ホイットニーは GHQ 草案の基本原則を
損なわない限り二院制とすることを検討してもよいと述べた。同年2月22日
の会談においても，ホイットニーは，GHQ 側は両院とも国民の選挙で選ば
れるのであれば，二院制をとることそのものには反対でないことを明らかに
して[24]，二院制が導入されることになった。

しかし，くりかえしになるが，第二院の参議院に対して国民代表議会にふ
さわしい強い権限を認めれば，衆議院に基礎を置く議院内閣制がうまく立ち
行かなくなる。そこで，政府は参議院に慎重練熟の要素を盛り込む工夫をす
ればこの矛盾に対処できると主張した[25]。参議院の存在理由を疑問にする
批判[26]に対しては「理の府」「再考の府」という説明で応酬した。金森徳
次郎国務大臣は，1946年7月19日衆議院憲法改正案委員会において，「一院
制の持つて居る欠点，或は又此の憲法草案に付て往々人が疑ふ所の多数党の
一時的なる勢力が弊害を起すと云ふやうなことを防止する力を持つのではな
からうか，是が基本の考へでございます」[27]と，参議院が衆議院を牽制す
る役割を強調した。憲法学説は，権限が劣った参議院が衆議院を牽制する機
関としての役目が務まるか[28]という懸念をもちつつも，日本政府の立場を
擁護する理論を形成した[29]。

---

(24)　「1946年2月22日のホイットニー将軍と松本博士の会談の記録」同上，391頁。
　　　高柳賢三ほか『日本国憲法制定の過程Ⅱ』（有斐閣，1972年）198頁。
(25)　　金森徳次郎国務大臣の答弁。第90回衆議院憲法改正案委員会議録第17号
　　　（1946年7月19日）10頁。
(26)　　佐々木惣一は全国民を代表する議院は一院で十分で，2つもあれば徒に政
　　　治を混乱させることになるため，2つの国民代表議会は不要とする立場から，
　　　憲法改正案の二院制を批判した（只野雅人「両院制と選挙制度」論究ジュリ
　　　スト5号（2013年）67頁）。
(27)　　金森・前掲注（25）。
(28)　　浅井清『国会概説』（有斐閣，1948年）140-143頁。

第7章　参議院と議院内閣制

　こうした主張を裏づけるように，1947年の第1回の参議院議員通常選挙で
は，全国区という衆議院と異なる選挙制度により，既成の政党に属さない無
所属の立候補者が議員総数の半数近く当選し，議員92人によって「緑風会」
という院内会派が形成され，参議院の最大会派となった[30]。ただし，この
緑風会が日本政府や憲法学説からの理想的な期待に応えた期間は約10年で終
了した。後年の研究により，その理念と実態のかい離も指摘されている[31]
が，衆参両院の意思が異なることを前提とした二院制における合意形成[32]
という憲法慣習の形成に大きく貢献したといえよう（第3章参照）。

　とはいえ，ともに全国民の代表者である議員が似たような選挙方法で選出
される国民代表議会で，ほぼ対等な権限をもつという奇妙な二院制[33]であ
ることには変わりはない。さらに，一見すると衆議院が優越するようで，実
はきわめて強力な立場にある第二院という性質が，その後の参議院議員の選

---

(29)　宮沢俊義「法のうごき世のうごき（2）」法律タイムズ4巻5号（1950年）
　　　36頁。
(30)　当時の様子は，元参議院事務総長の河野義克「参議院の歩みと存在意義」
　　　読売新聞調査研究本部編『日本の国会　証言・戦後議会政治の歩み』（読売新
　　　聞社，1988年）107-143頁，野島禎一郎編『緑風会十八年史』（緑風会史編纂委
　　　員会，1971年）に詳しい。
(31)　議員の背景について，市村充章「参議院選挙制度と選出議員」議会政治研
　　　究58号（2001年）17頁。衆議院の審議内容の充実度について，福元健太郎『立
　　　法の制度と過程』（木鐸社，2007年）135頁。
(32)　高見勝利は，日本国憲法は憲法第59条第2項により「明らかに多数派と少
　　　数派との間の合意形成型を指向している」と指摘した（高見・前掲注（4）97
　　　頁）。これを批判するものとして，高橋和之「日本国憲法は『合意形成型』と
　　　適合的か」岡田信弘ほか編『憲法の基底と憲法論』（信山社，2015年）309-339
　　　頁。
(33)　政治学研究者の待鳥聡史は，参議院は「趣旨不明確な第二院」という特徴
　　　があり，国会と内閣の関係や第一院と第二院の関係がいずれも整理されてい
　　　ないと指摘した（待鳥聡史「『多数主義』時代の二院制を再考する」論座2008
　　　年1月号（2008年）27-28頁。同「参議院改革の考え方」Voters 創刊号（2011
　　　年）8-9頁）。

1 内閣の国会に対する責任と参議院の劣位

挙結果から明らかになった。これが議院内閣制のあり方に関する懸念として現実となったのは，参議院における単独与党体制が崩れてからである。すなわち，与党が衆参両院の過半数を占めていた時期は参議院の強さは政党内部で解消されて[34] 表向きには見えなかった[35] が，与党自民党が過半数の議席を確保できずに連立内閣を組むきっかけとなった1989年に半ば判然とし，連立与党の議席が過半数を確保できずに参議院少数与党となった2007年に全面的に明らかになったのである。

(2) 設計の不備②──矛盾を抱えた衆議院優位の包含と顕在化

　参議院がこれほど悩ましく存在しているのには，その設置当時の事情が影響している。先述のとおり，GHQ は，その草案起草過程において一院制の国会が中心となる立法府優位型の議院内閣制の採用を予定していた[36]。これに対して日本政府は二院制の国会を提案し，GHQ 側がこの修正に応じて，衆参両院で構成される国会の制度となった。その際に，GHQ は，貴族院型の第二院を排斥し，参議院も衆議院と同様に選挙によって選出された全国民を代表する国民代表議会であることを求めた。そのために，日本政府は，GHQ 草案にあった一院制の国会に関する規定をそのまま残して二院制の国会に適用して，条文の修正は最小限にとどめた。ここに，二院制議会の「国会」に対して責任を負う内閣制度の骨格が作られた[37]。

　一方，日本政府は，強力な一院制の国会が左傾化して急激な変革をもたらすことを強く警戒して，それの抑制のために二院制を提案した。同時に，参

---

(34)　樋口陽一「政権交代と二院制の活性化」書斎の窓2010年12月号（2010年）4頁。

(35)　大山礼子は，与党自民党の事前審査が参議院の強さの顕在化を防ぐ役割をもち，衆参両院の活発な議論を阻害していると指摘した（大山礼子『日本の国会』（岩波新書，2011年）。同「参議院改革の前提としての国会審議改革」都市問題2013年5月号（2013年）66-73頁）。

(36)　「SWNCC228　日本の統治体制の改革」高柳・前掲注（23）431-432頁。

(37)　二院制採択の事情に関する同旨として，小嶋・前掲注（8）243頁。

第 7 章　参議院と議院内閣制

議院があまり強力に衆議院に対抗することも恐れて，衆議院優位の二院制の
国会とすることを企図して，衆議院の優位を確保するためにいくつかの条文
を新たに付け加えた。貴族院での審議において，法律案について衆参両院の
意思が異なった場合も必要的両院協議会とする憲法第59条第 3 項の修正案が
提起されて[38]，結局は憲法条文には盛り込まれなかったものの，その一部
は国会法第84条として実現した。両院協議会の開催の諾否について衆議院が
法律上の主導権をもつことでその優位性を確保されたが，これにより，憲法
第59条第 3 項の法律案に関する両院協議会が，任意的開催であろうとも，参
議院先議の案件で参議院可決・衆議院否決というパターンにも開催可能性を
ひらくものであったので，同条第 2 項の衆議院の優越をゆるがすものとして
働くと解された[39]。こうして，参議院にもそれなりの力があるが最終的に
は衆議院が優越する国会と，主として衆議院に責任を負う内閣制度という議
院内閣制の骨格が形成された[40]。

　そのために，日本国憲法は，「議会支配制」[41] の原理と評されるほど
GHQ が求めた対等な 2 つの国民代表議会が内閣や行政府に優位する議会中
心主義を基礎とする議院内閣制を表す条文と，日本政府が欲した衆議院優位
の国会の信任を基礎とする議院内閣制とを表す条文とが混在する奇妙な憲法
になってしまった[42]。政府側は，憲法改正案の帝国議会における審議の際
にも，一貫して，それが衆議院優位の議院内閣制を採用していると強調し

---

(38)　第90回帝国議会貴族院帝国憲法改正案特別委員小委員会議事速記録 1 号
　　　（1946年10月 2 日）21頁。

(39)　白井誠「憲法政治の循環性をめぐって」曽我部真裕 = 赤坂幸一編『憲法改
　　　革の理念と展開　上巻』（信山社，2012年）678-679頁。両院協議会の議案の先
　　　議・後議から衆議院優越を説くものとして，鈴木隆夫『国会法の理念と運用』
　　　（信山社，2012年）21-26頁，75-76頁。

(40)　二院制における参議院の性格に着目した憲法制定過程に関する詳細な研究
　　　として，木下和朗「日本国憲法成立過程における両院制の構想」曽我部真裕 =
　　　赤坂幸一編『憲法改革の理念と展開　上巻』（信山社，2012年）485-521頁。

(41)　小嶋和司『憲法概観（第 7 版)』（有斐閣，2011年）232頁。

1 内閣の国会に対する責任と参議院の劣位

た(43)が，それは，GHQ の指示の下ででき上がった日本国憲法の後知恵(44)であった。

そして，日本国憲法を運用するために必要な憲法附属法の制定に際しても GHQ の指示(45)は詳細であった。また，この時期の吉田茂内閣は参議院において少数内閣であり(46)，そのために，国会においては，日本政府の意図するところと異なって「強い参議院」が出現した。「強い参議院」は，議会と政府との間の衝突を緩和して政府に安定をもたらす二院制の上院という日本政府の意図に反したものであり，したがって日本政府の意図を支える支配的憲法学からも議院内閣制の趣旨に反すると批判された(47)にもかかわらず，日本国憲法施行の最初の10年を特徴づけることになっていたのである。

ここに，憲法制定過程での不幸な制度設計の不備が重なった。日本政府は，衆議院の優越を確保するために，国会における議案の取扱いに関して，予算の承認，条約の承認，内閣総理大臣の指名などについて，衆議院と参議院の議決が異なった場合に両院協議会の開催および衆議院の議決が優越する規定を付け加えた。しかし，法律案の扱いなど衆議院の優越が憲法上の原則として必ずしも貫徹されずに(48)，衆参両院が対等になる領域が存在したのであ

---

(42) 高安健将はこれを「内閣と参議院の間に直接には相互依存関係はなく，それぞれが独立した民主的正当性のうえに成立していた。その意味で，日本における内閣と参議院の関係は，米国型の大統領と議会の関係に近い」と指摘した（高安健将「2000年参院選と日本政治の行方」現代の理論2007年秋号（2007年）22頁）。

(43) 金森・前掲注（25）。

(44) 加藤・前掲注（11）28頁。

(45) アルフレッド・C・オプラー「占領下日本の法律改革（一）」法律タイムズ4巻2号（1950年）2-10頁。同「同（二）」法律タイムズ4巻3号（1950年）1-12頁。

(46) 吉田茂内閣と参議院の関係に着目するものとして竹中治堅『参議院とは何か』（学陽書房，2010年）31-85頁。

(47) 刑部荘「両院制」国家学会雑誌60巻11号（1946年）380頁，406頁（高見勝利編『刑部荘著作集』（慈学会出版，2008年）に所収）。

第7章　参議院と議院内閣制

る。しかし，GHQ側にも，日本政府側にも，法律案と予算の承認とで衆議院の優越性をたがえたことにより議院内閣制のあり方に矛盾が生じることになるという考えはなかったようである。

　ところが，日本国憲法が施行されるとすぐにこのレベルの食いちがいが表面化した。1947年9月に，参議院が労働省設置法案を修正議決し，衆議院の多数はその回付案に反対だったにもかかわらず3分の2には達しなかったため，これに同意した。この修正は，政令により労働省の部局を増やすことを認める条項を含んでいたので，参議院がそれを削除したものである。行政組織法律主義の原理に基づく妥当な修正であり，その「慎重審議の府」としての機能が発揮された例といえよう。しかし，宮沢俊義はこれを参議院の強さの現れととらえて批判した。すなわち，衆参各院の関係および内閣の議案提出先と先議・後議関係を取り上げて日本の議院内閣制の設計不備を指摘して，矛盾を抱えた衆議院優越規定により参議院の反対はしばしばその法律の不成立をもたらすだろうから，参議院の権力は実はそう弱いものではないことを見逃してはならないと警鐘を鳴らした[49]。

(3)　設計の不備③——内閣・衆議院 vs. 参議院という対立への対応

　日本国憲法の議院内閣制では，参議院で野党が多数となり，内閣が提出した議案を立て続けに否決して内閣の命運をゆさぶった場合，衆議院よりもむしろ参議院が政治の中心となる議院内閣制という日本国憲法の一面が現れる。こうした，衆議院，参議院およびその多数派の信任を基盤とした内閣の「三位一体」体制が崩れて，内閣・衆議院対参議院という対立構造が生まれる場面には，国会に提出された議案の内容に関わるものと，議会運営のあり方に関わるものがある。

　それが議案の内容に関する対立であれば，衆参両院の異なる意思を調整す

---

(48)　木下・前掲注（40）518頁。
(49)　宮沢俊義『新憲法と国会』（国立書院，1948年）180-187頁。

218

1 内閣の国会に対する責任と参議院の劣位

るために，日本国憲法は衆議院の優越性を一応用意している。しかし，これ
らの規定にはいくつかの欠陥がある。たとえば，予備費承諾案件や同意人事
案件など衆参両院が対等の権限をもっている場合，法律案や予算などの議案
処理において参議院が巧妙に行動して抵抗した場合，衆参両院の絶対的対等
性が規定された憲法改正手続の場合では，衆議院の意思が優越されてそれを
国会の意思とする方法が規定されていない。また，法律案では対立を乗り越
えるための手法の一つとして衆議院の再可決があるが，これは3分の2によ
る特別多数の賛成が必要とされて，成立要件は厳しい。

　他方，衆参両院の対立が国会の運営に関するものであるときには，事態は
政府与党にとって一層深刻である。日本国憲法には，国会の運営に関しての
衆参両院の調整に関する規定が不足している。第2章で述べたように，国会
法においても，常会の会期（第10条）以外は，会期の決定において衆参両院
一致の議決を原則としつつも衆議院の優越が定められている（第11条～第13
条）ほかには規定がない。内閣は国会の運営には直接に関与できない。衆参
両院の議事運営から「完全といってよいほど排除されている」[50] という指
摘もある。そのため，政府与党は，内閣を支えるため，衆議院を通じて参議
院に対抗するかたちになり，その結果両者の対立がさらに激化して，内閣の
重要議案の成立が大きく左右されることになる[51]。憲法制定時に，GHQは，
衆参両院関係はウェストミンスター型，すなわちイギリスをモデル[52] とし
たにもかかわらず，議事運営についてはアメリカをモデルにした委員会中心
主義の採用を強く求めた。これは，大日本帝国憲法における本会議中心主義

---

(50)　上田健介「議院の議事運営に対する内閣の関与について」曽我部真裕＝赤
　　坂幸一編『憲法改革の理念と展開　上巻』（信山社，2012年）569頁。上田は，
　　内閣が議事運営への関与を強めて議会審議の活性化を提言する（同574頁）。
(51)　白井誠は，対立の解消を与野党間協議に身を委ねる議会運営の構造が強す
　　ぎる参議院を表出されたと指摘した（白井誠『国会法』（信山社，2013年）82
　　頁，233頁）。
(52)　「民政局長のための覚書（1946年4月29日）」犬丸秀雄『日本国憲法制定の
　　経緯』（第一法規，1989年）237-247頁。

第 7 章 参議院と議院内閣制

の三読会制からの大転換である。しかし，委員会中心主義に関する日本国憲法上の規定はなく，国会法に規定された。さらに，GHQ は衆議院が求めた委員会の常設制を否定した[53]（第 2 章参照）。ここに，第一院が中心で基本的に議員の任期を 1 つの立法期ととらえるイギリス型の議会運営と，衆参対等な強い権限をもつ委員会が中心となるがその活動は基本的に 1 つの会期中に限定される（会期不継続の原則）[54] アメリカ型の議会運営という 2 つの異なる性質が同居することになった[55]。この設計不備はとくに，会期の延長の長短や有無がいわゆる「吊るし」[56] など議案の取扱いに大きく影響することで「内閣の国会に対する弱さ」として現れるとともに，参議院の各委員会による国政調査権の要求に内閣は対抗できないという「内閣の参議院に対する弱さ」として現れる。また，閉会中審査は可能であるが衆参両院の内閣に対する国政調査権の活動に大きな制約をもたらす[57] ことで「内閣に対する衆参各院の弱さ」としても現れるのである。さらに，衆議院と参議院は議事運営をめぐる考え方が異なる[58] ため，その対立はより一層複雑になる。

　結局，内閣・衆議院対参議院という対立が生じた場合には，議案の内容に

---

(53)　委員会と国会法の制定過程について，今野彧男『国会運営の法理』（信山社，2010年）260-269頁，大曲薫「国会法の制定と委員会制度の再編」レファレンス2010年10月号（2010年）31-46頁。

(54)　会期制をとったからといって，会期不継続の原則は必然的には要請されない。安西文雄ほか『憲法学読本（第 2 版）』（有斐閣，2014年）279頁〔安西文雄〕。

(55)　原田一明はアメリカ型とイギリス型を「ミックスした類型を採用した」と指摘した（原田一明『議会制度』（信山社，1997年）63-64頁）。なお，GHQ 側で国会法の制定過程に深く関与したジャスティン・ウィリアムズ民政局立法課長は，後年に「常任委員会制度によって，衆議院はイギリスの庶民院とは異なっているし，アメリカの議会に酷似している」と振り返った（ジャスティン・ウィリアムズ「占領期における議会制度改革（1）」議会政治研究77号（2006年）59-60頁）。

(56)　議院運営委員会において，本会議における趣旨説明要求がなされたが，付託されないままの状態に置かれる議案のこと（浅野一郎『新・国会事典（第 3 版）』（有斐閣，2014年）121頁）。議案は，審査する委員会に付託されない限り実質審査がはじまらないため，対立の駆け引きに用いられる。

220

1 内閣の国会に対する責任と参議院の劣位

関するものであれ，議会の運営に関するものであれ，それを積極の方向に動かして国会の意思を形成し，国政の前進を図ろうとすれば，最終的には衆参両院の話し合いによる合意が得らえることが理想である。しかし，議案の内容に関する場合は両院協議会を通じた協議による合意をめざすしくみが十分に機能しているとはいえない[59]。その結果，内閣提出法案で衆議院の３分の２による再可決ができない場合，「内閣は全体としての『国会』に対する責任を充たすことができなくなったと見る余地が十分にあ」[60]り，その責任を果たすために，内閣は，衆議院を解散して次の総選挙にて３分の２以降の議席を確保することをめざすか，あるいは，参議院の与党の議席が過半数になるように努めて連立政権を形成するか，参議院の多数の支持を獲得する

---

(57) 今野彧男は，当時は条文を直す時間的余裕がなかったので，国会法第47条の「審査」には「調査」も含まれると解釈し，委員会の調査権は衆参各院の規則で定めると判断したのだろう，と述べた（今野・前掲注（53）264頁）。これに対し，鈴木隆夫は，国政調査権を衆参各院の規則で規定することは，国政調査権が「国会」の権限ではなく「各議院」の権限とする憲法第62条にも委員会中心主義にも適合的であると解した（鈴木・前掲注（39）132-134頁）。他方，佐藤吉弘は，委員会は本質的には本会議の予備的下審査機関であって，自ら固有の機能を持つものではないと解した（佐藤吉弘『注解参議院規則（新版）』（参友会，1994年）78-79頁）。

(58) 森本昭夫「衆議院流と参議院流」立法と調査311号（2010年）109-129頁。

(59) 委員会中心主義の採用により，衆参各院の委員会は与野党の対立に加えて政府との対立の場となったので，政府と与党の調整に事前審査が活用され（大山礼子「議事手続再考」駒澤法学７巻３号（2008年）23-54頁），議会運営に関する対立解消には「議院運営委員会」ではなく，政府が与党をパイプにして議会運営に主導性を発揮できる非公式協議機関の「国会対策委員会」が活用される（前田英昭『国会の立法活動』（信山社，1999年）27-28頁）ようになった。その結果，各党で参議院議員が衆議院議員と同じ内容の党議拘束を受け入れたり，衆議院で与野党が一致して法律案を修正して参議院に送付したりすることで，対立の解消を図ることが多くなった（同「二院制」ジュリスト1177号（2000年）40頁）。

(60) 樋口陽一「議院内閣制」小嶋和司編『憲法の争点（新版）』（有斐閣，1983年）149頁。

第 7 章　参議院と議院内閣制

ために政策の内容を見直すか，政策の実現を断念するかによって対立の解消を図るという，衆議院よりも参議院の意思を優先させて合意を得るかたちでしか解決が展望できないのである[61]。

　後者の衆議院と参議院の双方において内閣が多数の信任を得なければ内閣の政策実現は事実上不可能になる[62]という「強い参議院」という実態は，憲法制定過程で日本側がめざし，憲法学説が支持した下院の信任を基盤とする「議院内閣制」のあり方とは異なった「『両院』内閣制」[63]という制度設計の不備[64]が含まれた日本の議院内閣制の特徴といえよう。宮沢俊義は1950年の論文において「衆議院の絶対多数の支持に立脚する内閣が，参議院の反対によつて，その政策を実行するための法律の成立を妨げられる可能性を認めることが，日本国憲法が定めている議院内閣制の精神からいつて果たして適当であるかどうか，甚だ疑問だということになる」[65]と指摘した。参議院で少数与党になると，予算は承認されるがその財源や使途の根拠となる予算関連法案が成立しないという事態を招き，参議院の議席数が連立与党，すなわち内閣の信任の基盤の形成に向けて日本の憲政を大きく動かすという不安は現実となったのである。

---

(61)　竹中・前掲注（46）310頁。なお，前者の例として，小泉純一郎総理大臣は郵政民営化関連法案が参議院で否決されると「国民の信を問う」として衆議院を解散した。その後の2005年9月11日に行われた第44回衆議院議員総選挙において連立与党は3分の2超の議席を得た。

(62)　加藤・前掲注（11）14頁。高安健将は，日本は議院内閣制ではなく「半議院内閣制」と呼ぶべきと指摘した（高安健将「日本は議院内閣制か」改革者2012年9月号（2012年）31頁）。「参議院の黙示的影響力」により内閣の責任があいまいになる（松浦淳介「分裂議会に対する立法推進者の予測的対応」法学政治学論究92号（2012年）90-91頁）との批判もある。

(63)　田村公伸「参議院と内閣」曽我部真裕＝赤坂幸一編『憲法改革の理念と展開　上巻』（信山社，2012年）476頁。

(64)　網中政機はより強い表現で「憲法の欠陥」を指摘した（網中政機「国会の構成としての二院制のあり方」名城法学60巻別冊（2010年）74頁。

(65)　宮沢・前掲注（29）36頁。

222

1　内閣の国会に対する責任と参議院の劣位

(4)　設計の不備④——内閣・参議院 vs. 衆議院という対立への対応

　参議院が国民代表議会であることは，奇妙な議院内閣制を生み出すことにもなる。これは，衆議院が少数与党の内閣で，参議院では与党が過半数であるという場合もあるが，衆議院で与党多数であっても，内閣と衆議院所属の与党議員が政治的に対立する一方で，内閣と参議院所属の野党議員が親和的であるという場合もある。後者は「内閣・参議院対衆議院」として現われる。

　内閣提出法案の参議院における修正は活発に行われた。第1回から第12回国会で121件，第13回国会から55年体制が成立する前の第21回国会で123件であった。とくに第13回国会および第19回国会は，与党議員が中心となって政府原案に質的な修正を加え，野党議員がこれに反対して政府原案を支持するという現象が多くみられた[66]。衆参両院の意思が異なる場合には，両院協議会を開催して合意をめざすか，衆議院が再議決を行って，国会として議決をめざすが，両会期では，それよりも後掲表の①項のように，衆議院が行った修正点を，参議院で政府原案に再修正し，衆議院で再び議論された際には結局は参議院の修正議決に同意した例が多いのが注目される。①のケースは，③の両院協議会を開催して成案を得た場合と④の衆議院の再可決の場合を合わせた22件の約5倍である。これもまた，参議院において内閣が多数の信任を得なければ内閣の政策実現は事実上不可能になるという例といえよう。

---

(66)　西沢哲四郎「問題を孕んだ第十九国会」ジュリスト62号（1954年）13頁。
　　第13回国会で241件中80件，第19回国会で178件中32件の法律案が修正された。

第7章　参議院と議院内閣制

〔表〕第13回国会・第19回国会における衆参両院の意思が異なった場合の法律案の成立状況

国会回次	①衆院可決，参院修正，衆院同意	②衆院可決，参院修正，衆院不同意で不成立	③衆院可決，参院修正，衆院不同意，両院協議会開催，成案成立	④衆院可決，参院修正，衆院不同意，衆院再可決	⑤参院可決，衆院修正，参院同意
第13回	73	0	16	4	5
第19回	33	0	0	2	1
合　計	106	0	16	6	6

（出典）西沢哲四郎「問題を孕んだ第十九国会」ジュリスト62号（1954年）13頁をもとに大西が作成

2 「3分の2による再可決」と参議院の劣位
　　──内閣との関係

　衆参両院の意思が異なる場合，下院の議決が国会の議決となることは二院制の制度として当然視されている。各国の憲法でもそれぞれに，両院間の意思の調整手法として制度化されている[67]。日本国憲法第59条第2項は「衆議院で可決し，参議院でこれと異なつた議決をした法律案は，衆議院で出席議員の三分の二以上の多数で再び可決したときは，法律となる。」と規定する。これは，やや長いが正確にいえば，衆議院が可決という議決を行い，参議院が否決という議決を行って衆参両院の異なる意思が表明された法律案は，衆議院で出席議員の3分の2以上の多数で再び可決したときには，衆議院の議決によって表明された賛成という意思が，衆参両院の意思が一致した「国会」の議決とみなされて法律となる，ということである。「衆議院の意思が国会の議決となる」ことが「衆議院の優越」として説明されてきた。

　実際の憲政では，衆議院による再可決は，衆議院の参議院への対抗手段として現れる。さらに，憲法第59条第4項に基づく「みなし否決」[68]は，参

---

[67]　国立国会図書館調査及び立法考査局『主要国の議会制度』（2010年）46頁。

2 「3分の2による再可決」と参議院の劣位

議院の法律案での審議中に衆議院がそれを否決の議決とみなして対処するということであるので，参議院の審議権が無視されることを意味する。再可決を用いて衆参両院の意思の相違を調整することは，憲法が認めている調整方法なので非難されるべきではないという指摘[69]もあるが，国会における審議・議決のあり方としては非常例外の制度であるといえよう。日本国憲法下での70年間に，衆議院議員総選挙にて再可決が成立する条件を得た内閣は，2005年の第3次小泉純一郎内閣（およびその後継の第1次安倍晋三内閣，福田康夫内閣，麻生太郎内閣），2012年の第2次安倍晋三内閣，2014年の第3次安倍晋三内閣のわずか3例のみである。

　一方，参議院少数与党という状況の下では，憲法第59条第2項は参議院に強い拒否権を与えたのと等しい効果をもつ[70]。衆議院は与党が3分の2を超える議席を占めたが参議院では少数与党であった2007年期は前者の性質が前面に現れて批判されたが，衆議院の与党の議席が過半数を超えていたが3分の2に届かなかった2010年期は後者の性質が前面に現れて「決められない政治」として批判された。2010年期は2007年期と比べて，法律案とともに問

---

(68)　法律案に関するみなし否決の例はこれまで3例ある。1952年7月の国立病院特別会計所属の資産の譲渡等に関する特別措置法案，国家公務員法の一部を改正する法律案，保安庁職員給与法案についてのみなし否決（第13回国会），2008年4月の平成20年度における公債の発行の特例に関する法律案，所得税法等の一部を改正する法律案，地方税法等の一部を改正する法律案，地方法人特別税等に関する暫定措置法案，地方交付税法等の一部を改正する法律案についてのみなし否決（第169回国会）および2013年6月の衆議院小選挙区選出議員の選挙区間における人口較差を緊急に是正するための公職選挙法及び衆議院議員選挙区画定審議会設置法の一部を改正する法律の一部を改正する法律案（第183回国会）である（参議院「参議院先例諸表平成22年版」「同追録22」）。

(69)　上田健介「政権交代と与野党の役割」佐々木弘通＝宍戸常寿編『現代社会と憲法学』（弘文堂，2015年）139頁。

(70)　只野雅人「日本国憲法の政治制度と参議院」岡田信弘編『二院制の比較研究』（日本評論社，2014年）171頁。

第 7 章　参議院と議院内閣制

責決議や同意人事案件でも参議院からの内閣への攻勢は激しく[71]，次の衆議院議員総選挙で与党の議席を過半数割れに追い込む手法として用いられて，事実上内閣の退陣をもたらし，議案の拒否権以上の効果を発揮した。政権交代が予定されることは議院内閣制の健全な運用にとって有益である[72]が，それが下院である衆議院ではなく，参議院によってもたらされたのである。

このように，再可決の厳しい要件が必ずしも望ましいとはいえない[73]憲法運用を招いたのはなぜだろうか。本章では「3分の2以上の多数で再び可決する」という意味合いに注目して，日本国憲法の制定過程に遡って検討したい。

(1) 再可決の例

① 50年のタイムラグによる変質——日本国憲法施行後の10年間と2007年期以降の10年間

再可決は，憲法の施行から最初の10年間（第1回〜第26回国会）に29法案[74]で行われ，その後とだえて，2007年期に約半世紀ぶりに再び現れた[75]。その29法案のうち13法案が衆議院提出法案である[76]。参議院における修正

---

(71)　成田憲彦「参議院の位置づけ」都市問題2013年5月号（2013年）48頁。

(72)　谷福丸「『ねじれ』国会をあれこれ考える」読売クオータリー2008春号（2008年）126-133頁。

(73)　再可決の要件が厳しいことで参議院が思い切って活動できると積極に評価するものとして斎藤十朗，増山幹高「対談ねじれ国会，改革の方途を論じる」議会政治研究87号（2008年）3頁。

(74)　具体的な法案について，梶田秀「法律案の再議決」議会政治研究44号（1997年）59頁と竹中治堅監修，参議院総務委員会調査室編『議会用語事典』（学陽書房，2009年）192-193頁に衆議院が再議決した法律案の一覧が掲載されているが，前者は29件，後者は28件である。第7回国会の「経済調査庁法の一部を改正する法律案」の掲載有無のちがいからであるが，同法案は再可決された例の1つである（第7回国会衆議院会議録47号（1950年5月2日）4頁）。

(75)　竹中・同上，193-195頁。

(76)　参議院「参議院先例諸表平成22年版」645-652頁。

226

2 「3分の2による再可決」と参議院の劣位

議決に対するものが27件（うち再可決が成立しなかったもの1件），否決議決に対するものが1件，第59条第4項の議決がなかったもの（みなし否決）が1件である[77]。参議院の修正議決の事案1例で3分の2に達せずに不成立になったほかは，28例は3分の2以上の賛成で再可決され，法案が成立した。参議院が否決した法案への再可決はわずかに1例のみである。これは憲法制定直後には，参議院で否決された議案を衆議院が対抗的に覆すことがいかに例外としてとらえられていたのかを示すものであろう。

2007年期の再可決は，衆議院における再可決としては1957年5月19日以来51年ぶり（参議院での修正議決に対して衆議院はその回付案に同意せず，再可決した例）に，参議院で否決された法律案に対する再可決としては1951年6月5日以来57年ぶりに，衆議院によるみなし否決による再可決としては1952年7月30日以来56年ぶりに行われた[78]。2007年期では，衆議院の再可決権限が多用されて，17法案が成立した。いずれも内閣提出法案であり，不成立の例はない。参議院における否決議決に対するものが16件，議決がなかったもの（みなし否決）が1件である。17件のうち2件は衆議院で両院協議会の開催を求める動議が提出されたものの否決されたため，衆参両院の意思を調整する機会が得られなかった。

② みなし否決の強硬性

衆議院から送付された法律案の議案について参議院がその意思を表明しないとき，議案の送付から60日が経過すれば，衆議院は参議院がその法律案を否決したとみなすことができる（憲法第59条第4項）。参議院では60日以内に充実した審議を終えるようにすることが望ましいという趣旨と解することもできるが，60日以内に終わらずに長期化した場合，適切な理由があって参議院が真摯に議案の審議に当たっている事情があるのに衆議院がみなし否決の

---

(77) おのおのの衆議院における議事手続について，梶田・前掲注（74）56-58頁。
(78) 参議院『第168回国会概観』（2008年）2頁。同『第169回国会概観』（2008年）2頁。同『第170回国会概観』（2009年）3頁。2007年期に再可決された17法案について，大西・前掲注（3）26頁。

第7章　参議院と議院内閣制

議決を行って，3分の2による再可決の手続を始める（同条第2項）のであれば，参議院の意義の否定につながる衆議院の強硬な議会運営による権限の濫用ということになろう[79]。この強硬性が顕在化したのが，2008年の第169回国会におけるいわゆる「日切れ法案」と「つなぎ法案」の取扱い[80]であった。

　「日切れ法案」とは，特定の日に法律が失効するまたは適用期限が切れる規定を含む限時法で，政策的にその後もその効力を継続させる新たな立法を求めるための法律案のことである。その多くが年度末の3月31日までの限時法で，翌年度の4月1日以降の10年間あるいは5年間切れ目なく継続させるため，年度末に法案が成立するように審議日程が調整される。

　2008年3月31日にその根拠法が失効する暫定税率，租税特別措置，非課税特別措置について，4月1日からさらに10年間延長する内閣提出法案について，衆議院の与党は，それが議会運営上，期限から遡って60日までに衆議院で議決（可決）されない場合に備えて，暫定的に同年3月31日から同年5月31日まで期限を延長するいわゆる「つなぎ法案」（「国民生活等の混乱を回避し，予算の円滑な執行等に資するための租税特別措置法の一部を改正する法律案」，「国民生活等の混乱を回避し，予算の円滑な執行等に資するための関税暫定措置法の一部を改正する法律案」，「国民生活等の混乱を回避し，地方団体における予算の円滑な執行等に資するための地方税法の一部を改正する法律案」）を準備した。同年1月29日に議員立法として衆議院に発議されて，翌30日に衆議院の財務金融委員会および総務委員会において与党の賛成多数となった。衆議院で可決されれば，同日ただちに議案は参議院に送付されるので，参議院がどのような結論を出しても，期限が到来する3月31日の直前に60日ルールのみなし否決の議決を行って再可決し，衆議院の意思を国会の意思として形成して日

---

(79)　世木義之「参院審査中の法律案に衆院の『みなし否決』の再考」議会政治研究81号（2007年）31-55頁。

(80)　衆議院事務局『平成20年衆議院の動き』（2008年）。参議院事務局『参議院審議概要　第169回国会』（2008年）。

2 「3分の2による再可決」と参議院の劣位

切れになるのを阻止しようということを意味する。この議会運営が大きく問題視され，引き続き同30日に同法案の採決が予定された衆議院本会議の開会前に，衆参両院議長のあっせんによる与野党協議が行われ，結局，同つなぎ法案は撤回された。

「つなぎ法案」は，衆議院の与党会派による議員立法で，参議院を無力化する強硬な議会運営の現れ[81]である。野党が参議院に提出した議員立法の扱いについて，原案・対案，修正案に関する一事不再議の扱い[82]（第3章参照）を含めて，再可決条項の是非が大きく問われた例である。

(2) 再可決条項が日本国憲法に盛り込まれた経緯

日本国憲法の制定過程をみると，憲法問題調査委員会（松本委員会）の憲法改正案では，衆議院で3回にわたり，総員の3分の2以上で可決した法律案は，参議院の議決のいかんによらず国会の議決があったものとする案（第39条ノ2）であった。1946年2月1日の閣議で1911年イギリス議会法第2条[83]の例を参考にすることが議論された[84]。前者の「衆議院で3回」の可決を求めるという回数の要件は穏当な衆議院優越規定であるが，後者の

---

(81)　2015年の第189回国会では，いわゆる安保法案の審議の際に，慎重な審議を求める参議院と法案の早期成立を望む内閣との対立により，みなし否決による衆議院再可決が模索されたことがある。衆参両院で与党多数であるにもかかわらず，内閣・衆議院対参議院という対立が生じることが顕在化した例である。

(82)　先議と後議，原案と対案の関係について，原田一明「衆議院の再議決と憲法五十九条」議会政治研究86号（2008年）1-10頁。

(83)　法案が3会期連続して下院で可決され，上院がそれぞれの会期で否決した場合，その法案が最初に審議されてから2年経過していたならば，上院が3回目の否決を行っても，それにかかわらず法案は成立する（小堀眞裕『国会改造論』（文春新書，2013年）59頁）。1911年イギリス議会法の制定過程につき，木下和朗「イギリス1911年議会法の憲法史的背景」山崎広道編『法と政策をめぐる現代的変容』（成文堂，2010年）43-65頁。

(84)　佐藤達夫『日本国憲法成立史　第2巻』（有斐閣，1964年）638頁。

第 7 章　参議院と議院内閣制

「3 分の 2 以上による可決」という数の要件は厳しい。この 2 つが組み合わさると厳しさが大幅に加重されて，再可決が成立する見込みはほとんどないといえよう。

　GHQ 草案では，当初は一院制の議会が考えられていたので，衆参両院の権限における優劣関係の規定はなかった。

　日本政府側が 3 月 2 日案で二院制への変更を申し立てたときは，日本政府の案は，衆議院で引き続き 3 回可決した法律案は，最初に議事を開いた日から 2 年経過したとき，参議院の議決の有無を問わずに法律として成立するとされた（第60条第 3 項）。これは，1911年イギリス議会法第 2 条の衆議院は過半数の議決でよしとされた条項と同じ穏やかな衆議院優越であり，厳しさを増す「3 分の 2 条項」はいったん消えたのである。

　しかし，GHQ 側が 3 月 4 日の逐条審議において，日本政府側の用意した，法律案は衆議院での 3 度の議決によって法律となるという方式に代えて，現在の「3 分の 2 による再可決」という案を示した。日本政府側は佐藤達夫法制局次長が対応して，その場で同意した。

　GHQ のアルフレッド・オプラー民政局民事課長は，その 3 月 5 日付のメモで，「第二院には，第一院と同等の立法権を与えず，その権限を法案の提出と第一院によって可決された法律に対する拒否権の行使に限るべきであろう。この拒否権は，第一院が議員の三分の二の多数で再び可決したときは，つくがえされるとするのがよかろう。」[85] と述べた。ただ，オプラーは当時病気で入院中で，日本側との交渉には参加していないため，その意見が「3 分の 2 条項」の根拠となったかどうかはよくわからない。

　条文の文言は，3 月 5 日案で確定した。これ以降の変更はなく，現行の日

（85）　犬丸・前掲注（52）161頁。3 月 2 日案では参議院議員は一部任命制とされたため，2 年間の停止的拒否権が構想されたが，その後 GHQ の主張ですべて国民代表とされたことにともない「3 分の 2」要件のみ挿入された（赤坂幸一「日本における議院内閣制の運用上の諸問題」江原法學32号（2011年）95頁）。

2 「3分の2による再可決」と参議院の劣位

本国憲法第59条第2項となった。

なお，佐藤達夫は，3分の2という数の要件のみの再可決条項の挿入は，GHQの一方的な申し出であって反対しようがなかった，この案の方が原案よりも単純・明快のように感じられたので賛成の意を表したとも述べた。さらに，この修正について，あとで調べてみると，1946年1月21日に発表された日本自由党の憲法改正案とほとんど同じであり，これは日本側の考え方の逆輸入ではないかとふりかえった[86]。ただ，日本自由党案を作成した浅井清は後年，アメリカでは大統領が拒否権を発動した法案に対して上下両院が3分の2以上の多数で再可決して成立させることができるというアメリカ憲法のしくみに学んで考えたと発言した[87]。

すなわち，衆議院再可決の要件は，憲法制定過程では穏当なイギリス型[88]がめざされたが，結局はGHQの意向によりアメリカ型の「3分の2」という厳しい要件となった[89]。かつ，「会期不継続」の原則により，1つの会期内で3分の2以上の特別多数により再可決するという大きなチャレンジが必要とされた。これは，前述のとおり，衆議院の優位性が貫徹されない条項であり，結果として日本政府がめざした衆議院優越とは逆の，参議院の権限が強いものとなった[90]。

(3) 再可決条項の本来の意義

① 憲法制定直後の解釈

金森徳次郎国務大臣は，帝国議会の審議で，3分の2の再可決について，

---

(86)　佐藤達夫＝佐藤功補訂『日本国憲法成立史　第3巻』(有斐閣，1994年)136頁。

(87)　佐藤・同上，768-769頁。

(88)　イギリス型の二院制運用について，原田一明「『ねじれ』国会と両院関係」横浜国際経済法学17巻3号（2009年）170-174頁。

(89)　小堀・前掲注（83）57-69頁。

(90)　田中嘉彦「日本国憲法制定過程における二院制諸案」レファレンス2004年12月号（2004年）48頁。同論文は日本国憲法改正案の二院制条項の変遷について，民間草案も含めて詳細な紹介がある。

第 7 章　参議院と議院内閣制

3分の2の多数で採決するということはむしろ例外的になるのではないか，衆参両院の議決が異なった場合は，実際は両院協議会の運用で行うのがよい，と説明した(91)。衆議院の優越というよりも，衆議院による強硬な議会運営をいさめるような解釈である。

　当時の憲法学説の見解は，参議院の劣位を強調して「強い参議院」を牽制した。それを代表するものとして，刑部荘は憲法制定直後の1946年に「この憲法では，衆議院の地位がひじように優越したものとされて，参議院のそれはその裏にかくれたものとなつてゐる。そこでは参議院は衆議院の反省を促すことはできるが，衆議院の意志の実現を阻止することはほとんど不可能である。したがつて，この憲法では国会が国の最高機関とされてはゐるが，その議決は多くは衆議院だけの議決で成り立ちうるのであるから，国の最高機関はじつは衆議院であるとすらいへよう。日本国憲法が衆議院主権を認めたといはれるゆゑんである。」(92)と述べた。他方，美濃部達吉は，「此の如き衆議院の優越権は新憲法に依つて始めて認められた所で，新憲法は両議院が等しく国民の代表者たることを認めて居るのであるが，中にも衆議院は実質的に最も国民に近いものとして，特に此の如き優越の地位を認めて居るのである」(93)と制度の説明をして，衆議院の優越を補強した。

　また，代表的なコンメンタールとなった法学協会編『註解日本国憲法（中巻）』（1948年）では，「三分の二の多数を得るということは，実際政治の上においては，甚だ困難で，それだけ参議院の法律議決権を強力なものたらしめると同時に，衆議院の中においては少数党を強力なものたらしめることを注意しなくてはならぬ。」と3分の2条項に内在する「強い参議院」の性質が意識された(94)。同書の改訂版である『註解日本国憲法（下巻）』（1953年）

──────────

(91)　清水伸『逐条日本国憲法審議録第3巻』（原書房，1976年）232頁。第90回貴族院帝国憲法改正特別委員会議録19号（1946年9月21日）3頁。
(92)　刑部・前掲注（47）388頁。
(93)　美濃部達吉『日本国憲法原論』（有斐閣，1948年）385頁。
(94)　法学協会編『註解日本国憲法中巻』（有斐閣，1948年）145頁。

232

2 「3分の2による再可決」と参議院の劣位

では，実際に内閣の重要法案を参議院が否決したことでその批判を繰り返し，さらに，当時の片山哲内閣が命運をかけた臨時石炭鉱業管理法案について参議院が否決を自制したことに関して，内閣倒壊の責任を参議院がとらなければならない事態を回避したものとして評価することで「強い参議院」に批判的な見解を強めた[95]。

② 55年体制における議論

宮沢俊義は，前述のとおり3分の2条項の懸念をいち早く指摘したが，後に，予算，条約の締結，内閣総理大臣の指名における衆議院の優越と法律案における衆議院の優越の程度が異なることについて，その参議院に対する強い批判とともに「両議院の意見の不一致のために，法律案の不成立に終わることは，予算などが不成立に終わる場合に比べて，まだしも，より，しのぶべきであるというのである」[96]とやや批判のトーンを下げた。

1980年代に刊行された樋口陽一などの『注釈日本国憲法』[97]では，第42条の注釈において「参議院の役割をめぐる議論」という項目を立て，また，第59条の注釈で「衆議院の優越」という項目を設けているが，国会運営の経過と法制度を説明するにとどまった。論じていないという意味で，当時の学界の問題関心のありようを示しているといえよう。

③ 参議院少数与党の経験後の，強い参議院論の再登場

1990年代以降，参議院少数与党を回避するための連立政権が登場すると，参議院の強さがび意識されるようになり，再可決条項についても再検討が促された。

只野雅人は，3分の2条項は議論をうながすための規定ととらえて，日本国憲法における第二院は第一院に匹敵する権限をもっているのであり，再可決の要件はあえて高いハードルを設定することで衆参両院間での調整・妥協

---

(95) 法学協会編『註解日本国憲法下巻（1）』（有斐閣，1953年）917頁。
(96) 宮沢俊義（芦部信喜補訂）『全訂日本国憲法』（日本評論社，1978年）458頁。
(97) 樋口陽一ほか『注釈日本国憲法下巻』（青林書院新社，1988年）856-859頁，972-974頁。

第7章 参議院と議院内閣制

を促したものとみることができる，と指摘した[98]。また，憲法第66条第3項は「国会に対する責任」を定めていることから，参議院も含んだ「全体としての国会」に対する「狭義の政治責任をも実質的に含意していると解し得る余地があ」[99] るとした。小嶋和司は，第69条による手段があるため，「問責は各議院によっておこなわれ，国会の議決という形式はとられない」[100] と，参議院独自の問責権限に言及した。

　一方，高橋和之は，1990年代以降に，国民内閣制を強力に提唱したが，2005年の衆議院の郵政解散後の著作において，小泉純一郎内閣による衆議院解散型の憲法の運用の定着を期待した。すなわち，「現行憲法を前提に問題を考えるなら，参議院からは政党色を払拭する制度の組み立てを図ると同時に，参議院が重要法案を否決したとき，内閣は衆議院の解散により国民の判断を仰ぎ，内閣支持派が勝った場合には参議院はその結果を尊重するという慣行を確立するとか，あるいは，そのような選挙で3分の2を獲得することも必ずしも困難ではない選挙制度を導入するとかの方策を法律レベルで考える必要があろう。」[101] とした。この見解は，2007年参議院議員通常選挙後も維持された[102]。衆議院をより一層強くすることで，日本国憲法が予定する「強い参議院」を乗り越えようという，国民内閣制に沿った主張である。なお，高見勝利は，3分の2条項について参議院の多数派も基盤とする「国会」内閣の形成に導いていると批判した[103]。

　また，2000年の「参議院の将来像を考える有識者懇談会」の意見書では，衆議院の再可決権を一定期間行使できないこと，その代わり要件を3分の2

---

(98)　只野雅人「議院内閣制の基本構造」土井真一ほか編『岩波講座憲法4　変容する統治システム』（岩波書店，2007年）85頁。

(99)　只野・前掲注（19）547頁。

(100)　小嶋和司『憲法概説』（良書普及会，1987年）438頁。

(101)　高橋和之『現代立憲主義の制度構想』（有斐閣，2006年）100-101頁。

(102)　高橋和之「ねじれ国会下の憲法運用」読売クオータリー2008冬号（2008年）105頁。

(103)　高見・前掲注（4）123-124頁。

から過半数に緩和することとして，衆参両院間の調整を積極的に行うことを提案した。

　要するに，3分の2条項に関する憲法学説の議論をおおまかに整理すると，憲法制定直後に議論となった「内閣に対して強い」参議院，その後に55年体制のもとで制度論として展開された「衆議院に対して弱い」参議院，その後の参議院少数与党体制において明らかになった「内閣に対しても衆議院に対しても強すぎる」参議院[104] のように[105]，ときどきの政治状況に振り回されながら，議院内閣制における参議院の位置づけが注目されてきたことがわかる。それにもかかわらず，衆議院の優越を示す条文という解釈は一貫して変えることはなかった。憲法解釈の硬直性や憲法実務への関心のうすさの表れと思われる。

3　同意人事における参議院の位置づけの転換
——劣位から対等へ

　一定の重要な国家公務員の任免に際して衆参両院の同意を要件とするいわゆる同意人事についての憲法学のこれまでの議論は「あまり見ない」[106] といえよう。実際には以下に見る性質が異なる3つのタイプに分類される。

　憲法学説では，わずかに下記の第一の類型の「同意」について，内閣の人事権と内閣から独立した行政機関に関連した行政権の範囲との関係で取り上げてきた[107] といえよう。そこでは，おおむね，内閣から独立した行政機関が民主的なコントロールの下に置かれていると判断するために衆参両院の同意という要件が必要であると解釈されているが，その同意の意義や必要性に関してこれ以上踏み込んだ説明は見当たらない。

　そこで，まず同意人事を議決の主体別に分類し，ついで，その第一の分類

（104）　高見・前掲注（9）65頁。
（105）　同旨として，只野・前掲注（70）173頁。
（106）　大石眞『統治機構の憲法構想』（法律文化社，2016年）176頁。
（107）　野中・前掲注（15）201-204頁。

第 7 章　参議院と議院内閣制

である内閣が提案する同意人事案件を手がかりに参議院と内閣との関係について検討したい。

(1)　衆参両院の同意が任免に必要とされる国家公務員の範囲

　任命または任免について衆参両院の同意が必要とされる国家公務員は，次の 3 つに分類できる。

　第一に，内閣，内閣総理大臣およびその他の国務大臣が衆参両院による事前の同意または事後の承諾を経て任命し，事後の承認が得られない場合は退職[108]となり，これに加えて当該公務員に心身の故障や職務上の義務違反その他の不適当な行為があった場合の罷免に衆参両院の同意が必要とされる場合もある国家公務員である。天皇の認証を必要とするものもある。これが広く「（国会）同意人事」といわれているものであり，38 機関[109] 270 人におよぶ[110]。その同意について憲法や国会法には一般的な根拠規定は存在せず，すべてが個別の機関設置法などの定めるところによっている。したがって，その全体について一元的に理解することはたいへん困難であるが，国家公務員の任免に立法府が関与することで，行政府に対する抑制機能を果たす役割があると解されている。

　第二に，衆参両院議長が衆参両院の議院運営委員会と協議の後に国会の承認を得て任命し，衆参両院議長の共同提議によって罷免されることもある国立国会図書館長（1 人）である（国立国会図書館法第 4 条第 1 項，第 2 項）。承認は，衆参各院で同日に行われたり，衆議院が先んじたりしている（参議院先例録第562号）。これは，国会法第130条を根拠に，国会に設置される国立国会図書館の長は立法府自らが選ぶという公務員人事権のあり方であろう。

　第三に，内閣総理大臣が国会の議決による指名に基づいて任命し，罷免の際に国会の同意を得ることが必要な場合もある中央選挙管理会委員（5 人）

（108）　検査官は「当然退官する」（会計検査法第 4 条第 3 項）が，他は任命権者から「罷免」される。

3 同意人事における参議院の位置づけの転換

および同予備委員（5人）である（公職選挙法第5条の2第2項，第4項，第8項）。内閣総理大臣から衆参各院議長宛てに指名が求められると，衆参両院を通じた各会派の所属議員数の比率により人数を割り当てる例により，おのおのの議長に一任される[111]。同委員は，国会議員以外の者で参議院議員の被選挙権を有する者の中から任命される（同条第2項）が，同一の政党その他の団体に属する者が3人以上にならないよう求められる（同条第3項）。会派間の事前合意が前提であるからか，両議長間で指名が異なって「国会」の議決が形成されないという事態は条文上想定されていないようである。ま

---

(109)　参議院先例録第481号によると，①人事官，②国家公務員倫理審査会会長および同委員，③検査官，④会計監査院情報公開・個人情報保護審査会委員，⑤総合科学技術会議議員（2014年5月に「総合科学技術・イノベーション会議」に改組）（有識者委員），⑥食品安全委員会委員，⑦原子力委員会委員長および同委員，⑧衆議院議員選挙区画定審議会委員，⑨国会等移転審議会委員，⑩情報公開・個人情報保護審査会委員，⑪公益認定等委員会委員，⑫再就職等監視委員会委員長および同委員，⑬公正取引委員会委員長および同委員，⑭国家公安委員会委員，⑮証券取引等監視委員会委員長および同委員，⑯公認会計士・監査審査会会長および同委員，⑰預金保険機構理事長，同理事，同幹事，⑱地方財政審議会委員，⑲国地方係争処理委員会委員，⑳電気通信紛争処理委員会委員，㉑電波監理委員会委員，㉒公害等調整委員会委員および同委員，㉓日本放送協会経営委員会委員，㉔中央更生保護審査会委員長および同委員，㉕公安審査委員会委員長および同委員，㉖日本銀行総裁，同副総裁および同政策委員会審議委員，㉗労働保険審査会委員，㉘中央社会保険医療協議会委員（公益委員），㉙社会保険審査会委員および同委員，㉚中央労働委員会公益委員，㉛調達価格等算定委員会委員，㉜運輸審議会委員，㉝土地鑑定委員会委員，㉞運輸安全委員会委員長および同委員，㉟公害健康被害補償不服審査会委員，㊱原子力規制委員会委員長および同委員。さらに，㊲個人情報保護委員会委員長および同委員（2016年1月〜），㊳行政不服審査会委員（2016年4月〜）。

(110)　2004年3月現在では32機関，204人であった（http://www.kantei.go.jp/jp/singi/kyuyo/houkoku/040331siryou11.pdf）。最近3年間の増減は，2014年に原子力委員会の委員が4人から2人に減員し，2016年に個人情報保護委員会の委員長1人および同委員8人と行政不服審査会の委員9人が加わった。

(111)　第174回国会参議院議院運営委員会議録12号（2010年3月26日）2頁。

第 7 章 参議院と議院内閣制

た，中央選挙管理会は総務省の附属機関の一つであり，内閣総理大臣が衆参
各院の議長に指名を求めるのであれば，「衆参両院の同意」を経て任命する
とした方が理解しやすいように思われる。なぜ「国会」の議決であるかの理
由は不明である(112)（同意に関する「国会」と「両議院」のちがいについては後
述(4)）。なお，第14回国会閉会後の1952年 8 月31日にこの同意を行うためだ
けを目的に参議院緊急集会（憲法第54条第 2 項）が開かれた(113)。衆議院の解
散にともなう最高裁判所裁判官の国民審査の管理事務に必要な中央選挙管理
委員がいないという，まさに国に緊急の必要があるとき（憲法第54条第 2 項）
という事態であった。緊急集会の初例である（第 8 章参照）。

　なお，内閣総理大臣ではなく，総務大臣が国会の議決による指名に基づい
て任命し，罷免の際に国会の同意を得ることが必要である場合もある政治資

---

(112)　1947年に公職選挙法の成立にあわせて制定された全国選挙管理委員会法
　　（昭和22年法律第154号）では，全国選挙管理委員会の委員 9 人（第 5 条第 1
　　項）は，国会の議決による指名に基づいて内閣総理大臣が任命する（第 6 条
　　第 1 項）が，委員は，国会における同一党派の各所属国会議員数の比率によ
　　る政治的実勢に基いて各党派の推薦した者を指名しなければならない（同条
　　第 2 項）とされた。また，少数会派に配慮し，小党派が共同して推薦した者
　　も指名されるように措置しなければならないとされた（同条第 4 項）。その後
　　人数に関する同法改正があった。
　　　全国選挙管理委員会は，内務省解体を契機に，従来内務省において行って
　　いた選挙に関する事務と，新たに政党に関する事務を行うための政党の推薦
　　した者により構成される独立の機関として設置された。主務大臣は内閣総理
　　大臣であり，総理府の外局とされた（第 1 回国会衆議院会議録70号（1947年
　　12月 2 日） 6 頁）。1952年に自治庁設置法が制定されて公職選挙法が改正され
　　た際に，委員が極端に党派的になるのを防ぐため任命要件を厳しくして，同
　　委員会は中央選挙管理会として改組・整備された。当初は自治庁，2001年の
　　中央省庁改革以降は総務省の附属機関とされた（第13回国会参議院会議録68
　　号（1952年 7 月23日）18頁）。
(113)　第14回国会閉会後の参議院緊急集会（参議院先例録第487号，参議院委員
　　会先例諸表26）。なお，緊急集会は憲政上 2 回開催されたが， 2 回目は翌第15
　　回閉会後に暫定予算と法律案 4 件の議決を求めるものであり，参議院はこれ
　　を議決し，翌第16回国会にて衆議院の同意を得た。

238

3 同意人事における参議院の位置づけの転換

金適正化委員会の委員 5 人もある（政治資金規正法第19条の32）。内閣総理大臣から衆参各院議長宛てに指名が求められると，各党から届出のあった候補者をもとに[114] おのおのの議長に一任されて，指名される（参議院先例録第483号）。

(2) 人事案件の趣旨および範囲

前項の第一の類型であるいわゆる「人事案件」は，現行法上，いずれも，衆参両院から構成された「国会という 1 つの国家機関（で国権の最高機関）の同意」ではなく，「衆参両院という別個の独立した国家機関の同意」を任免の要件としており，衆議院および参議院はおのおので同意または不同意を決めることになる（衆議院先例集第369号）。ただし，衆参両院の議決が異なった場合は，衆参両院の議決がなかったものとして扱われる。これまでに 9 件であるが，いずれも衆議院が同意し，参議院が同意しなかった（同）。

したがって，今日の日本の憲政のあり方としては，内閣が主で，議院が従で行われる憲法慣習によって運用されていると判断される。その任免が内閣の人事権の範囲，すなわち憲法第73条第 4 号が内閣の職務として「法律の定める基準に従ひ，官吏に関する事務を掌理すること」と定めていることも，こうした内閣主導の制度という理解を強めている[115]。また，人事案件は内閣から衆参各院に同時に提出されるので，先議・後議，送付・回付の関係は生じない[116]。

人事案件の対象となる国家公務員（以下，「委員」という）をその機関の性質に応じて類型化すると，次の 4 つに整理できる。

① 内閣から独立した機関

人事案件のうち，内閣から独立した重要な機関の委員としては，会計検査

---

(114) 第177回衆議院議院運営委員会議録12号（2011年 3 月25日） 1 頁。第186回　国会衆議院議院運営委員会議録 7 号（2014年 2 月28日） 1 頁。

(115) 大石眞『憲法講義Ⅰ（第 3 版）』（有斐閣，2014年）167頁。

(116) 佐藤功『憲法（下）（新版）』（有斐閣，1984年）634頁。

第7章　参議院と議院内閣制

院の検査官3人（会計検査院法第4条第1項），人事院の人事官3人（国家公務員法第5条），会計検査院情報公開・個人情報保護審査会委員3人（会計検査院法第19条の2第1項），人事院の国家公務員倫理審査会会長1人および同委員4人（国家公務員倫理法第14条第1項。委員のうち1人は人事官から任命（同上第2項））がある。これらの委員については，高い立場からの政府活動の制御という憲政の重要な職務を分担することから，内閣から独立して権限を行使する者であることが必要である。とくに，憲法上の機関である会計検査院についてはこのことが強くいえる。また，これらの機関の委員の地位については法律上の保護があり，たとえば人事官の弾劾は，国会が訴追して最高裁判所が裁判する場合に限られ（国家公務員法第9条），検査官の退官は同僚検査官が合議で決定して両議院が議決したときに限られる（会計検査院法第5条）。したがって，これらの委員については，形式的には内閣が衆参両院の同意を経て（得て）任命することになっているが，憲法理論的には，憲法第15条第1項で国民に保障されている公務員の選定罷免権を直接に行使するという趣旨で，国会が積極関与するべき人事案件とも考えられる。

　なお，検査官および人事官の任免は天皇が認証する（会計検査院法第4条第4項，国家公務員法第5条第2項）。

　② 独立行政委員会

　人事案件は，国家行政組織法第3条第2項ないし内閣府設置法第64条に基づく，いわゆる独立行政委員会の委員の任命におよんでいる。

　現在存在している8つの「3条委員会」はすべて任命に衆参両院の同意が必要とされている。国会閉会中などにより同意が得られない場合は，事後の承認が求められる。ただし，公正取引委員会をのぞく7つの委員会，国家公安委員会，公害等調整委員会，公安審査委員会，中央労働委員会，運輸安全委員会，原子力規制委員会，個人情報保護委員会は，事後の承認が得られない委員長または委員は罷免されるという強行規定である。衆参議院の，内閣総理大臣の判断に対する牽制の意味をもった同意の手続きであることがわかる。

240

3 同意人事における参議院の位置づけの転換

それぞれの任命の根拠法が衆参両院の同意を求める趣旨はおのおの異なっている。公正取引委員会委員長，原子力規制委員会委員長の任免は天皇が認証する（独占禁止法第29条第3項，原子力規制委員会設置法第7条第2項）。なお，独占禁止法は1947年3月31日に成立し，翌4月14日に公布されたが，当時，公正取引委員会の委員長は内閣総理大臣が委員7人の中から1人を命じるものであった。そのわずか3か月後の同年7月に委員長を天皇による認証官とするためだけを目的に法改正が行われた。改正の目的は，委員の地位に対してそれ相当の格式を与えなければならず，とくに委員長に対しては特別の考慮を加えなければならないこと，委員とは別に「委員長」という官名のものとして権威をもたせたいと説明された[117]。他方，原子力規制委員会の委員長が認証官である理由は，2012年6月に成立した原子力規制委員会設置法案の審議過程で争点とならず[118]，明らかではない。

③　審議会

人事案件には，国家行政組織法第8条の一部の審議会の委員も含まれている。おのおのの機関が取扱う職務に関連した有識者委員の任命に関して衆参両院が同意し，担当大臣が任命するのが基本である。「8条委員会」は，基本的に担当大臣の諮問機関であり，衆参両院がその任命にかかわるべき理由は個々にわかれて，なおかつ薄い。

特異なのは，内閣府に置かれた総合科学技術・イノベーション会議の民間有識者委員の任命に関して衆参両院の同意を求めることである。重要政策に

---

(117)　第1回国会参議院会議録17号（1947年7月28日）207頁。

(118)　同法は衆議院議員提出法案（衆議院環境委員長提出）である（第180回国会衆議院会議録22号（2012年5月29日），同環境委員会議録3号（2012年6月1日），同環境委員会経済産業委員会連合審査会会議録1号（2012年6月8日），参議院環境委員会議録6号（2012年6月18日），同環境委員会議録7号（2012年6月19日），同環境委員会議録8号（2012年6月20日））。なお，同会期に野田佳彦内閣が提出・撤回した「原子力安全調査委員会設置法案」では委員5人で組織され（第5条），両議院の同意をもって環境大臣が任命する（第6条第1項）とされ，委員長は設けられていない。

第 7 章　参議院と議院内閣制

関する会議は 5 つある（内閣府設置法第18条第 1 項，第 2 項）が，この会議の
み，民間委員の登用について衆参両院の同意を要件としている。

④　特別の法人の最高意思決定機関

これにつぐのが，法律によって認められている特別の法人の最高意思決定
機関の委員である。具体的には，日本銀行が総裁 1 人，副総裁 2 人，審議委
員 6 人で計 9 人（日本銀行法第23条第 1 項，第 2 項），日本放送協会が経営委
員会委員12人（放送法第16条第 1 項），預金保険機構が理事長 1 人，理事 4 人，
監事 1 人で計 6 人（預金保険法第26条第 1 項）である。これらの機関の場合も，
同意の議決によっておのおのの法人の人事に衆参両院の意向の反映を求める
には，それ相当の個別の事情があるのであって，3 つの機関に共通する理由
があるものではない。したがってこれらの人事案件を憲法問題として理解す
ることは実際には困難であるが，内閣と国会との関係に関する憲法慣習とし
て運用されている。

⑶　不同意の例

人事案件において衆議院と参議院の意思が異なった事例は少ない。1951年
の電波監理委員会委員の任命において，1 人について参議院が不同意に決し
た例がある。この事例では，参議院における不同意の議決を受けて，衆議院
は議院運営委員会で院の議題としないことに決した。

衆議院で同意されたが，同一会期内に参議院で同意が得られず，次の会期
で同意したことが 5 例ある。このうちの 1 例である1963年の地方財政審議会
委員は，第43回国会において衆議院は同意したが，参議院では議案として扱
われず同意が得られなかった。国会閉会中に欠員が生じることを防ぐために
内閣は同候補者を委員に任命し，翌第44回国会に再び衆参両院にその事後承
認を求めた。衆参両院ともにこれに同意した。なお，参議院で同意が得られ
ずに，審議未了となった理由は，衆議院の解散や国会が空転したことによる。

衆議院で同意したものの，参議院には内示のみで，要求書が未提出であっ
たことは 3 例ある。これも翌会期で同意された。

242

3 同意人事における参議院の位置づけの転換

このほかに，参議院で同意を得ることが困難であると予測されたために，議決以前に差し替えになった人事の例が1964年（社会保険審査会委員），1977年（公正取引委員会委員長），1989年（日本放送協会経営委員会委員），1996年（検査官，人事官）に4例ある。

その後，2007年11月14日に，政府提出の14機関28人分の人事案件のうち，労働保険審査会など3機関3人の再任[119]に参議院の同意が得られなかった。人事案件の不同意は1951年以来56年ぶりであった。いずれの候補者も省庁出身者で，天下りという理由で不同意となった。これらの場合は，前日に衆議院で同意の議決があった案件を翌日に参議院で不同意にしたという展開であった（後述(5)）。

(4) 「国会」の同意と「両議院」の同意の異同

① 憲法学説における混同

憲法学説では，人事案件の「同意」について説明がある場合，「国会の同意」と表現されることがほとんどである。同意人事について真っ先に扱った鵜飼信成の論文[120]においても「両議院」という言葉と「国会」が同じ内容のものとして用いられていた。このように憲法学説ではこの両者のちがいが十分に意識されてこなかったといえよう[121]。国会の権限と議院の権限を区別して論じることはあまり意味がないという理解もあろう[122]が，同意人事を考察する際にはそのちがいを意識することも必要であろう。

議会法上の法令用語として考えてみれば，「国会」とは，衆議院と参議院の2つの院で構成される一つの議決機関であり，国権の最高機関と位置づけられる。衆参両院の議決に食いちがいが生じたときは，両院協議会などを活

---

(119) 不同意となったのは，労働保険審査会委員の平野由美子氏，運輸審議会委員の長尾正和氏，公害健康被害補償不服審査会委員の田中義枝氏である。

(120) 鵜飼信成「人事院の地位・権限と憲法」公法研究1号（1949年）32頁。

(121) 原田・前掲注（55）146-147頁。

(122) 大石眞『憲法秩序への展望』（有斐閣，2008年）145頁。

243

第7章　参議院と議院内閣制

用して「国会」という国家機関としての一つの意思をまとめるように努力すべきであり，それがどうしてもうまくいかないときには，衆議院の優越の規定が作用すれば衆議院の意思が国会の意思となる。衆議院の優越規定がないときは，国会の意思は形成されないことを意味する。

　一方，「両議院」とは，衆議院と参議院が，おのおの独立した別個の国家機関として判断をする場合を指す。ここでは，衆参両院の議決には先後関係はなく，また，意思が不一致の場合も両院協議会は開催されず，衆参各院の議決が揺らぐこともない。

　そういう点からすれば，「国会」と「両議院」を混同して説明してきた憲法学説は，適切な法律解釈からは遠かったというべきであろう。

　他方，法律によって立法府に権限を与える場合，それを「衆参両院」ではなく「国会」とした場合には，とくに憲法で定めた例外のほかは衆議院の優越が認められないという理解がある。衆議院の優越は憲法に明記されている内閣総理大臣の指名，予算，条約，法律案の4つの場合に限定されるという立場からの主張である。佐藤功は，同意人事について，中央選挙管理会の委員など「国会」の同意や議決が必要とされる場合は衆議院の優越が認められないが，「両議院」の同意とある場合は「国会」としての権限ではないので，法律によって衆議院の優越を規定することも可能であると指摘した[123]。旧会計検査院法における会計検査院の検査官や旧警察法における国家公安委員では，衆議院が同意して参議院が同意しない場合は，憲法第67条第2項の内閣総理大臣の指名を例に，両院協議会を開催しても衆参両院の意思が調整できない場合は衆議院の同意が両議院の同意となる，という規定があったからである。この規定は，両院協議会の開催を求めるのは衆議院に限られるという手続面と最終的に衆議院の意思が「両議院」の意思となるという結果面の2つの意味で衆議院の優越を意味すると解されている[124]。しかし，佐藤功

---

(123)　佐藤・前掲注（116）634-635頁。

(124)　鈴木隆夫『国会運営の理論』（聯合出版社，1953年）460頁。

244

3 同意人事における参議院の位置づけの転換

は同時に，「国会」と「両議院」とを厳密に区別することは必ずしも必要でないように思われるとも述べており[125]，その主張の趣旨はよくわからない。

② 人事案件における衆参両院の関係

実際，憲法制定直後の人事案件については原則が明確でなく，衆議院の優越規定があるものや，衆議院の同意のみでよしとするものがあった。憲法制定直後におのおのの根拠法が整備されたが，検査官，人事官，国家公安委員会委員，公正取引委員会委員長および同委員などの重要なポストについては，衆議院の優越が目立っていた。その衆議院優越規定が次々と削除されて，衆参両院対等型に転換していった。

「両議院」の同意を必要とするが，任命について衆参両院の意思が異なった場合に衆議院の優越が定められていたのは，検査官（会計検査院法第4条第2項），人事委員（国家公務員法第5条第2項。現在は人事官），国家公安委員（警察法第5条第3項）である。これらの衆議院の優越を規定する条文内容は共通しており，「任命について，衆議院が同意して参議院が同意しない場合，憲法第67条第2項の場合の例により，衆議院の同意を以て両議院の同意とする。」であった。ただし，罷免については，衆議院は優越せず，衆参両院の同意が求められた。

最初に衆議院優位の憲政のあり方が疑われたのは人事官（当時は人事委員会の人事委員）であった。人事委員については，国家公務員法の制定を行った第1回国会において早くも，衆議院の優越を疑問視する意見が参議院で強く出され[126]，そのわずか1年後の1948年12月の第4回国会において，同法第5条第2項が削除され（改正国家公務員法（昭和23年法律第258号）），衆議院の優越がなくなった。その理由は，政治的な要素を含む問題であり，人事官の権限の重要さから考えても衆参両院のうちいずれかの一院が同意しない者を任命することは妥当ではないと考えられるからとされた。なお，名称を人

---

(125) 佐藤・前掲注（116）635頁。
(126) 第1回国会参議院決算・労働連合委員会議録7号（1947年10月8日）6頁。

第 7 章　参議院と議院内閣制

事委員から人事官とする法改正は，その直前の第 3 回国会に行われた（昭和23年法律第222号）。

　国家公安委員については，警察法（昭和22年法律第196号）が全面改正された1954年に，衆参両院の事後の承認規定が挿入されるとともに，その任務の重要性から，衆参両院が同意をすることを必須の要件とするため[127]，衆議院優越条項が削除された（警察法（昭和29年法律第162号））。

　このほかに委員会制度自体が廃止されるものもあり，1954年までには，人事案件における衆議院の優越という原則はほぼなくなっていた[128]。検査官は1959年と1975年には，衆議院が同意の議決を行ったのに国会が空転して内閣総理大臣の指名に準じた当時の手続である10日以内に参議院で議決することができず，結局，衆議院の議決だけで任命された例があった。他の優越規定が続々と廃止されたにもかかわらず例外的に長い間残されたが，1999年に参議院の決算審査機能の強化という趣旨で削除された会計検査院法の改正により，衆参両院の対等な同意の制度に移行した。同法は衆議院の優越を定めた最後の法律であったので，これにより人事案件における衆議院の優越原則は消滅し，人事案件はすべて衆参両院対等型となった。なお，日本銀行の総裁と副総裁については，日本銀行法が1997年に改正されて新たに同意人事制度が導入された際に，衆参両院の同意が任命の要件とされた。

　公正取引委員会の委員長および委員については，独占禁止法（昭和22年法律第54号）において，委員 7 人（第29条第 1 項）について「内閣総理大臣が，衆議院の同意を得て，これを任命する。」（同条第 2 項）と，衆議院のみの同意という衆議院優越条項であった。その罷免に衆議院の同意は必要ない。5年後の1952年に，会期中に同意が得られなかった場合の事後の承認規定が挿入されるとともに，同条第 2 項の「衆議院」は「両議院」と改正（昭和27年

---

(127)　第19回国会衆議院地方行政委員会議録22号（1954年 3 月 4 日） 2 頁。

(128)　橘幸信「参議院は『第二院』か」岡田信弘『二院制の比較研究』」（日本評論社，2014年）199頁。

246

3　同意人事における参議院の位置づけの転換

法律第257号）されて，衆議院の単独同意から衆参両院の同意に改められた。その理由は会議録からは明らかではない。

衆議院優越条項が削除された理由としては，いずれにおいても，衆参両院のいずれか一院が同意しない者を行政府が任命することは妥当ではないという点が強調されている[129]。この衆参両院対等の同意権限という考え方は，日本の独特のものといえよう。議会による関与の程度が強いアメリカの場合は上院の権限であり，他の国の場合も，議会のいずれかの一院で同意する制度を採ることが多く，日本と同様の2つの院による同意を求めているのは，ほかに，上院の権限を強く認めるイタリアがある程度である[130]。

こうした先例からすると，2008年3月の日本銀行総裁および副総裁の人事案件の取扱いは新事例と考えられる。まず，参議院が不同意にした2つの案件のうち，副総裁については他にすでに同意に決した者があるので機関としての職務は何とか遂行できるが，総裁の人事案件は他に代替できる者のない事案の不同意である。複数の委員の人事案件のうちの一部の者に関する不同意であったのに比べて，影響はいっそう深刻である。また，ここでは，内閣による人事案件の議案の提出が遅れたために，不同意の議決が任期切れの直前になり，空席になる懸念が生じ，実際にそうなった。

もう一点は，参議院の不同意の議決の翌日に，衆議院が同意の議決をしたことである。こういう取扱いも新事例といえる。これまでの憲法慣習では，一つの院が不同意とした場合には，先述のとおり，後の院は議決を行わない。実際に，すでに参議院が不同意の議決をしているのであるから，衆議院の同

（129）　第4回国会参議院会議録10号（1948年12月12日）17頁。

（130）　筒井隆志ほか「国会同意人事案件　行政府を統制する手段としての任命同意権」立法と調査190号（1995年）45頁。イタリアでは2016年中に上院の権限を大幅に縮小する憲法改正案の国民投票が予定され，承認が確実視されていたが（伊藤武「イタリアにおける憲法改正の政治力学」駒村圭吾＝待鳥聡史編『憲法改正』の比較政治学』（弘文堂，2016年）315頁），同年12月の国民投票では承認されなかった。

第 7 章　参議院と議院内閣制

意の議決には意味がないからである。また，次期以降の会期に新しい総裁人事の同意が再提案された場合に，以前の提案において同意しないと議決した議院は新たに議案として取扱うことができるが，すでに一度同意の議決をした議院の場合は，同意議決の一事不再議という議院運営の大原則との抵触が問題になる。形式的には，衆議院はある者を日本銀行総裁として同意したのであるから，その議決を撤回しないままで別の者を重ねて日本銀行総裁に同意することはできない。さしたる事情の変更もないのに，先行議決を撤回して別の結論を再議決するというのは，議院運営のあり方としては問題が残るところであろう。その意味では，衆議院があえて同意の議決を行った真意が問われるであろう。

(5)　人事案件における議会の同意の性質

①　憲法第65条と政府から独立した行政機関との関係

「同意」の性質を検討する際は，内閣の人事権との関係も重要である。同意の性質が憲法学界において最初に論争となったのは，政府から独立した行政機関に対して，内閣が人事権を行使できるかという点である。それが議論された1948年の国家公務員法の改正経過を例に，鵜飼信成は，日本公法学会第1回学術大会において，行政委員会の委員の任命権は内閣が有する権限であるが，人事官については衆参両院の同意を経ることを要するのであるから，多かれ少なかれ民主的な手続であり，ここで民主的なコントロールが効いているので，内閣から独立していても必ずしも違憲ではないと説明した[131]。鵜飼の立論は基本的にその後の憲法学に広く踏襲されて，人事院や公正取引委員会など内閣から独立した機関の人事について，内閣が国会に提案してその同意を得ることによってそのコントロール下に置くことが，行政権をすべ

---

(131)　鵜飼・前掲注（120）32頁。同意人事案件の「国会」と「両議院」のちがいに関する憲法学説の動向については，衆議院事務局編『逐条国会法第5巻』（信山社，2010年）457-489頁に詳しい。

248

3 同意人事における参議院の位置づけの転換

て内閣に属させた憲法第65条に違反するのではないかという行政委員会のあり方に対する疑問と同じ文脈で議論されてきた。

　まず，憲法第65条はすべての行政権の行使を内閣のコントロールの下に置くものであるという「控除説」の立場からは，内閣からある程度に独立した行政委員会の職務は，予算や人事などにより内閣のコントロールの下にあると解される[132]。内閣の人事権を奪うようなかたちで人事案件を制度化することは許されないと解すべき[133] であろう。

　ついで，独立行政委員会に対して国会が直接にその責任を問うための制度が設けられていて，国会が直接に統制をおよぼしうるのであれば，それは政府統制として憲法第66条第3項の容認するところであるというべきであり，国会（衆参両院）の同意（承認）が必要とされている点が，わずかではあっても国会が独立行政委員会に対して直接にコントロールをおよぼしうる余地があるとする[134]。

　さらに，独立行政委員会は政府から独立していることによる内閣のコントロールの不十分さを，同意人事という国会のコントロールによって補充することにより，合憲性を根拠づけるものである[135]。今日の有力説とされている。この説については，政治的中立性が強く要請される分野を担当する行政機関である行政委員会は，内閣と国会という2つの政治部門から独立して行使されることがむしろ望ましく[136]，きわめて政治性の強い国会のコントロールの下に置こうする点に矛盾があるという批判[137] もある。

　人事案件についての政府見解は，人事問題は内閣の人事権，すなわち行政

---

(132)　田中二郎『行政法中巻』（有斐閣，1955年）82頁，86頁。上田健介『首相権限と憲法』（成文堂，2013年）343頁。

(133)　大石・前掲注（106）176-177頁。

(134)　佐藤・前掲注（116）883頁。

(135)　樋口陽一ほか『注釈日本国憲法下巻』（青林書院，1988年）1026頁。

(136)　渋谷秀樹『憲法〔第3版〕』（有斐閣，2017年）596頁。

(137)　執政権説を，行政権への権力統制の点から批判するものとして，毛利透『統治構造の憲法論』（岩波書店，2014年）222頁，239-240頁。

第7章　参議院と議院内閣制

権の範囲内であり，その同意は行政権の行使に対する衆参両院の同意であるというものである。ただ，これには，すべての案件を同一視して，内閣の人事権（＝行政権）の範囲内のことといえるのかどうか，疑問が残る。政府から独立した組織の人事に関しては，検査官，人事官，日本銀行総裁が問題となる。検査官および人事官は行政機関であり，日本銀行は法人であるが，いずれも国家にとっては重要であり，政府から独立することが強く求められる人事である。これらを内閣の人事権（＝行政権）の範囲として単純にみなすことはできないだろう。

　他方で，行政委員会（3条委員会，8条委員会）の人事案件は人事権の範囲（＝行政権）そのもので，国会は人事案件への同意を通して行政権の行使についてチェックを行っているといえよう。

　これらの案件の性質のちがいに注目した憲法学の論者はごく限られている[138]が，検査官，人事官，日本銀行総裁は内閣任命人事であり，他の人事案件の人事は内閣総理大臣ないし主任の大臣の任命人事である。人事の軽重はおのずと法文上も表現されているといえよう。

　②　議会の関与を強める審査手続の改正

　人事案件の審査手続については，法律上の規定はない。衆参各院において，先例および衆参両院の議院運営委員長申合せにそって審査される[139]。2008年以降は重要な案件，すなわち，検査官，人事官，公正取引委員会委員長，日本銀行総裁および副総裁のいずれにおいても，衆参両院の議院運営委員会で候補者の所信をきいて，質疑をしたうえで，本会議において議決するという手順が採られた。これは，2007年期の参議院を中心に天下りや政府寄りの人事を防ぐために，同意人事案件には議会がこれまでよりも主体的にこの問題に取り組むよう主張されて，衆参両院の関与を強める改正が行われて整備された手順である。人事案件を単なる行政権の行使とみなすことができない

（138）　大石・前掲注（106）176-177頁。
（139）　西木戸一真「国会同意人事」立法と調査342号（2013年）107頁。

250

3 同意人事における参議院の位置づけの転換

憲政のあり方が徐々に明らかになっているように思える。

すなわち，2007年11月（第168回国会）から，議院運営委員会両院合同代表者会議で，同意が求められる人事の案について政府から提示を受けるといった手続を経るようになった（ただし，第183回国会（2013年 2 月）に廃止）。具体的には，同年11月 2 日に，同会議の初会合で政府から14機関28人の人事案件が提示され，同月13日に衆参両院に正式に提出された。同日に衆議院本会議では 4 つの議案として採決が行われて，同意することに決定した(140)。他方，参議院本会議では翌14日に同じく 4 つの議案として採決が行われて，結局，国家公務員倫理審査会会長など13機関25人については同意することに決定したが，労働保険審査会委員など 3 機関 3 人については同意しないことに決定した。

加えて，2008年 3 月（第169回国会）に，衆参各院の議院運営委員会で，人事の候補者から所信表明を求めて質疑を行うようになった。これは，同年 2 月25日に笹川堯衆議院議院運営委員長（当時）と西岡武夫参議院議院運営委員長（当時）との合意により，制度的に内閣からの独立性が求められていて重要な任務を担う組織（特別案件）の候補者（検査官，人事官，公正取引委員会委員長，日本銀行総裁および副総裁）からの所信聴取と質疑を行うことと，その方法について決められたことに基づくものである。具体的には，第一に，それまで非公式に行われた所信聴取を原則公開とし，それぞれの院の議院運営委員会で行うこと。ただし，所信に対する質疑は懇談形式で非公開で行うことができる。第二に，所信聴取と質疑（懇談形式も含む）の議事録はできるだけ速やかに，各会派に配布して公表する。第三に，所信聴取対象者の範囲は，検査官（ 3 人），人事官（ 3 人），公正取引委員会委員長（ 1 人），日本銀行総裁および副総裁（合計 3 人）とする。第四に，具体的な質疑方法などについては，それぞれの院の議院運営委員会理事会で協議する。たとえば，日本銀行総裁候補の質疑は，あらかじめ決められた質疑者が所定の時間内に

---

(140)　第168回国会衆議院会議録12号（2007年11月13日） 1 - 2 頁。

第7章　参議院と議院内閣制

質疑を行った後に自由討議が行われているが，副総裁候補の質疑は自由討議のみである。

　また，同月末には，人事の同意案件のなかでも，こうして所信を聞き，質疑を行った案件については，その同意・不同意についてまとめて採決するのではなく，その同意・不同意を一人ひとりについて個別に採決するよう変更した。この方式は，賛否がわかれると予測されるもののみ別にして，それ以外は一括して採決してきた従来の方法を大きく改めたものである。この慣習は先例として定着・評価され(141)，後に原子力規制委員会委員長（1人）がその対象に加わった（衆議院先例集第370号，参議院先例録第481号）。衆参各院の議院運営委員会は，2012年8月1日にそれぞれ，同年に設置された原子力規制委員会委員長候補者から所信を聴取した後，質疑を行った(142)。一連の手続整備は，人事案件への議会の関与，民主的なコントロールを強めようという方向であるとともに，そのために衆参両院に共通するルールを共同で作成して衆参両院が合致したいわば「国会」のルールとしてそれを憲法慣習化した新しい手法といえよう。

　なお，委員の欠員を防ぐため，おのおのの根拠法では，国会閉会中に任命した際は事後に衆参両院の同意を得ることとされている。しかし，2015年末に，国会閉会中に一部の委員の任期が終了して欠員が生じたことがある(143)。こうした重要な委員の空席が生じることを防ぐなどを理由に，2015年11月21日に，憲法第53条に基づいて衆参各院でその4分の1以上の議員が内閣に臨

---

(141)　高橋滋「政官関係の変化における議会と行政」公法研究72号（2010年）74頁。

(142)　第180回国会衆議院議院運営委員会議録32号（2012年8月1日）。第180回国会参議院議院運営委員会議録24号（2012年8月1日）。

(143)　2015年12月3日に公正取引委員会委員1人，同月7日に会計検査院の検査官1人の任期が切れた。その他，翌年1月には地方財政審議会委員全員の5人および個人情報保護委員の定員増となる4人の同意が必要であった（「国会同意人事で欠員『臨時』見送りで　公取や会計検査院」（読売新聞2015年10月25日））。原子力規制委員会の委員は引き続き空席であった。

252

3 同意人事における参議院の位置づけの転換

時会の召集を求めたが，内閣は応じなかったことによる。この臨時会の召集を決定しなかったことは「憲法違反」であるとともに，人事案件に関する2007年期からはじまった国会主導型の手続整備とは逆の方向である。政府に対する議会によるコントロールを弱めようとする兆候の現れではないか，との疑念も生じるといえよう。国会閉会中を理由にこれらの委員が空席となった前例はない。安倍晋三総理大臣は，空席は会計検査院長や公正取引委員会委員長といった重要ポストではなく，欠員が生じても委員の定足数は満たしており，「政府としては，任期満了前に人事案を国会に提出をし，両議院の同意をいただくよう努力をしており，国会の同意を軽視をしていることではございません」[144] と答弁した。

③ 同意の性質——行政権の一部か，執政権の一部か

それでは，こうした議会の関与の強化は，行政権との関係で憲法論としてどのように考えればよいだろうか。行政権について定める憲法第65条は権力分立規定であり，議会との均衡・抑制を求めるものである。一方，憲法第66条第3項は連帯責任規定であり，議会との均衡・抑制を弱めて，国政を協働して担う執政[145] が求められるものである。同意人事は，この2つの側面がせめぎあう場面であるが，憲法上の規定はない。この2つの面をあわせもつ性質を行政権[146] との関係からどのように考えることができるであろうか。

たとえば，権力分立の側面を強調すれば，憲法第65条に関する控除説の解釈から，内閣が行使する権限はすべて行政権の範囲であるから，当然に人事案件は行政権の範囲内のこととなり，議会の同意は人事における付随的な手続きに過ぎないということになる。

一方，権力分立と連帯責任のバランスを重視する面を強調すれば，人事案件の中には，国政にとって重要な執政の事項と考えられる人事と，行政の運

---

(144) 第190回国会参議院予算委員会議録2号（2016年1月15日）9頁。
(145) 山田幸男「行政委員会の独立性について」公法研究1号（1949年）46頁。
(146) 石川健治「統治のゼマンティク」憲法問題17号（2006年）65-80頁。

第7章　参議院と議院内閣制

営や管理に必要とされる人事があるが，行政機関の人事は行政権に属するの
で内閣が扱うべきものであり，議会はその内容に立ち入ることは許されず，
内閣からの提示に同意または不同意を表すことになる。決定に関わるという
趣旨では重要であるが，事後の承認でも許容されるため，前者と同様に付随
的な手続ということになる。

　さらに，連帯責任の側面を強調すれば，執政という国家作用は内閣によっ
て独占されるべきいわれはなく，むしろ，国会と内閣が協働すべき範囲のこ
とと考えられる。この理解に立てば，人事案件の中には，まさに内閣と国会
の協働によって処理されるべき執政権の事項と考えられる重要なものが含ま
れることになる。この場合，議会の関与は案件の内容に踏み込んだ主体的な
ものになる。2007年期の衆参両院において，内閣から提案された人事案件に
ついては，一部ではあるが，国政にとって重要な人事においては衆参両院の
関与を深めて，候補者の適格性の是非を議会が判断するよう手続が変更され
た。これは議会と内閣の協働[147]作業という性質を強めたと解されるので，
この理解が最も穏当であるように思われる。

　具体的には，検査官，人事官，日本銀行総裁がこれにあたる[148]。まず，
憲法上の機関である会計検査院の検査官の人事であるが，会計検査院につい
ては，会計検査院法のほかは，内閣の政令ではなく会計検査院の規則によっ
て運営されること（会計検査院法第38条），その職員は会計検査院が自ら採用

---

(147)　村西良太は執政権限が国会と内閣の分有される「協働権」と指摘した（村
　　西良太『執政機関としての議会』（有斐閣，2011年）233頁）。林更知は「共通
　　の課題に異なる角度から取り組むという側面」と位置づけた（林更知「立憲
　　主義と議会」安西文雄ほか『憲法学の現代的論点（第2版）』（有斐閣，2009
　　年）143頁）。
(148)　公正取引委員会委員長および原子力規制委員会委員長の場合はそもそも
　　「3条委員会」の長の人事であるので，これら3つの機関と同列に扱うことは
　　できない。両委員長はともに天皇による認証官という重要なポストであるの
　　で議会の関与の度合いがとくに強められたのであろうが，これが適切な憲政
　　のあり方であるかは別の問題といえよう。

254

3 同意人事における参議院の位置づけの転換

すること（同第14条），その予算も会計検査院が自ら作成すること（財政法第17条第1項）など，機関として内閣から独立している。また，検査官についても，衆参両院の同意を経て内閣から任命される（会計検査院法第4条第1項）とはいえ，職務は内閣から独立して行うこととされ（同第1条），その意に反して身分を失うことがなく（同第8条），同僚検査官の合議により心身の故障で職務を遂行できないなどと決定されて，衆参両院の議決があるときに限って退官するとされている（同第6条）など，内閣の関与の程度は極めて低く，内閣からの独立性が顕著である。したがって，検査官の人事は，内閣が行政権の一部として取扱う「官吏に関する事務を掌理すること」には含まれない特別の事務と理解するほうが穏当であろう。

ついで，人事院の人事官の場合は，人事院が国家公務員法に基づく組織であることや，内閣の所轄の下に置かれていること（国家公務員法第3条第1項）など，会計検査院と比べると政府からの独立性が弱いように見える。しかし，人事官の身分は手厚く保障されていて，その任命は内閣が行うが，罷免は，法律上定められている欠格事由にあたる場合のほかは，国会が訴追して最高裁判所が弾劾の裁判を行って決定する場合に限られていること（同第8条第1項），会計検査院に比べると独立の程度が弱いとはいえ，規則制定権（同第16条第1項）や独自の予算編成権（同第13条第3項）が認められていることなどを考えれば，法律が，公正で効率的な国家公務員人事を行うために，政府から独立している必要性を強く求めていることは明らかである。人事官の人事案件は，会計検査院の検査官の人事案件に準じて特別の事務として採り扱うことが穏当であろう。

また，日本銀行の総裁の場合は，日本銀行がその業務の遂行にあたって政府と連絡を密にして，十分な意思疎通を図るように求められている（日本銀行法第4条）ものの，法人とされていて政府から分離されており（同第6条），通貨および金融の調節という業務の遂行に際してはその自主性が尊重されるべきであると法律で定めていること（同第3条第1項），身分保障があること（同第25条第1項），国会に対する報告義務があること（同第54条）などから考

第7章　参議院と議院内閣制

えて，これもまた，会計検査院の検査官の人事案件に準じた特別の取扱いがなされるのが穏当であろう。

　同意に関して衆参両院が編み出したこうした新方式は，衆参両院で行われている人事の同意が執政の範囲であるとする理解になじむものであるが，そうであるとするならば，同意する主体は「衆参両院」であるよりも「国会」であるほうが望ましいといえよう。国会の議決を要する案件については，個別法の規定がなくても，一般に国会の意思を形成する場合に衆参両院の意思の相違があれば両院協議会で調整する（国会法第87条）ように，両院協議会を開催して協議することができる。他方，両議院の議決を要する事案については法律上の規定が別になければ両院協議会によって調整する方法がないのである(149)が，将来は，人事案件について衆参両院の同意・不同意が異なった場合も，両院協議会などを含む協議する場が必要になると思われる(150)。

　しかし，いずれに場合でも，衆参両院で協議したうえで意思が一致しない場合の取扱いが問題となる。この点については，憲法制定直後に導入されたような衆議院の優越条項があってもよいとする見解もあろうが，不一致の場合は「国会」としては否決という意思の表明であって，内閣は衆参両院が合意できる別の候補者に切り替えて提案し直すべきであるという見解もあるだろう。ただし，既成の根拠法はすべて「両議院の同意を経て」という規定の仕方をしているため，「国会」の同意とするには法改正が必要である。また，衆参両院の意思の相違を調整するために，たとえば，法律案の議案と同様に，人事案件の通則法としてあらゆる人事案件に衆議院の3分の2以上による再可決の制度を導入する法を新たに制定するのは乱暴であろう。さらに，両院協議会において衆参両院の意思として第三者を内閣に提案することは，内閣の人事権の侵害といえるであろう。

---

(149)　鈴木・前掲注（124）90-91頁。

(150)　加藤一彦は，人事案件は両院協議会で成案を得る必要がないので，過半数主義の導入を提案した（加藤一彦「両院関係と合意形成への方途」憲法問題22号（2011年）99頁）。

256

小　括

　参議院は日本国憲法によって設置されてからさまざまにそのあり方の変遷を重ねてきた。設置直後の10年弱は緑風会を基盤とした「強い参議院」であった。後に自民党が安定多数の議席を得るようになり，与党の自民党と野党の社会党で議席をわけあういわゆる55年体制になると，衆議院，参議院，内閣の「三位一体」体制が生じたことにより，国会の審議能力は低下したとみなされた(151)。参議院は「衆議院のカーボンコピー」と揶揄されてその元凶という汚名を着せられ，参議院不要論，参議院廃止論が盛んになった。しかし，その後，参議院で与野党逆転が起きて参議院少数与党となると，再び参議院の存在感が増して「強い参議院」と考えられるようになった。この強さは衆議院だけではなく内閣に対しても発揮されて，参議院の2007年期と2010年期の憲政からみた内閣と国会の関係は，参議院の議会運営が内閣の倒壊をもたらすという議院内閣制であったといえよう。これは，下院の信任を基盤とする議院内閣制の根幹をゆるがすものとしてさまざまな批判を受けることとなった。さらに，2012年12月以降の第2次および第3次安倍晋三内閣のように与党が衆参両院で多数となり，かつ，衆議院で特別多数を確保すると，「三位一体」というよりも内閣がとびぬけて強くなり「決めすぎる政治」と「無駄な国会」と批判(152)される事態が生じた。

　この間，参議院は自ら設置の主旨を探り，制度改革を検討してきた(153)。歴代の議長はそれを組織し，とくに斎藤十朗議長当時には，憲法改正も視野に入れた抜本的な改革が検討された(154)。参議院は，主として自己の審議能力の向上に向けた改革を試み，国政調査機能の強化，調査会の設置，決算機

---

(151)　河世憲「国会審議過程の変容とその原因」レヴァイアサン27号（2006年）150頁。

(152)　待鳥聡史『代表制民主主義』（中公新書，2015年）194頁。

(153)　最新のものに，参議院国の統治機構に関する調査会「国の統治機構に関する調査報告」（2016年）。

第 7 章　参議院と議院内閣制

能などの強化に取り組んだ。これはすなわち，決算審査や同意人事議決における参議院の主導性の確保や，衆参両院での党首討論の実施など，参議院の権限が強化される方向であった。同意人事案件における衆参両院の対等性確保もこの文脈で行ってきた。

　しかし，憲法学説では参議院の権限を抑制するべきとする議論が主流であり，それは主に衆議院の優越規定を補強するまたは参議院の権限を縮小させる趣旨での憲法運用を求めるものであった。そのような理解に基づいた議会における憲政の運用のあり方は，参議院は「弱く」あるべしというものであった。政治学研究者からも，第二院は議院内閣制における議会と内閣の委任と責任の連鎖関係から意図的に除外されているにもかかわらず，日本の参議院は議院内閣制の例外であるという位置づけが確立されないままに，衆議院とほぼ対等な権限を与えられていることが混乱を招く原因であるとの批判[155]や，「参議院が抑制機関であるという矜持を捨て，討議し，監視を行う機関であるという自覚を持たなければ」「生き残っていくことはできないだろう」[156]という激しい批判も主張された。

　他方，強い参議院という二院制を定めた日本国憲法の「『想定された規範』の意味を積極的にうけとめ，その具体化のための条件を模索する必要があるのではないだろうか」[157]という問いかけも提起されている。日本国憲法の議院内閣制は，衆議院を中心とした「国民内閣制」として理解すべきか，衆参両院の「国会内閣制」として理解すべきか，という論争である。議院内閣制の「内閣」のあり方に焦点をあてた解釈の論争である。他方，「議院」すなわち国会のあり方について焦点を当てると，必然的に参議院の憲法運用が重要となる。

---

(154)　参議院の将来像を考える有識者懇談会『参議院の将来像に関する意見書』
　　　（2000年）。
(155)　待鳥聡史「混迷政治の活路（上）」（日本経済新聞2011年6月14日）。
(156)　木下健『二院制論』（信山社，2015年）210頁。
(157)　只野・前掲注（98）102頁。

258

小 括

　これについて，本章は，衆議院の３分の２による再可決と同意人事案件の処理を検討することにより，日本国憲法は衆議院の優越性を安易にかつ無条件に認めているのではなく[158]，衆参両院の権限と責任の対等性が強く認められている「国会内閣制」の特徴をもっていることを明らかにした。日本国憲法の下，70年におよぶ議会運営の経験は，憲法慣習の膨大な蓄積を生んできたが，これまでの憲法学では条文の解釈に集中してきた観がある。憲法の実際の運用を整理して論じることで，筆者のこれまでの研究とあわせて考察すると，日本国憲法という「原作」にそもそも描かれた議院内閣制の特徴を，演出家の解釈意図を込めずに率直に表した憲政のあり方を，一部ではあるがあぶり出すことができたのではないだろうか。あわせて，制定過程の制度設計不備の混乱を解釈によって整えようとした憲法学の先行研究の苦労の一端も理解できたように思う。しかし，それは原作に忠実ではない脚色されたシナリオといえよう。

　将来の憲法改正に際しては，「強い参議院」の性質を改める可能性はあるとしても，その場合もこれまでの憲政や不文の憲法慣習，とくに日本国憲法の特徴が発揮される参議院少数与党の憲法運用から学ぶことは多い。可決か廃案かといった二者択一を緩和して，法律案が修正を経つつ衆参両院間を行き来するといった柔軟な対応も考えられるだろう[159]。法律案について衆参両院の意思が異なった場合は，両院協議会を現行のような任意的開催から必要的開催とし，合意をめざしてもできなかった場合に再可決を求めるというように[160]，両院協議会をこれまででも取り組んできた運用改革[161]から一歩踏み込んだ，衆参両院間の合意形成をめざす憲法慣習として見直すことから改革をはじめることもできるだろう。運用に合わせた憲法改正ではなく，憲

---

(158)　森田重郎『増補・参議院』（ぎょうせい，1984年）67頁。
(159)　只野雅人「参議院の機能と両院制のあり方」ジュリスト1395号（2010年）50-51頁。
(160)　加藤・前掲注（11）255頁。
(161)　森本昭夫「両院協議会改革の難航」立法と調査374号（2016年）169-179頁。

第7章　参議院と議院内閣制

法に合わせた運用を考えるという選択肢である[162]。

　いずれにせよ，衆議院の優越性を強めて，その信任に基づいた強い内閣を政治の中心とするウェストミンスター型[163]か，国民内閣制を基盤としつつ「強い参議院を擁する国会との間で一定の緊張と協調を保ちながら国政を進める」[164]か，それとも，決算審議や同意人事などを通じて参議院は行政コントロール権限を強めて内閣とは距離を置くという憲政をめざすかで，議会における憲政の運用の方向性はまったく逆に動く可能性があるといえるのである。生きた憲政に関する問題関心が広がり，実際の憲法慣習をふまえた今後の熟議が強く期待される。

---

(162)　只野雅人「国会，参議院，民意」世界2013年6月号（2013年）100頁。

(163)　最近のイギリスの議会改革について，小堀眞裕『ウェストミンスター・モデルの変容』（法律文化社，2012年）。木下和朗「イギリスにおける憲法改革」比較憲法学研究25号（2013年）57-83頁。高見勝利「日本の逆を行くイギリスの議会改革」世界2010年8月号（2010年）152-160頁。

(164)　高見・前掲注（4）87頁。

第8章 「強い参議院」と緊急集会

はじめに

　日本国憲法第54条第2項は「衆議院が解散されたときは，参議院は，同時に閉会となる」と定めると同時に，「但し，内閣は，国に緊急の必要があるときは，参議院の緊急集会を求めることができる」と規定した。衆議院解散後，その総選挙を経て特別会が召集されるまでの短期間とはいえ，衆議院が優位する二院制として構成されている「国会」に代わって，参議院がその権限を単独で行使する国権の最高機関となるように思われる。このような制度は，大日本帝国憲法には存在しない。日本国憲法の制定時にこの制度は注目され，衆議院優位型の憲法構造と調和を取るために，第54条第3項では，「前項但書の緊急集会において採られた措置は，臨時のものであつて，次の国会開会の後十日以内に，衆議院の同意がない場合には，その効力を失ふ。」とされて，参議院の一院のみでは「国会」の意思が形成されないことを明示した。

　憲法の条文上は，緊急集会について，国に緊急の必要がある場合に限るという限定がある以外には，その構成や権限についてはどのような制限も設けられていない。これについて，憲法学では，例えば「衆議院解散後に内閣総理大臣が欠けた場合，緊急集会で次の内閣総理大臣を指名することができるか」「衆議院解散後に国に国費の支出を要する緊急の事態が生じたときに緊急集会単独で予算を承認することができるか」「自衛隊の防衛出動承認の必要が生じた場合に，緊急集会単独でそれを行うことができるか」「国会が制定した法律を緊急集会単独で改廃できるか」などが問題点として仮に想定されて検討されてきた。

第8章 「強い参議院」と緊急集会

　しかし，実際の国の緊急の事態とは，まさに突如，緊急に生じるものである。内閣総理大臣については，1980年に大平正芳総理大臣が衆議院解散後の選挙期間中に死去した。生前に内閣官房長官を内閣総理大臣の臨時代理に任命してあったとすることで，憲法第70条の内閣総辞職，第71条の職務執行内閣に移行して，新たな内閣総理大臣の指名を避けて，緊急集会の開催にも至ることなくこの緊急の事態を乗り切った。防衛出動の承認については，自衛隊法（昭和29年法律第165号）第76条第1項で「国会の承認（衆議院が解散されているときは，日本国憲法第五十四条に規定する緊急集会による参議院の承認。以下本項及び次項において同じ。）を得て」と定めた（現在は武力攻撃事態法[1]第9条第4項）が実例は生じていない。予算については，日本国憲法第60条第1項で「予算は，さきに衆議院に提出しなければならない。」と衆議院の先議権が定められているにもかかわらず，1953年に，緊急集会で参議院が議決した後に衆議院が同意した暫定予算が執行された実例がある。法律の制定に関しても例がある。こうした事例をみれば，参議院の緊急集会という制度は，現実に憲法上重要な機能を営みうるものであることが否定できない。このほか近年では，大規模災害への対応ができるかという議論もなされている[2]。

　これまで緊急集会を定める憲法第54条は「憲法上あまり見栄えのしない」[3]と評されるほど地味な条項として扱われてきた。先行研究はわずかである[4]。実際に，70年におよぶ憲政史上，同条が活用されて緊急集会が開

---

(1)　「武力攻撃事態等における我が国の平和と独立並びに国及び国民の安全の確保に関する法律」（平成15年法律第79号）が2015年の安保法制の整備にともない「武力攻撃事態等及び存立危機事態における我が国の平和と独立並びに国及び国民の安全の確保に関する法律」に改正されたが，緊急集会に関する規定内容に変更はない。

(2)　舟槻格致「大災害時　憲法に空白　解散後被災　衆院議員不在に」（読売新聞2015年12月1日）。

(3)　高見勝利「衆議院の解散・特別会，参議院の緊急集会」高見勝利ほか編『日本国憲法解釈の再検討』（有斐閣，2004年）284頁。

はじめに

催されたのは 2 回である。

　しかし，これは大きな誤解である。緊急集会は，国会を召集できない場合に，本来ならば議会の議決を要する緊急の案件が生じたときに，行政府かぎりでの措置を認める方法をとらず，立法府を尊重しながら対処しようという制度[5] である。二院制の上院と下院が同時に活動することを原則とする「両院同時活動原則」の例外[6] であり，暫定的に上院のみに議会の権能を行わせるものであり，各国の憲法制度と比較すると珍しい例[7] である。本章で検討する過去の 2 つの事例をよくみれば，実は，憲法制度上，内閣が衆議院をいわば無視して政策決定を行う際の手法として緊急集会を用いることができるのである。その意味で，緊急集会は，「強い」参議院という日本国憲法上の二院制や議院内閣制の特徴を現実化する一つの制度として，もっと注意深く検討されるべきである。

　議会における憲政の運用は，憲法典および憲法附属法といった成文法だけではなく，実務が重なった不文の憲法慣習に大きく支えられている。日本国憲法下での参議院の展開は，後者の重要性を示す好例である。本書で明らかにしたいのは，日本国憲法という「原作」に描かれた参議院と，実際に国会という舞台で演じられてきた参議院とでは異なる点があり，制定後70年の運用の中で蓄積された憲法慣習をみるとき，ときには主役であるはずの衆議院以上に目立つ存在感を発揮する性質を含んでいるということである。本章は，緊急集会を取り上げて，議会制および議院内閣制に関する憲政の実態を明らかにしようとするものである。

---

(4)　最近の研究として，加藤一彦「参議院の緊急集会論」現代法学31号（2016年）45-91頁。

(5)　樋口陽一ほか『注解法律学全集　憲法Ⅲ』（青林書院，1998年）110頁〔樋口陽一〕。

(6)　法学協会編『註解日本国憲法中巻』（有斐閣，1948年）102頁。

(7)　清宮四郎『憲法Ⅰ（第 3 版）』（有斐閣，1979年）239頁。野中俊彦ほか『憲法Ⅱ（第 5 版）』（有斐閣，2012年）120頁〔高見勝利〕。

263

第8章 「強い参議院」と緊急集会

1 緊急集会の開催──「強い参議院」の顕在化

過去2回の緊急集会は，吉田茂総理大臣が，与党会派に属する自らを支持しない衆議院議員に対抗するためにこの手法を用いようと企図し，実行に移したものである。すなわち，これらの緊急集会は，「抜き打ち解散」や「バカヤロー解散」と呼ばれるように，内閣総理大臣が内閣に対抗的になった衆議院を解散した結果，国会が閉会となったので，本来は国会会期中に処理されなければならない内閣提出の議案が処理されず，その後始末のために緊急集会が開催されたという政治的な事情なのであって，衆議院解散後に突発的に生じた緊急事態への対応ではなく，解散前から計算された国会対策の技法であった。これは実例により，内閣が衆議院と対立したときに，参議院の多数の支持を得れば衆議院との対立を無視して乗り越えられるという参議院の「強さ」，あるいは，見方によってはその「危険性」を顕在化させたといえよう。

すなわち，緊急集会の第1回目は，1952年8月28日に衆議院が解散されて第14回国会が閉会となった後に開かれた（1952年8月31日）。第2回目は，1953年3月14日に衆議院が解散されて第15回国会が閉会となった後に開かれた（1953年3月18日〜20日）（表1）。この2回の緊急集会は，衆議院で多数派の支持を得にくかった内閣が開催を請求したという共通点をもつ。そして実際に，内閣の思惑どうりに必要な事務処理が行われた。参議院では直前の国会の本会議よりも議員の出席率が高く，解散権の濫用との批判よりも，熱心に職務に取り組まれた。「日本国憲法」という「原作」に描かれた制度を運用する「シナリオ」を作成して演じる当事者としての自己認識を示す先例として注目される。そこで，こうした憲政の運用の実際から，緊急集会について検討する。

1 緊急集会の開催

〔表1〕緊急集会とその前後の国会状況

国会回次等	自至	緊急集会の案件	備　考
第14回国会 （常会）	1952年8月26日〜 28日（3日間）	――	・衆議院の「抜き打ち解散」に より閉会
第14回国会閉会 後の参議院緊急 集会	1952年8月31日 （1日間）	国会同意人事 （委員の指名）	・内閣からの請求は8月28日 ・本会議，議院運営委員会を開 催
第25回衆議院 議員総選挙	1952年10月1日	――	
第15回国会 （特別会）	1952年10月24日〜 1953年3月14日 （142日間）	――	・1952年10月25日に衆議院本会 議で参議院緊急集会議決に同 意 ・衆議院の「バカヤロー解散」 により閉会
第15回国会閉会 後の参議院緊急 集会	1953年3月18日〜 20日（3日間）	暫定予算 日切れ法案の延 長	・内閣からの請求は3月14日 ・本会議，議院運営委員会，期 限等の定めのある法律につき当 該期限等を変更するための法 律案特別委員会などを開催
第26回衆議院 議員総選挙	1953年4月19日	――	
第16回国会 （特別会）	1953年5月18日〜 1953年8月10日 （85日間）	――	・1953年5月27日に衆議院本会 議で参議院緊急集会議決に同 意

(1)　第14回国会閉会後の緊急集会（第1回目）

　第14回国会は，1952年8月26日に召集された常会であり，150日間の会期
が予定された。しかし，同月28日に衆議院が解散され，実際の会期は3日間
であった。この解散は，憲法学では憲法第7条に基づく初めての衆議院の解
散であることや，その解散の是非をめぐって苫米地義三が衆議院議員資格の
確認と歳費請求を理由に裁判を提起した「苫米地事件」（最大判昭和35・6・
8民集14巻7号1206頁）により，よく知られている。また，吉田茂総理大臣が，
与党である自由党内における自らの支持派「吉田派」と不支持派「鳩山派」
の対立を解消するために行った「抜き打ち解散」であるとか，解散が宣言さ

265

第8章 「強い参議院」と緊急集会

れたのが衆議院の本会議中（議場）ではなく議長応接室であったため，政治
史的にも著名なできごとである。

　この衆議院の解散にともない，最高裁判所裁判官の国民審査の管理事務に
必要な中央選挙管理委員がいないという事態が生じた。中央選挙管理委員
（5人）および同予備委員（5人）は，内閣総理大臣が国会の議決による指名
に基づいて任命する（公職選挙法第5条の2第2項，第4項，第8項）。第13回
国会に公職選挙法が成立して同委員の指名の必要が生じたので，同会期中で
のそれが予定されていた。しかし，会派間の合意が整わなかったのでできな
かった。第14回国会は開会からわずか3日目に衆議院が解散されて指名には
至らなかったので，同委員および予備委員全員の欠員が生じた。同委員の任
命がなければ，次の衆議院議員総選挙と同時に行われるべき最高裁判所裁判
官の国民審査の手続に欠缺があることになり，行うことができないという事
態となる(8)。

　同委員の指名は，衆参両院の指名が一致したときに衆議院議長から「国
会」の指名があった旨を内閣に通知する（衆議院先例集第372号，参議院先例
録第482号）という，衆参両院が先導して行う手続である。しかし，衆議院
が解散されて国会は閉会した。後述2(2)のとおり，参議院議員が憲法第53条
に基づき臨時会を請求したとしても，国会の「両院同時活動原則」の下，衆
議院議長も衆議院議員も欠けた状況では，内閣は臨時会の召集を決定するこ
とができない。そこで，この指名を行うため，吉田内閣は参議院緊急集会の
開催を請求した。当初内閣は，請求した28日の翌29日に集会の期日を設定し
ようとしたが，あまりに急であるとして参議院が拒み，日曜日ではあったが
3日後の31日に設定された。

　吉田総理大臣から佐藤尚武参議院議長に「衆議院の解散に伴い，中央選挙
管理会の委員の任命について緊急の必要があるので，日本国憲法第五十四条
及び国会法第四条（筆者注：現行第九十九条）により，昭和二十七年八月

────────────────────────

(8)　奥野健一「参議院緊急集会の法的性格」ジュリスト19号（1952年）25頁。

266

1 緊急集会の開催

三十一日東京に，参議院の緊急集会を求める。」という文書が発出された。すなわち，第1回目の緊急集会は，委員の任命の前提となる国会の指名という本来は議員発議の案件であるため，内閣提出の議案は存在せず，参議院議員が自ら指名に関する動議を提出し，審議することになった。

そこで同月31日に緊急集会が開かれ，本会議には定数250（欠員3）人中，議長と副議長を含む181人の議員が出席した。解散直前の第14回国会では会期中に参議院本会議は1回しか開催されなかったが，その出席人数が134人であったことからみると，多くの議員が出席したことがわかる。参議院は，衆議院解散・国会閉会と同日に請求されたとはいえ，当時の交通・通信事情により，各議員には参議院公報とともに電報やNHKの放送（当時はラジオ）などによりその開催を通知した[9]。

参議院議院運営委員会では，議案だけではなく，緊急集会での議論のあり方について活発に議論された。たとえば，主任の大臣として岡野清学自治庁長官（文部大臣の兼任）が出席したが，保利茂内閣官房長官が説明員として議論の途中で呼び出されたり，開会請求の趣旨を聞くために吉田総理大臣の出席を求めたところ胆石症により数日間安静加療を要するという病気診断書が提出されて欠席となったり，参議院事務局からの「こういう制度は，憲法慣習として，これから育てて行くべきものでありますから，濫りに妥当でない先例を開くこともおかしうございますし，また現在において，濫りに将来どうなるかわからんわけでありますから，一定不変の拘束を加えてしまうことも如何であろうかと存ずるわけでありまして，慎重に御考慮を願いたいと思う」[10]といった説明に対して議員が先例形成という趣旨で高評価を与えたりして，実例に基づいた憲法慣習の構築に熱心に取り組んだことがわかる。

同委員会は8月31日の午前11時前に開会し，午後5時前に散会した。引き

---

(9)　第14回国会閉会後の参議院緊急集会議院運営委員会議録1号（1952年8月31日）1頁。

(10)　同上，10頁。

第8章 「強い参議院」と緊急集会

続き同日に本会議が開かれ，中央選挙管理会の委員および予備委員を議長において指名することの動議が提出されて，ただちに賛成の議決が行われて議長がそれぞれを指名し，緊急集会は同日中に終了した。参議院議長は同案件を内閣に送付した。

　内閣は，翌第15回国会の開会にあたり，衆議院の同意を得る手続はどのように行うかについての明文規定がないため，内閣総理大臣より衆議院議長に対して，同意の「手続に関し，別段の定がないが，便宜政府により貴院の同意を求める」[11] という文書を発出して，内閣から同意を求める議案の提出についてその疑問を示唆した。結局は，同人事案件は内閣提出議案として第15回国会の開会直後に衆議院に提出[12] されて，同院の同意を得た。

　なお，第13回国会において，同年10月5日に行われることが予定されていた教育委員会委員の選挙を1年延期する旨の法律案（閣法）が，参議院で可決され，衆議院に送付されたが審議未了で廃案となった。そこで，同趣旨の法律案を本緊急集会で議員立法により議案として提出できないか，また，他の案件について政府に緊急質問できないかと模索する動きがあった。このように，緊急集会において，内閣から議決を求められた議案と別個の議案を扱うことができるかどうかが大きな議論となった。議院運営委員会ではくりかえし議論されたが結論が出ず，同委員会に自治庁長官として出席していた岡野文部大臣が，教育委員会法改正案に関する緊急集会を求めるよう閣議で提案すると発言した[13]。結局，内閣はこの件では緊急集会の開催を請求することはなかった。

(2)　第15回国会閉会後の緊急集会（第2回目）

「抜き打ち解散」にともなう第25回衆議院議員総選挙が1952年10月1日に

---

(11)　第15回国会衆議院公報第2号（1952年10月25日）。
(12)　同意を求める議案は，常任委員や同委員長の選任に関する議案に先だって議決された（第15回国会衆議院会議録2号（1952年10月25日）1頁）。
(13)　第14回国会閉会後の参議院緊急集会議院運営委員会・前掲注（9）10頁。

268

1 緊急集会の開催

行われた。第15回国会はその後に召集されて内閣総理大臣の指名を行う特別会（国会法第1条第3項）である。1952年10月24日に召集されて，吉田茂が内閣総理大臣に指名されたが，政局は依然として不安定であった。会期は60日間の予定であったが，結局99日延長されて，翌1953年3月14日に衆議院が解散されて閉会となった。この解散は「バカヤロー解散」として知られている。

第2回目の緊急集会は第15回国会閉会直後に，昭和28年度の一般会計および特別会計，政府関係機関の暫定予算と法律案4件の議決を求めるものであった。吉田総理大臣から佐藤尚武参議院議長に「衆議院の解散に伴い，昭和二十八年度一般会計等の暫定予算並びに，①国会議員の選挙等の執行経費の基準に関する法律の一部を改正する法律案，②国立学校設置法の一部を改正する法律案，③不正競争防止法の一部を改正する法律案及び④期限等の定のある法律につき当該期限等を変更するための法律案について議決を求める緊急の必要があるので，日本国憲法第五十四条及び国会法第四条（筆者注：現行第九十九条）により，昭和二十八年三月十八日東京に，参議院の緊急集会を求める。」（丸数字は筆者による）という文書が発出された。

④の法律案は，関税法など特定の日に法律が失効するまたは適用期限が切れる規定を含む限時法であるが政策的にその後もその効力を継続させる新たな立法を求めるという，今日にいういわゆる「日切れ法案」16件の整備法案である[14]。その具体的な内容は，（1）租税の減免措置についての期間延長について，ア）給与所得および退職所得についての所得税の軽減措置，イ）学校給食用乾燥脱脂ミルクの輸入税免除，ウ）航空機用揮発油についての揮発油税免除，エ）こうりやん，とうもろこし，航空機，染料などの輸入税の減免，オ）金鉱業の復興用機械などの輸入税の免除，（2）付加価値税の実施の延期，（3）軍人恩給の支給の停止，（4）国家公務員などの退職手当の支給，

---

(14)　第15回国会閉会後の参議院緊急集会期限等の定のある法律につき当該期限等を変更するための法律案特別委員会議録1号（1953年3月18日）1頁。

第8章 「強い参議院」と緊急集会

(5) 保安官および警備官の退職手当の支給，(6) 昭和21年度における一般会計などの借入金の償還期限の延期，(7) 引揚援護庁の存続，(8) 代用少年保護鑑別所および代用特別少年院の存続，(9) 外国人の指紋押なつの規定の実施の延期，(10) 国際的供給不足物資などの需給調整に関する法律案である。

いずれも GHQ による占領終了後の復興体制づくりにとって重要な議案であるが，次期特別会における新内閣の自主性を尊重するという趣旨などから，予算や法の空白を避けるための必要最小限度にとどめるとして，緊急集会で議決された暫定予算は昭和28年度の4月～5月の2か月分であり，「日切れ法案」の延長は一律に2か月分であった。

④に関する法律案は複数の常任委員会の所管に属するため，佐藤議長の発議により，委員25人からなる「期限等の定のある法律につき当該期限等を変更するための法律案特別委員会」を設置して審査した（参議院先例録第491号）。議案は，同特別委員会のほか，常任委員会の議院運営委員会，地方行政委員会，文部委員会，通商産業委員会，予算委員会において審査されて，委員会中心主義を緊急集会でも維持する先例が形成された。

また，第2回目の緊急集会は予算の組替えという点でも注目されるので，やや細かいが経緯を紹介しておきたい。緊急集会の開会を請求した時，内閣は，「期限等の定のある法律につき当該期限等を変更するための法律案」の議案の中に義務教育費半額国庫負担法の施行期日を2か月延期するための法律案を含め，その成立を見込んだ暫定予算の提出を予定した。しかし，参議院の野党および緑風会は，義務教育費の国庫負担については各会派で論議がある政策的な法案[15]で緊急集会の審議の対象にならないと強く反発した。

---

(15)　第13回国会で成立した義務教育費国庫負担法の施行は1953年4月1日であった。他方，第15回国会に提出された義務教育に従事する教職員をすべて国家公務員とし，その給与費を全額国が負担しようとする義務教育学校職員法案は中央集権化や地方自治のあり方にも関連するため，与野党に異論があった（衆議院＝参議院編『議会制度百年史　国会史上巻』（大蔵省印刷局，1990年）451-452頁）。

1 緊急集会の開催

参議院議院運営委員会は，3月18日午前に行われた会議で，これを変更する
よう議長から内閣に対して申入れを行うよう決定した。佐藤議長は，緒方竹
虎副総理（内閣官房長官）に対し，議案の提出のみで法律案の内容は承知し
ていないが，多数派の賛成を得て採決される見込みがなく，政府において適
当な変更を加えた上での提案を望むと述べた。緒方副総理は，まだ提案され
ていない法律案について参議院側で議論して決定に達したというのが先例と
なることには疑義があるが，議長からの議院運営委員会の決定を以ての正式
な申出なのでこれを了承すると返事をした[16]。内閣は，同日午後に，国庫
負担延期に関する法律案を撤回して暫定予算を組み替えることを閣議決定し
た。変更後の法律案は同日午後に，また，義務教育費の半額国庫負担を4月
から実施するために必要な11億円を増額して組み入れた暫定予算は同日夜に
それぞれ参議院に提出された[17]。

翌19日に参議院の各委員会で予算および法律案が審議された。開会から3
日目の同月20日に本会議において議案のすべては議決された。

緊急集会でとられた措置については，同年5月18日に開会された翌第16回
国会にて，内閣から衆議院に対して同意を求めた。衆議院は同国会にて同議
案を審査するために委員30人からなる特別委員会として「昭和28年度一般会
計暫定予算に同意を求めるの件外六件特別委員会」を設置して審査し，議決
した。その他の議案も同意された[18]。衆議院の同意があった旨は内閣告示
により，官報にて公示された。また，内閣は，同第16回国会開会直後に，同
年6月分の暫定予算といわゆる「日切れ法案」の6月以降の再延長を求める
法律案を提案した。

---

(16) 第15回国会閉会後の参議院緊急集会議院運営委員会議録1号（1953年3月
18日）1-2頁。

(17) 「参院，きょう緊急集会」（京都新聞1953年3月18日）。「参議院緊急集会波
乱なく終了の見通し」（朝日新聞1953年3月18日夕刊）。「暫定予算審議へ」（京
都新聞1953年3月19日）。

(18) 第16回国会衆議院会議録5号（1953年5月27日）。

第8章 「強い参議院」と緊急集会

　なお，これら2回の緊急集会の前後の日本をめぐる政治および社会の状況は混乱していたといえよう。吉田内閣は，衆議院では多数の支持を失い，参議院では少数与党という状況で成り立っていた。また，1952年4月28日にサンフランシスコ平和条約が発効し，占領の終了を迎える日本にとって内政・外交の大きな転換点であった。同条約発効後，1年以内に加入すると宣言していた3条約である「航空運送の規定統一に関するワルソー条約」，「原産地虚偽表示防止に関するマドリッド協定」，「戦争犠牲者の保護に関するジュネーブ諸条約」については，第15回国会後の緊急集会にて承認が求められることなく，第16回国会にて国会の事後承認を求める議案が提出されて，承認された[19]。なお，前述の③不正競争防止法の一部を改正する法律案は，上記の「マドリッド協定」を政府が批准するために事前に整備することが必要な国内法であるため，本緊急集会での議決が求められた。

2　緊急集会の制度設計──「強い参議院」への懸念

　緊急集会は，憲法制定過程において慌ただしく整備された制度である。そのため，その関係法規は，1947年の憲法施行直後は，憲法第54条のほか，旧国会法に緊急集会の請求手続（第4条），緊急集会中における参議院議員の不逮捕特権（第34条），議長警察権（第114条）および参議院緊急集会規則[20]

---

(19)　HI「参議院緊急集会の跡始末」時の法令99号（1953年）16頁。
(20)　参議院緊急集会規則は次の4か条であった。
　　第1条　内閣総理大臣から期日を定めて緊急集会を求められたときは，議長は，これを議員に通知する。
　　2　議員は，前項の指定された期日の午前十時に参議院に集会しなければならない。
　　第2条　緊急の議案が，すべて議決されたとき，議長は，緊急集会の終つたことを宣告する。
　　第3条　緊急集会において可決された議案は，議長が，その公布を要するものは，これを内閣を経由して奏上し，その他のものは，これを内閣に送付する。
　　第4条　参議院規則中，第一章，第五章から第十一章まで，第十三章，第十四章及び第十六章から第二十章までの規定は，これを緊急集会に準用する。

2　緊急集会の制度設計

（昭和22年8月15日議決）があるのみで，不備が多かった。

　その後，1952年と1953年に実際に緊急集会が開催されると，その法文上の不備が明らかになったので，1955年に国会法が改正された際（昭和30年法律第3号）に，同規則の内容を加えて規定を拡充し，新たに第11章として組み入れられた。同時に参議院緊急集会規則は廃止された（昭和30年3月18日議決）。こうして明文の規定はある程度整備された。本章では，その制定過程および制度を紹介し，緊急集会が内包する参議院の「強さ」の源泉を検討する。

(1)　日本国憲法に規定された経緯

　緊急集会は，日本国憲法の制定過程において，日本政府側の発意と強い要望により設置された。その議論の始まりは遅く，憲法上の議会制として一院制ではなく二院制を採用することが決まった1946年3月以降である。

　大日本帝国憲法下では，緊急勅令（同第8条），緊急財政条項（同第70条），当年度予算不成立時の前年度予算の施行（同第71条），非常大権（同第31条）で対応するとされた事態について，日本国憲法下ではどのように対応するか，という制度設計が求められた。日本国憲法の3月2日案は，そうした事態に内閣が閣令によって単独で対応する（第76条）とした[21]。しかし，内閣が独断で法律案と予算について措置をとるというこうした内容は，第二次大戦後の状況からは採用し得なかったので削除された。法律や予算の議決について，日本国憲法は，全国民の代表である「国会」の関与が必要とされる国会中心主義を採用したからである。そのため，この後の憲法改正案では，国会閉会中の緊急事態に対応するための条項が欠落した。

---

(21)　3月2日案　第76条
　　衆議院ノ解散其ノ他ノ事由ニ因リ国会ヲ召集スルコト能ハザル場合ニ於テ公共ノ安全ヲ保持スル為特ニ緊急ノ必要アルトキハ，内閣ハ事後ニ於テ国会ノ協賛ヲ得ルコトヲ条件トシテ法律又ハ予算ニ代ルベキ閣令ヲ制定スルコトヲ得。

第 8 章　「強い参議院」と緊急集会

　松本烝治国務大臣は，法制局次長の佐藤達夫とともに，1946年 4 月 2 日と
6 日の GHQ との協議の際に，国会閉会中にどうしても国会で決めなければ
ならないことが生じた場合の憲法上の措置として，閣令での対応に代わり，
参議院が一時的に機能を果たすか，国会常置委員会を設置するかを提案した。
これに GHQ 民政局次長のチャールズ・L・ケーディスは強く反対した。

　「常置委員会」は，第一次大戦後のドイツで創出された制度である。第二
次大戦前の日本において，衆議院を中心に設置に向けて議院法などの改正が
検討されたが，貴族院の反対により潰れた構想である[22]。その法案要綱に
よると，常置委員は毎年の常会の終わりに72人が選出され，次の常会で改選
されるまで在任する。国会閉会中に，現在の閉会中審査（国会法第47条第 2
項）の議決がなくても，自由に国会の活動ができることが特徴である。

　GHQ 側は，あらかじめ法律で幅広い委任をしておくという委任立法の手
法の活用を示唆したり，行政府へのエマージェンシー・パワーの付与で処理
すればよいとしたりしたが，日本側は憲法外の権力の発動を想定するのは大
日本帝国憲法以上におそろしいことになると主張した[23]。当時の日本政府
は国会による緊急措置権の明文化に懸命で[24]，4 月12日の交渉の際に，
GHQ より，国会に常置委員会を設けるよりも参議院に国会の権能を代行さ
せることが適当であるとの発言を引き出した[25]。松本国務大臣が GHQ 民
政局長のコートニー・ホイットニーに直接申し入れて，暫定的に国会の職務
を行う憲法上の制度として参議院に「緊急集会」制度を設けることで決着し
た[26]。こうして緊急集会は1946年 4 月17日に発表された「憲法改正草案」

---

(22)　衆議院の検討内容は，今野或男「国会閉会中の委員会活動について」議会
　　　政治研究53号（2000年） 2 - 7 頁に詳しい。
(23)　佐藤功『憲法研究入門（下）』（日本評論社，1967年）123頁。
(24)　永井憲一「参議院の緊急集会制度に関する一考察」早稲田法学会誌 7 号
　　　（1957年）131頁。
(25)　佐藤達夫 = 佐藤功補訂『日本国憲法成立史　第 3 巻』（有斐閣，1994年）
　　　321-323頁。

274

2　緊急集会の制度設計

において初めてその姿を現した。

　憲法制定過程では，緊急集会の是非について，国会が会期制を採用していても，常時開催に近いならばそうした対応への不安はない[27]とか，国会閉会中であれば新たに臨時会を召集して対応すればよいという批判があった。日本政府側は，緊急集会は衆議院解散後に適当な方法がなく，特別会の召集もできない場合にやむを得ない制度として考えている[28]とした。また，常置委員については，日本国憲法に違反することはない[29]が，必ずしも妥当とはいわれておらず国会法に盛り込むことの是非を研究したい[30]と述べた。

　ただ，重要なのは，衆議院が解散された後から，次の（国会会期が始まる）特別会が召集されるまでの間に，緊急に国会の議決が必要とされる事態が生じた時の対応をどうするかという点である。日本国憲法の条文の内容が確定した後は，議論は憲法制定に伴う憲法附属法，とくに新設される国会法の審議の場に移された。今野或男によると[31]，国会法の制定過程において，衆議院は，常置委員会制度を今こそ実現すべきものと考えて，その草案に設置

---

(26)　入江俊郎『憲法成立の経緯と憲法上の諸問題』（第一法規，1976年）283頁。「民政局長のための覚書」犬丸秀雄『日本国憲法制定の経緯』（第一法規，1989年）203頁，213-214頁。他方，佐々木髙雄は，緊急集会は松本国務大臣の発案ではなく，ケーディスが私案として，内閣は「国会非常ノ際」に緊急集会を求めることができるという規定を提示したことがもとになったとした。ただし，日本政府側の翻訳作業の過程で，「非常」を「緊急」とすることで，開催の要件を緩和したと指摘した（佐々木髙雄「緊急集会制度の成立過程」青山法学論集32巻3・4号（1991年）80-81頁）。

(27)　第90回帝国議会衆議院帝国憲法改正案委員小委員会速記録3号（1946年7月2日）35頁。

(28)　金森徳次郎国務大臣の発言（第90回帝国議会衆議院帝国憲法改正案委員小委員会速記録6号（1946年7月5日）18頁）。

(29)　金森徳次郎国務大臣の発言（第90回帝国議会貴族院帝国憲法改正案特別委員会速記録18号（1946年9月20日）18頁。

(30)　金森徳次郎国務大臣の発言（第90回帝国議会衆議院帝国憲法改正案委員小委員会速記録4号（1946年7月3日）15頁）。

(31)　今野・前掲注（22）7頁。

第8章 「強い参議院」と緊急集会

規定を加えた。憲法改正案に緊急集会の規定が設けられていたことから，衆参各院において常置委員は閉会中に法律執行の成績を調査し，事件を審査するという内容であった。「議案」ではなく「事件」を審査するとされたのは，常置委員会の主たる機能を国政調査に置いていたからであろう。

GHQで国会関係法規を担当していた同民政局立法課長のジャスティン・ウィリアムズは，国会法の第一次草案検討後の第二次草案の検討の際に，国会のあり方について，委員会中心主義を採用するよう求めるとともに，常置委員会は認められないと強く主張した。衆議院側は，GHQが議会の権限活動の拡大に積極的であったので，常置委員会制度にも理解を示すと思っていたが，それが裏切られて狼狽した。そこで第三次草案では常置委員会制度を撤回したところ，GHQ側は常任委員会と特別委員会とはとくに衆参各院で認めた場合には閉会中に活動してもよい，と態度を変更した(32)。今野は，こうしたGHQ側の強い反対は，常置委員会がドイツに由来する制度であることが影響したのではないかと指摘した(33)。なお，日本政府側は，帝国議会での審議において，常置委員会は一定の会期制を設けた憲法の趣旨に反して行政機関を一年中拘束することになり，行政と立法との間に支障をきたすおそれがあると指摘されて採用されず，閉会中審査でも実質的にはその機能を果たすことができると説明した(34)。

(2) 緊急集会開催の要件，手続

① 開始と終了

衆議院の解散は，衆議院議員の資格を失わせるだけではなく，同時にその国会の会期を終わらせる効果をもつ(35)。衆議院の解散によって当然に発生

---

(32) 大曲薫「国会法の制定と委員会制度の再編」レファレンス2010年11月号（2010年）42-45頁。

(33) 今野・前掲注（22） 8頁。

(34) 第91回帝国議会衆議院議事速記録15号（1946年12月21日） 4頁。第91回帝国議会衆議院国会法案委員会速記録2号（1946年12月20日） 5頁。

276

2 緊急集会の制度設計

する効果であるので，参議院の追加的行為は必要ない（憲法第54条第2項）。閉会にともない衆議院と参議院は同時にその活動能力を失うが，緊急集会は，内閣の求めにより，参議院に議院としての活動能力を与える効果を生じさせるものである。

緊急集会を求める権能は内閣にある。臨時会（憲法第53条）の召集のように，参議院議員が求めることはできない。

内閣が緊急集会を求める場合，集会の期日と案件を定めて参議院議長に請求する（旧国会法第4条。現第99条）。その請求には，内閣総理大臣から集会の期日および案件を示した文書により，参議院議長にこれを請求することを要する（参議院先例録第489号）。内閣はこれを告示して広く知らせる。請求を受けた参議院議長は開催を決定し，これを議員に通知し，議員は指定された期日（第1日目）に参議院に集会しなければならない（旧参議院緊急集会規則第1条。現国会法第99条第2項）。

参議院議長は，緊急集会の第1日目に会議を開く際は，内閣総理大臣から参議院の緊急集会を求められた旨を告げた後，開会を宣言する（参議院先例録第490号）。これにより緊急集会が成立する。緊急集会の開会は，国会の召集とは性質も手続も異なる[36]。

緊急集会の期間やその終了については，憲法に規定されていない。緊急集会は「会期制」ではないので，前もって会期の期間が議決されることはない。そこで，参議院は議院規則を整備して，緊急の議案がすべて議決されたとき，議長は緊急集会の終わったことを宣告する（旧参議院緊急集会規則第2条。現国会法第102条の2）とした。緊急集会は内閣提出の緊急の議案のみを審議するものであって，これが終われば当然に終了することとされた。

---

(35)　宮沢俊義『全訂日本国憲法』（日本評論社，1978年）405頁。

(36)　日本国憲法の英文表記によると，国会の召集を規定した憲法第7条，第52条，第53条，第54条第1項と同様に，第54条第2項の内閣から緊急集会を求めることも「convoke」である。これには疑義も表された（北昤吉議員の発言。第90回帝国議会衆議院帝国議会改正案委員会7号（1946年8月1日）36頁）。

277

第 8 章 「強い参議院」と緊急集会

緊急集会で可決された議案は，国会法第65条に準じて，参議院議長が，その公布を要するものは内閣を経由して天皇に奏上し，その他のものは内閣に送付する（旧参議院緊急集会規則第 3 条。現国会法第102条の 3 ）。加えて実例では，参議院事務総長から衆議院事務総長宛てに，緊急集会の開催と終了，法律の奏上，内閣への送付について念のため通知した[37]。

② 要 件

開催の要件は，憲法第54条のとおり，第一に衆議院が解散中であること，第二に国に緊急の必要があること，第三に内閣が必要と認めて参議院に請求すること，である。

第一の，衆議院の解散中であることは，解散の日から最長70日間（実質68日間）とする立場と，解散の日から総選挙が終了するまでの最長40日間（実質39日間）とする立場がある[38]。後者は，緊急集会は応急的な活動であるのでそれが可能な期間は最短とすべきであること，国会の召集は法的には衆議院議員総選挙後ただちに可能であることから特別会の召集が不可能な期間は衆議院の解散中のみであるため40日余とすべきであるとする[39]。前者が通説である。

第二の，国に緊急の必要があるかどうかを判断して，緊急集会の請求を行うかどうかの決定は内閣が行う。突如・緊急な事態だけではなく，政治的な事情によって予測できない解散が行われた場合も含まれる[40]。

第三の，内閣は，内閣総理大臣について，別の国務大臣が臨時代理を務めている場合（内閣法第 9 条）でも請求することはできると解される[41]。内閣総理大臣が死亡した場合は，内閣は直ちに総辞職（憲法第70条）する。前内

---

(37) 第15回国会閉会後の緊急集会参議院公報第98号（1953年 3 月20日）866頁。

(38) 永井・前掲注（24）135頁。

(39) 佐藤功『憲法（下）（新版）』（有斐閣，1984年）718頁。

(40) 田上穣治編『体系憲法事典』（青林書林新社，1968年）521頁〔丸山健〕。

(41) 田中正巳「参議院の緊急集会制度における緊急措置請求権の主体の一考察」
　　　北海道学芸大学紀要 6 巻 1 号（1955年）28頁。

2 緊急集会の制度設計

閣は新たに内閣総理大臣が任命されるまで職務執行内閣を務めることになる（同第71条）。こうした状況で国の緊急事態が生じた場合は，前内閣における内閣総理大臣の臨時代理を務める国務大臣が中心になり，職務執行内閣も緊急集会を求めることができると解されるだろう。

ただし，参議院は緊急の必要がないという理由で，議案を否決することができる。すなわち，「緊急の必要があるとき」に該当するかどうかの第一次判断権は内閣にあるが，緊急の必要があるかどうかの最終的な決定権は，議案への賛否の意思を表明する参議院にある[42]。

なお，大日本帝国憲法では，「内外ノ情形ニ因リ政府ハ帝国議会ヲ召集スルコト能ハサルトキ」（第70条）のための緊急財政条項が規定されていた。日本国憲法にはそうした文言はないことから，こうした事態に対処する方法は別に考えられていない[43]，すなわち，憲法第54条第2項の規定に基づく緊急集会で対応できると解するのが通説であろう。旧警察法および旧自衛隊法で規定された緊急集会（後述(4)）は，まさに治安上の緊急事態または非常事態の場合である。ただ，憲政史上，そうした経験はない。

③ その他

参議院の先例によると，緊急集会は1952年8月の第1回目の例により，開催された集会ごとに，「第何回国会閉会後の参議院緊急集会」と称することとされた（参議院先例録第487号）。

また，国会法により，緊急集会中の参議院議員は国会会期中と同様，不逮捕特権が与えられる（旧国会法第34条。現第100条）。議長警察権も，会期中と同様に扱われる（同第114条）。

なお，衆議院議員総選挙と参議院議員通常選挙が同時に実施されるいわゆ

---

(42)　永井・前掲注（24）144頁。

(43)　宮沢俊義『新憲法と国会』（国立書院，1948年）196頁。他方，緊急集会は非常事態に備えた規定ではないという立場として，青山武憲「憲法改正問題（29）参議院の緊急集会と国家緊急事態の課題」季刊現代警察117号（2007年）104頁。

第8章 「強い参議院」と緊急集会

る「衆参同日選挙」の選挙期間中であっても，緊急集会は開催できる。その際，改選の対象の参議院議員の任期中であれば選挙期間中の現議員を含めた全議員によって，任期満了後であれば非改選の議員によって，緊急集会は開催される。公職選挙法上，参議院議員通常選挙は議員の任期満了の前30日以内に行う（第32条第1項）とされている。通常選挙を行う期間が参議院開会中および参議院閉会の日から30日以内にかかる場合は，その閉会の日から24日以後30日以内に行うとされている（同条第2項。1997年改正前は31日以後35日以内）(44) ため，後者の状況が生じる可能性はある。すなわち，そもそも参議院議員が半数のみで議院の活動を行うことは想定されていないにもかかわらず，緊急集会では「当・不当の問題がある」(45) との指摘もあるが，例外的にありうるのである。

　1949年5月に，国会の両院法規委員会は，参議院議員の半数改選が初めて行われる直前の第5回国会にて，一般的に参議院議員の定数の半数が欠ける事態は望ましくなく，また，緊急集会が開催された場合，定数の半数の議員により国会の権能を行使することになるという憲法上の懸念から，「参議院議員通常選挙の施行期日に関する勧告」(46) を行った。同勧告では，こうした間隙のないようにすることが憲法の要請するところであるので，改選される議員の任期満了前に参議院通常選挙を実施するよう，参議院議員選挙法改正などの立法措置を求めた。なお，1947年4月から2016年10月までの24回の選挙のうち8回は任期満了後に実施された（表2，表3）。

---

(44)　公職選挙法（平成9年法律第127号）による改正。翌1998年に予定された参議院議員通常選挙の投票日が「海の日」前後の連休や夏休みの始期にあたり投票率の低下が懸念されたため，改正された（滝川雄一「参議院議員の通常選挙の期日」立法と調査240号（2004年）53頁）。なお，投票日を決定するための参議院の開会中および閉会の日の算出は，常会，臨時会，特別会とともに緊急集会も含まれる。

(45)　樋口・前掲注（5）111頁。

280

2 緊急集会の制度設計

〔表2〕参議院通常選挙の施行にともない議員の半数が欠けていた期間

期　　間	日　数
1950年5月3日～6月3日	31日間
1956年6月4日～7月7日	33日間
1959年5月3日～6月1日	29日間
1965年6月2日～7月3日	32日間
1977年7月4日～7月9日	6日間
1989年7月10日～7月22日	15日間
1992年7月8日～7月25日	18日間
2001年7月23日～7月28日	6日間

(3) 権　能

緊急集会は，国会の権能を参議院が暫定的で行うものであるので，その対象や範囲が問題となる。学説は大きく分けて2つの考え方がある[47]。第一に，緊急集会の権能を限定的に解する立場である[48]。すなわち，緊急集会

---

(46)　第5回国会両院法規委員会議録6号（1949年5月7日）2頁。なお，同委員会は当初，国会法（昭和22年法律第79号）第2条但書の常会会期召集の時期を，「議員の任期が満限に達しないように」に加えて，「且つ参議院議員の通常選挙が改選されるべき議員の任期満限前に行われるように召集しなければならない。この場合には十二月より前にこれを召集することができる。」とする案を軸に議論した（同会議録5号（1949年4月22日）1-3頁）。しかし，実際の勧告では，国会開会中および閉会中に行う通常選挙の日程（参議院議員選挙法第9条第2項）および当選後の任期の始期（同第70条）を削除する旨の改正を求めた。さらに，公職選挙法改正が議論された第2回国会では，衆議院が解散された場合に，参議院議員が衆議院に鞍替えして立候補する可能性があり，これにともなう失職によってさらに議員数が少なくなる懸念も示された（第2回国会参議院議院運営委員会議録60号（1948年7月2日）8頁）。

(47)　西口照男「参議院緊急集会について」経営と経済32巻2号（1952年）137-139頁。

(48)　奥野・前掲注（8）25-27頁。高辻正巳「参議院の緊急集会」時の法令93号（1953年）15頁。

281

第8章 「強い参議院」と緊急集会

〔表3〕上記をもたらした選挙期日および任期

◎印：議員の任期満了後に実施された選挙
＊印：衆参同日選挙

選挙回次	選 挙 期 日	任期開始日	任期満了日
第1回	1947年4月20日	1947年5月3日	1950年5月2日
			1953年5月2日
第2回◎	1950年6月4日	1950年6月4日	1956年6月3日
第3回	1953年4月24日	1953年5月3日	1959年5月2日
第4回◎	1956年7月8日	1956年7月8日	1962年7月7日
第5回◎	1959年6月2日	1959年6月2日	1965年6月1日
第6回	1962年7月1日	1962年7月8日	1968年7月7日
第7回◎	1965年7月4日	1965年7月4日	1971年7月3日
第8回	1968年7月7日	1968年7月8日	1974年7月7日
第9回	1971年6月27日	1971年7月4日	1977年7月3日
第10回	1974年7月7日	1974年7月8日	1980年7月7日
第11回◎	1977年7月10日	1977年7月10日	1983年7月9日
第12回＊	1980年6月22日	1980年7月8日	1986年7月7日
第13回	1983年6月26日	1983年7月10日	1989年7月9日
第14回＊	1986年7月6日	1986年7月8日	1992年7月7日
第15回◎	1989年7月23日	1989年7月23日	1995年7月22日
第16回◎	1992年7月26日	1992年7月26日	1998年7月25日
第17回	1995年7月23日	1995年7月23日	2001年7月22日
第18回	1998年7月12日	1998年7月26日	2004年7月25日
第19回◎	2001年7月29日	2001年7月29日	2007年7月28日
第20回	2004年7月11日	2004年7月26日	2010年7月25日
第21回	2007年7月29日	2007年7月29日	2013年7月28日
第22回	2010年7月11日	2010年7月26日	2016年7月25日
第23回	2013年7月21日	2013年7月29日	2019年7月28日
第24回	2016年7月10日	2016年7月26日	2022年7月25日

2 緊急集会の制度設計

は一般の常会，臨時会，特別会とは異なり，無制約に国会活動をなしうるのではなく，内閣より緊急議案として議決を求められた議案のみに活動が限定されると解する。議員はこれと関係のない案件を議案として提出できず，また，緊急質問も許されないという立場である。

第二の立場は，これと異なり，緊急集会の権能を，憲法改正の発議を除き，国会に準じて考えて，議員による発議や緊急質問を自由に認めるものである[49]。

先例に基づく参議院の解釈では，前者の，内閣提出から緊急議案として議決が求められた議案，すなわち，法律案，予算，条約承認案，同意人事議案にのみその審議の対象，範囲が限定されると解すべきとされている。1955年の国会法改正の際に，その趣旨は明文化された（第101条，第102条）。なお，内閣提出議案を否決した場合は，修正案や，同一目的を達成するための対案を提出することは許されるべきと解されている。さらに，内閣提出の予算の執行に必要な予算関連法案を議員立法にて提出することも可能であるという見解[50]もある。他方，内閣から議決が求められた議案と関連のない，別個の案件については，緊急集会ではその審議も議決もなし得ないとされている。

また，議員資格争訟裁判（憲法第55条），議長その他役員の選任（同第58条第1項），議院規則制定（第2項），懲罰（同），国政調査（同第62条），議員の釈放要求（同第50条）など衆参各院がもつ議院の権能は，緊急集会でも行うことができるとされている[51]。その他の議案の発議や決議，請願の処理などは，上述のとおり，内閣請求議案に関連のあるものに限り行うことができる（国会法第101条，第102条）。他方，内閣が請求するかしないかにかかわらず，内閣総理大臣の指名，憲法改正の発議，同意人事[52]および衆議院のみの権能である内閣信任・不信任決議は当然に行えないと考えられる[53]。た

---

(49)　法学協会・前掲注（6）103頁。

(50)　奥野・前掲注（8）26頁。

(51)　小林孝輔「参議院の『緊急集会』制度の研究」青山経済論集5巻3号（1953年）272-273頁。

第 8 章　「強い参議院」と緊急集会

だし，同意人事については，その根拠法の多くにおいて衆参両院による「事後の承認」も容認しているため，緊急集会で扱えないとしても，実際の結果には別段のちがいはない。

　ただし，内閣総理大臣の指名に関する権能には，学説上 2 つの考え方がある。一つは，衆議院議員総選挙後に新たに国会が召集されたときは内閣は総辞職し，国会が新たに内閣総理大臣を指名することが予定されているので，緊急集会において行うことはできないと解する[54] ものである。

　もう一つは，緊急集会の権能として否定されていないと解する[55] ものである。これは参議院が臨時とはいえ単独で内閣総理大臣を指名することは，第二院のみの支持を基盤とする内閣が誕生するという，議院内閣制の趣旨の根源からその適格性が問われる行為である。憲法制定直後に整備された緊急集会規則第 4 条における参議院規則の準用規定では，内閣総理大臣の指名，開会式，会期の決定・延長，国会の休会などの規定を除く部分を準用すると定められた。同規則には，こうした異例で変則的な議院内閣制の具現は憲法上参議院には期待されていないという参議院の意思が込められているのではないだろうか。内閣総理大臣の指名を行う場合は，緊急集会ではなく，特別会において扱うと解するのが適切であろう。

(4)　効　果

　緊急集会での議決は，国会の議決と一応同様の効力があるが，臨時のものである。次の国会（特別会）の開会後10日以内に衆議院の同意を得られなけ

---

(52)　国家公安委員会委員は当初，衆議院のみの同意が要件であった。その他，会計検査院の検査官，人事委員会の人事委員（現在の人事院の人事官）の同意は，衆参両院の意思が異なる場合に衆議院が優越した。

(53)　樋口・前掲注（5）112頁。

(54)　衆議院＝参議院編『議会制度百年史　議会制度編』（大蔵省印刷局，1990年）153頁。

(55)　小林・前掲注（51）271-272頁。

284

2 緊急集会の制度設計

ればその効力を失う（憲法第54条第3項）。

ところが，1955年に国会法が改正されるまで，その同意を得る手続は憲法にも国会法にも規定がなかった。また，何人がその同意を求めるべきであるのかについても，規定がなかった。そこで，実例では，内閣は，緊急集会の後，特別会が開会されるとすぐに，事後の同意を求める議案を衆議院に提出した。緊急集会請求権は内閣にあるので，その同意を求めるのも内閣であるとの考え方であろう[56]。また，10日以内という短期間での審議が求められるため，国会開会直後に議案が提出されることが望ましい。衆議院はこれを「参議院の緊急集会において採られた措置につき同意を求めるの件は，次の国会の召集日に，内閣から提出されるのを例とする。」と先例に位置づけて（衆議院先例集（昭和30年2月版）第362号。平成29年版は第359号），憲法慣習とした。国会法改正時に同意を求める案件は内閣が提出するとされた（第102条の4）。

衆議院は，加えて，同意の方法について，「その全部について同意するか否かを議決する」（衆議院先例集（昭和30年2月版）第363号。平成29年版は第361号）として，部分同意を排除した。ただし，その一部を同意し，他の部分については同意しないということもありうると解する説もある[57]。

また，「その効力を失う」とは，いつの時点からであろうか[58]。失効が遡及する，すなわち，緊急集会において措置をとった時に遡って効力を失うのか，あるいは，将来効が失われる，すなわち，将来に向かってのみ効力を失うのか。大日本帝国憲法においては，緊急勅令について，将来に向かって効力を失うことを公布することとされていた（第8条）。日本国憲法には明文の規定がないが，通説・実例は後者の，その失効は過去に遡及しないとする説である[59]。ただ，法律の改正案であった場合，将来に向かって効力を失

---

(56)　佐藤・前掲注（39）724頁。

(57)　高見・前掲注（3）300頁。

(58)　山口正弘「参議院の緊急集会で制定された法律」ひろば6巻5号（1953年）14頁。

第 8 章 「強い参議院」と緊急集会

うというのは，改正前の状態に戻ることになるが，改正部分は元の法律の中
に溶け込む扱いになる。そこで，「改正前の状態に戻る」とは，改正前の状
態に再び戻す改正が行われたと解するのか，改正されなかったことになるの
かといった解釈上困難な問題が生じる。当時の実務家の立場からは，緊急の
措置で時間的に無理かもしれないが，議案は改正法律の形式ではなく，独立
の条文によるならば解釈上の疑義を避ける立法がなしえるのではないかとの
指摘がある(60)が，大いに説得力がある。

　なお，旧警察法（昭和22年法律第196号）では，内閣総理大臣が国家非常事
態の布告をして全警察を統制した場合，布告を発した日から20日以内に国会
の承認を得なければならず，もし衆議院が解散されているときであれば緊急
集会による参議院の承認を求めなければならないとされていた（第65条第1
項）が，承認を得られないか，不承認の議決があれば，国家非常事態の布告
は，将来にわたってその効力を失うとされていた（同条第2項）。1954年に警
察法が全面改正された際（昭和29年法律第162号）に同条は削除された。この
「将来にわたって効力を失う」という明文規定は，憲法第54条の解釈を補完
するものといえよう。

　また，旧自衛隊法（昭和29年法律第165号）では，内閣総理大臣は，外部か
らの武力攻撃に際して，日本を防衛するため必要があると認める場合には，
国会の承認を得て，あるいは，衆議院が解散されているときは日本国憲法第
54条に規定する緊急集会による参議院の承認を得て，自衛隊の全部または一
部の出動を命ずることができるとされた（第76条第1項。現在は武力攻撃事態
法第9条第4項）。国会あるいは参議院緊急集会による承認を得ないで内閣総
理大臣が出動を命じて，かつ事後に不承認の議決があったときは，総理大臣
は直ちに自衛隊の撤収を命じなければならない（同条第2項，第3項）。同法
も，旧警察法と同様に，効力を失う時期は将来であるという解釈を導くもの

---

(59)　衆議院＝参議院・前掲注（15）154頁。
(60)　山口・前掲注（58）15頁。

286

といえよう。

災害対策基本法（昭和36年法律第223号）では，第109条第 1 項の規定により緊急措置を政令のかたちで内閣が制定した場合，直ちに臨時会を召集するか参議院の緊急集会を求めることとされた（同条第 4 項）。臨時会あるいは緊急集会において，この政令に代わる法律が制定された場合はその施行と同時に，法律が制定されないことが議決された場合はその議決と同時に，政令は失効する（同条第 5 項）。新型インフルエンザ等対策特別措置法（平成24年法律第31号）により緊急措置を政令のかたちで内閣が制定した場合も同様である（第58条）。この 2 つの法律は，緊急集会の議決のみで政令を失効させる効果を規定するものである。

(5) 公 示

緊急集会でとられた措置の効力が存続するか，失効するかのいずれかに確定した場合の公示の手続に関する規定は存在しない。

参議院の先例によると，参議院事務総長は，集会した期間および緊急集会において成立した法律の公布の奏上，予算の内閣への送付などについて，衆議院事務総長に通知するとされている（参議院先例録第493号）。

他方，内閣は，第 2 回目の緊急集会後の第16回国会で全案件について衆議院の同意が得られたので，内閣告示により，衆議院の同意があった旨を官報で公示した。また，成立した法律は，その公布文において参議院の緊急集会において議決を経た旨が明らかにされた。

(6) 国会法の改正

1955年に国会法が改正された際に，参議院緊急集会規則の内容は国会法に取り入れられて拡充され，同規則は廃止された。この改正は，緊急集会の議決は，最終的には衆議院の同意により成立するため，参議院単独の行為においても衆参両院の合意に基づく運営が貫かれている趣旨を表すものと解することができる。

第 8 章 「強い参議院」と緊急集会

3 緊急集会と議院内閣制──「強い参議院」からの揺さぶり

参議院の緊急集会は，二院制の第二院に国会の権能を代行させるということを意味する。後に失効の可能性があるとはいえ，参議院単独で国会の権能を行使することができる。これは，参議院も衆議院と同様に国民代表議会である（憲法第43条第1項）という，衆参両院がともに同質のものとして単一の「国会」を構成すればこそ，衆議院の解散制度は国政に欠缺や滞りを生じさせることなく存在し得る[61]という，日本国憲法における「議院内閣制」の支柱の一つである。

ただし，緊急集会は衆議院優位型の「二院制の国会に対するきわめて特殊な場合の変則的・異例的措置」[62]であり，憲法制定直後から，第二院の性格に反するという学説からの批判もあった[63]。緊急集会は，衆議院議員総選挙を通じて国民の意思が表明されて，次の特別会の召集ができるようになるまでの間に開かれるのであるから，「議院内閣制」の本来の趣旨によれば，「国会」としての意思の形成は新たな衆議院の構成を待つべきであろう。

また，くりかえしになるが，その手続や運用についての明文規定が乏しいため，わずかな実際の経験が先例として形成されて，それが不文の憲法慣習になって運用されている面が大きい。ここでは，そうした憲政の運用を検討し，緊急集会は，実は，日本国憲法の二院制や議院内閣制のあり方を大きくゆさぶる可能性があることを明らかにする。

(1) 内閣が衆議院に対抗する手段としての活用

参議院の緊急集会が開催された発端は，第1回目も第2回目も，内閣総理

---

(61)　棟居快行「二院制の意義ならびに参議院の独自性：国会の憲法上の位置付けから見た論点整理」レファレンス771号（2015年）14頁。

(62)　佐藤・前掲注（39）721頁。

(63)　浅井清「国会」蝋山政道編『新憲法講座第2巻』（政治教育協会，1946年）299頁。

3 緊急集会と議院内閣制

大臣による衆議院における与党内での多数支持確保の失敗および衆議院における内閣不信任という，議院内閣制の運用の大混乱であった[64]。

第1回目の緊急集会が開催される直前の第14回国会の召集日において，衆議院は与党の自由党が定数466人中285人（61.1%）を占めており，内閣は安定多数の支持を得ていた。他方，第13回国会から，自由党内では吉田茂を支持する「吉田派」と鳩山一郎を支持する「鳩山派」との対決が続き，吉田総理大臣は次期の衆議院議員総選挙で「鳩山派」の勢力をそぐことを企図して，第14回国会を会期3日目で解散した。

第13回国会が混乱したのは，開会中の1951年に鳩山一郎[65]らの公職追放が解除された影響もある。この解除は参議院で吉田内閣の与党勢力を増やすことにつながった[66]ものの，依然として吉田内閣は参議院では少数与党であり，第13回国会は国会の会期が5回延長されるなど，重要法案の成立に苦労した。たとえば，人事院を廃止して内閣の下に総理府の外局として人事委員会を設置するという国家公務員法改正案は，参議院で審議が行われなかったので，1951年7月30日に衆議院は憲法第59条第4項に基づき，参議院が否決したものとみなす「みなし否決」の議決を行った。その上で両院協議会の開催を求めたが，参議院側は協議委員4人が欠席することでその開催を阻止して，同改正案は廃案となった。このように，当時は，内閣，衆議院，参議院の三者の複雑な対立構造があった。この影響を受けて，先述のとおり，第13回国会では中央選挙管理委員および同予備委員の指名に至らず，第14回国会でも指名されなかったので，同国会の閉会後に緊急集会を請求して指名の議決を得たのである。

---

(64)　衆議院＝参議院・前掲注（15）379-483頁。

(65)　鳩山一郎は，1946年4月10日の第22回衆議院議員総選挙にて第一党となった日本自由党の党首であったが，同年5月3日付で公職追放となった。それが解除されたのは5年後の1951年であった（1951年8月6日付公職追放指定理由取消書）。

(66)　竹中治堅『参議院とは何か』（学陽書房，2010年）62頁。

第8章 「強い参議院」と緊急集会

　この「抜き打ち解散」後の衆議院議員総選挙では，自由党は吉田派と鳩山派のおのおのが別個に選挙活動を行った。1952年10月24日の第15回国会召集日において，衆議院では自由党は定数466人中242人（51.9%）と過半数を占めたが，吉田派と鳩山派の対立は続いた。鳩山派の強硬派の議員が「民主化同盟」（民同派）を立ち上げて対決姿勢を強めた。第15回国会会期中の1953年2月28日に吉田総理大臣が，右派社会党の西村栄一議員の質問中に「バカヤロー」と失言したことをきっかけに，与野党間および与党内の対立は激化し，同年3月14日に内閣不信任決議が可決されるに至った。吉田総理大臣は同月18日に衆議院を解散した。その際に，昭和28年度の予算は成立していなかった。3月31日を期限とする今日でいういわゆる「日切れ法案」の期限を延長する議案は，審議未了で廃案となった。そこで，第15回国会閉会直後にこれらに対応するために緊急集会が請求された。

　このように，緊急集会の実例は，衆議院を中心とした権力抗争による議院内閣制運用の行き詰まりの後始末であったのである。佐藤功は，もっとも極端な場合と条件をつけながらも，内閣が衆議院を解散して，参議院の支持の下に，衆議院議員総選挙にて与党に有利な選挙法の改正を緊急集会で行うことも可能であるとして，緊急集会が包含する参議院の「強さ」を鋭く指摘した[67]。

(2) 「事後の同意」における衆議院の意思の束縛

　緊急集会での議決は，次の国会の開会から10日以内に衆議院で同意が得られなかった場合は効力を失う（憲法第54条第3項）。

　ただし，その失効は過去に遡及しない。そこで，緊急集会の初例当時，参議院法制局長であった奥野健一は，衆議院の同意がない場合，その法律が刑罰法規であってすでにその法律に基づいて処罰された場合はどうなるか，租税に関する法律であって税金がすでに徴収された場合は返還を求め得るか，

---

(67)　佐藤功『憲法解釈の諸問題』（有斐閣，1953年）200頁。

3　緊急集会と議院内閣制

行政機関設置に関する法律であってその機関による行政処分の効力はどうなるか，緊急集会で既存の法律が廃止されて衆議院の同意が得られない場合は廃止された法律が当然に復活するのかなど，単に法律の廃止にともなう手続論で割り切れない法律問題がさまざまにあることを指摘した[68]。

奥野のこの問題提起はたいへん示唆に富む。衆議院の解散から次の特別会が開会するまで 2 か月近く，最長で70日間（憲法第54条第 1 項）の期間があるため，これらの問題は実際に起こる可能性がある。憲法上，衆議院は参議院の結論に拘束されず，自由に議論することができると理解されており，これは二院制の根本原理である。しかし，衆議院が次の国会開会後10日以内に同意しない場合にどのように取り扱うか，憲法学説ではその結論を見出していない。当時の法制局幹部らは「将来の研究課題である」[69]と述べるにとどまり，難題であることがわかる。ただ，このようなことが起きれば法律秩序の急激な変動がもたらされ[70]，社会は大きく混乱するので，事実上衆議院は「同意する」以外に選択肢はなく，参議院と異なる自らの意思を表明することが非常に困難である，といえよう。第 2 回目の緊急集会では，内閣から「日切れ」法案について一括して議案が提出された。これについて，当の参議院議員からも，内閣は「あえて参議院には一括して法案を出して道連れにしたまま衆議院の承認を求めるという形でやつて，一部不同意ということを許さないという状態に追込むことから，法律の成立を期待するというふうに考えられる場合も起るであろうし，又時の新内閣，政府与党と野党との勢力の関係においては解釈にそれぞれ異同を来して紛糾するという事態も起るであろうと予想せられる。そういう点から考えるならば，こういう緊急集会の場合には，飽くまでもやはり疑義の残らんように，如何ようにでも自由な審議が衆議院においてもでき得るように，法の体裁を整えて提案なさるのが

---

(68)　奥野・前掲注（8）27頁。

(69)　山口・前掲注（58）14頁。

(70)　高辻正巳「参議院の緊急集会について」自治研究29巻 7 号（1953年）11頁。

第8章 「強い参議院」と緊急集会

至当ではないだろうかという私は疑念を飽くまでも持つ」[71]と，衆議院優位型の二院制を定める日本国憲法との矛盾を防ぐための内閣の工夫と参議院の抑制的な対応の必要性が鋭く指摘された。

これは，いいかえれば，参議院の単独の意思が「国会」の意思となりうるという，いわば「参議院の優越」といった効果を生じさせることを意味する。議院内閣制は本来，下院の多数の信任を基礎とした内閣が議会に対して連帯責任を負うものである。一方，日本国憲法では，参議院では内閣提出議案について賛成が多数になると見込まれる場合，内閣は，緊急集会を活用することで衆議院を無視した「議院内閣制」の運用が可能なのである。日本国憲法は，憲政の実際からみると「強い参議院」という性質を含んでいるのであるが，改めてそれが示された。

緊急集会が開かれた第14回国会および第15回国会の前後は，第3次〜第5次吉田内閣の時期と重なっており，憲政の運用からみると，吉田総理大臣は緊急集会を，自らを支持しない衆議院多数派に対抗する措置として用いたことがわかる。

また，たとえば，第1回目の緊急集会において参議院が指名した中央選挙管理会の委員の指名について，衆議院の同意が得られなければ，その指名に基づいて行われた内閣総理大臣の委員任命行為および最高裁判所裁判官の国民審査の効果についても議論となろう。たとえ衆議院の同意が得られなくてもその失効が遡及しないとされている以上，指名に基づいて行われた任命も法的に何ら影響を受けることはないという考え方も成り立ちうる。しかし，当時の法制局第一部長であった高辻正巳は，緊急集会での措置は臨時のものであり，最初から確定の効力を有するものではないので，衆議院の同意がないことを解除条件とする「条件付き任命」と解する考え方も成り立つ[72]と

---

(71) 小笠原二三男議員の発言（第15回国会閉会後の参議院緊急集会議院運営委員会・前掲注（16）5頁）。

(72) 高辻・前掲注（48）16頁。

3 緊急集会と議院内閣制

した。これは，衆議院の意思が参議院の意思よりも優越するという議院内閣制の考え方が基盤になっているように思われる。

ところが，同委員の指名は公職選挙法上「国会」の同意が必要とされている。事前の会派間の合意が前提とされているためか，衆参両院の意思が異なることが想定されていない。想定されていないので，意思の調整規定もなく，たとえば他の同意人事案件のように，事後に衆参両院の同意が得られない場合は退任するといった規定もない。高辻は見落としているようであるが，衆議院が次の国会で同意せず，衆参両院に意思の相違が生じた場合は，単に，指名に至らないということになる。したがって，第15回国会では事実上，衆議院は参議院の意思に「同意する」という選択肢しかとり得なかったのである。実際には，同指名案件が，直前の第13回国会において，参議院が同意して衆議院で同意が得られずに審議未了となった[73]ことからすると，衆参両院の意思が異なって「国会」の意思が形成されない事態も想定される事態であったことがわかる。このように，緊急集会は議院内閣制の運用において大きな論点を含んでいるといえよう。

さらに高辻は，緊急勅令の例から，内閣が緊急集会でとられた措置の失効を望む場合は，内閣は「衆議院の同意を求めるには及ばない，ということになろう」[74]と解した。これは同意を求める議案の提出について内閣に裁量権があるとする解釈で，大きな疑問があろう。

⑶　予算における衆議院先議原則の反故の可能性

吉田総理大臣は，1948年の第3回国会（第2次吉田内閣）において，衆議院で多数の支持を得る見込みがなかったので，衆議院を解散して，参議院の緊急集会を請求してそこで予算の議決を図ろうとした。このことが明らかに

---

(73)　第13回国会参議院議院運営委員会議録78号（1952年7月31日）10頁。第13回国会衆議院議院運営委員会議録77号（1952年7月31日）6頁。

(74)　高辻・前掲注（70）12頁。

第8章 「強い参議院」と緊急集会

なったので，衆議院は予算の衆議院先議権を踏みにじる行為であるなどと猛反発し，同年11月に内閣を牽制する趣旨で，次のような決議を行った[75]。

　　　憲法第五十四條第二項但書によつて，内閣が参議院の緊急集会を求めることのできるのは，衆議院の解散中に突発した非常事態の臨時措置に限るべきであつて，この例外規定の拡張解釈は厳にこれを慎まなければならない。
　　　第三国会開会以来，重大な懸案として院議を以て政府に提出を迫つている公務員新給与並びに災害復旧の追加予算の措置について政府は国会の審議を避けて参議院の緊急集会にこれを提案するような邪道を択んではならない。
　　　右決議する。

　第3回国会では懸念されたこうした事態は起こらなかったが，日本国憲法施行からわずか1年半後に，緊急集会が包含する議院内閣制をゆるがすような参議院の「強さ」や「危険性」が指摘されていたことはたいへん注目される。

　ところで，国会閉会中に予算を新たに執行する必要が生じた場合は，通常は，あらかじめ予算として議決された当該年度の予備費によって対応される。しかし，第15回国会閉会後の第2回目の緊急集会の開催当時の国会状況は，翌年度の本予算の成立前の3月中旬に解散が行われたため，翌年度，すなわち1953年4月以降の予算が存在せず，当然に予備費もなく，予算の執行そのものが不可能になるという異例の事態であった。

　そこで，内閣は，参議院の緊急集会において暫定予算を議決するよう請求した。実質的には衆議院の予算先議権が侵害されているが，こうした異例の事態への対応であり，かつ，緊急集会の権能には予算の議決も含まれるため，憲法に則ったやむを得ない措置であったといえよう。ただし，第3回国会で衆議院が懸念したような事態も制度上は可能である。

　また，第2回目の緊急集会では，予算および予算関連法案が参議院の意向

---

(75)　第3回国会衆議院会議録21号（1948年11月26日）210頁。

294

により変更されて，提出された。この実例は，内閣が参議院に予算を提出する直前に修正したので，正確にいえば「予算の組替え」ではない。しかし，予算の成立が参議院の意思に左右されるという点で，議院内閣制のあり方から大きな疑念が生じよう。

小　括

　緊急集会は憲政上わずかに２例しかない。しかしながら，運用を検討することで，緊急集会は憲法学界では軽視されてきたが，実は二院制や議院内閣制のあり方の根幹にかかわる条項であることが明らかになった。筆者はこれまで憲政の運用に関する論文で重ねて主張してきたが，日本国憲法という「原作」に描かれた二院制および議院内閣制に関する立憲政策のデザインは，「強い参議院」の要素も含んでいるといえよう。

　ところで，緊急集会が開かれた「国に緊急の必要があるとき」は，先例では確かに緊急の必要はあったものの，与野党の枠を超えて広い合意を得ることが見越される突発的な緊急事態への対応[76] ではなく，政治の事情であり，直前の会期終了時にその議案を扱う必要性はあらかじめ認知できた状況であった。この意味で「緊急」といえるかどうかは疑念があろう。政局の混乱の後始末として内閣が活用すると，参議院の少数会派は当然これに反発するだろう。参議院少数会派が議事の進行の抵抗や妨害を試みる可能性もある。議長不信任決議，常任委員会や特別委員会の委員長への不信任決議や解任決議の提出もあり得る。そうすると，憲法が予定した本来の緊急集会の役割を果たすことができなくなる。衆参両院での合意が困難であるような賛否が大きく分かれる予算や法律案の議決が内閣から請求された場合も，同様の混乱が予測される。先例からはこうした事態の発生も予見されるのであるが，憲

---

(76)　加藤一彦は，衆議院議員任期満了後に総選挙が行われた場合は緊急集会が開催できないことに関連して，これまでに衆議院の任期満了にともなう総選挙が実施された例が１度と限られるものの，公職選挙法や国会法の改正を提言した（加藤・前掲注（4）88-89頁）。

第8章 「強い参議院」と緊急集会

法学ではほとんど検討されていない。あるいは，想像さえもされてこなかったというべきであろう。

　実際，2017年9月に衆議院が解散された際には，同年10月22日の第48回衆議院議員総選挙までの間に，緊迫する北朝鮮情勢をめぐり安全保障において「緊急」の事態の発生が予想された。野党は，こうした状況での衆議院の解散は政治空白をつくりだすものとして批判した。政府は，安全保障法制における国会の事後承認による対処を前提としていたようである(77)。しかし，今日の緊急事態は，軍事衝突でも自然災害でも発生後数日程度で帰趨が見えるものがほとんどである。最長70日間の国会不存在の後に新国会で事後承認をするのでは，到底，事態の進展に対応できない。したがって，参議院の緊急集会を開催する必要性は一層高まっている。場合によっては，参議院，すなわち一の議院の意思によって日本が自衛隊の対外出動に至ることも想定される。政治のテンポが速くなった今日では，緊急集会の重みは増しつつある。

---

(77)　「あす解散　選挙中の危機管理強調　北を警戒」（読売新聞2017年9月27日）。

296

第9章　まとめ

　日本国憲法の条文は，議会制を動かす原作として極めて重要であるが，憲法の条文だけではそれをどのように解釈しても，実際の運営のルールとしては不十分であった。そこで，慣習および憲法附属法の内容も勘案した，実際に議会を動かすことができるシナリオを作成する必要があった。日本の議会制は，日本国憲法という成文の原作が基礎にあるが，大日本帝国憲法当時の経験，慣習，あるいは日本国憲法下で制定された国会法などの憲法附属法によって定められた部分も多く，それに日本国憲法施行後に国会で生まれた多くの憲法慣習が加わり，これらが実際には法源となって形成されてきた。議会制を動かすシナリオは，衆参両院の議員とその職員によって，帝国議会における慣習も踏襲しながら，必要に応じてその都度つくり出され，改正された。衆議院と参議院の関係については，相当部分が日本国憲法の条文で定められているが，不明確な部分も多く，憲法附属法とともに，国会での実際の運用と経験の蓄積に委ねられたのである。

　本書の各章で見てきたように，平成年間に，衆参両院ともに国民代表議会として憲法が本来予定している性格を強めた。さらに，国会法，公職選挙法，中央省庁改革基本法，国会審議の活性化及び政治主導確立法など，さまざまな憲法附属法が制定・改正されると，そのもとで日本国憲法という原作はそのまま変わることなく，議会制や議院内閣制に関するシナリオは改められて，憲法慣習が形成されてきたといえる。今日の，憲法の条文の解釈が学界の中心的な関心である憲法学の状況からは，こうした大きな変動について，同時進行的に分析，説明，提言することはなかなか難しいと思われる。本書は，平成年間後期の議会運営の実務を憲法学の観点から見つめ直し，実証的に，日本国憲法の憲法構造に検討を加えることを主旨とした。日本国憲法の条文

297

が権力を分立し，国政を担う機関同士の相互の抑制と均衡を定めた主旨はどこにあり，それは何のためであるのか。国会に対して，財政統制をはじめ政府のコントロールや行政監視の役割がますます期待されている今日に，憲法学的に実証的な観点から国民代表議会としての参議院の役割や位置づけを見直すことは重要であろう。

1 憲法典と憲法附属法

先述のとおり，日本国憲法制定の当時の憲法学界では，憲法の条文の解釈に関心が集まった。そこでの議会制は主として，普通選挙制を基礎とする国民代表議会であること，衆議院の優位を基礎にした二院制であること，行政府に対して優位であることが強調された。しかし，実際の議会運営の基本ルールの多くは未消化のままであった。それでも，日本国憲法施行直後の1947年5月22日に第1回国会が召集され，新たに片山哲衆議院議員を内閣総理大臣に指名するところから新しい時代の国会運営が本格的に始まった。

議会制を実際に動かすためには，くりかえしになるが，原作に基づくシナリオの形成が必要となった。しかし，憲法学界は，日本国憲法における議会制に関する条項について一通りの解釈を済ませると，一部の研究者を除いて実際の展開に対する関心を薄めた。原作である日本国憲法の条文については一通りの解釈を示すが，それを実施可能なものにするためのシナリオである憲法慣習については関心が薄いという研究状況が形成された。一方，憲法慣習の研究は，議会法学および政治学という別の研究領域に位置づけられて，憲法学の研究対象の外枠に置かれたようである。憲法学はそれらの成果を学び，議会法に大きな変動があればやや遅れて取り込んで，あるいは対象とする諸外国と比較法の研究枠組みに当てはめて，憲法解釈の学説として解説するにとどまったといえよう。

こうした研究状況から，憲法典と比べればはるかにあいまいなかたちで成立する憲法慣習について，本書は日本の議会における憲法慣習を実証的に明らかにすることをめざした。

1 憲法典と憲法附属法

　まずは，近年の実態を考察するにあたり，参議院を中心に日本国憲法および憲法附属法の制定過程に立ち戻って，そもそもの日本国憲法という原作の意図を検討した。そこで，日本国憲法の審議中に，憲法附属法として国会法の制定が予定されてその内容が検討されたことに注目したところ，次の2点がうきぼりになった。第一に，二院制との関係は，憲法の制定過程では参議院は慎重審議を行う府として，衆議院を抑制する府として構想されたが，他方，国会法は衆議院を中心に検討されて，その狙いは参議院を抑制する衆議院という，衆議院が優越する二院制の構築であった。このように，日本国憲法と国会法では，憲法典と憲法附属法という密接不可分な関係にもかかわらず，参議院についてはそもそも相反する2つの性質が構想されていたことになる。実際には，参議院が少数与党になると，「強い」参議院という憲法上構想された参議院の性格が顕在化するが，衆参両院ともに与党が安定多数であれば，国会法で予定された衆議院優位の性質が顕在化する。1955年以降，後者の政治状況が30年以上続き，「弱い」参議院は衆議院のカーボンコピーといった批判が向けられたが，日本国憲法上の本来の性質は前者である。

　第二に，内閣との関係は，与党が安定多数でも少数与党でも，憲法および国会法などの憲法附属法により描出された参議院の性格により，参議院が議院としても，また議員個人としても，内閣の構成や意思決定に深くかかわる憲法慣習が形成された。内閣総理大臣の指名，法律案の議決，問責決議，国会同意人事，常任委員会のあり方，与党事前審査をめぐる参議院と衆議院および内閣との関係を検討することにより，日本国憲法の二院制や議院内閣制が「衆議院の信任を基礎とした議院内閣制」（国会内閣制）というモデルとは異なる実態であることが明らかにされた。

　70年前に，こうした相反する性質をもつ議会制および議院内閣制を描いた日本国憲法という原作は，憲法慣習というシナリオにもとづいて運用されてきた。本書は参議院少数与党の2007年期および2010年期の実例をもとに検討することで，結果的には，シナリオに盛り込まれた知恵や工夫が浮かび上がり，憲法学と議会法学の境界線のようなものが見えてきたように思われる。

第9章 まとめ

本書が今後の憲法慣習に関する研究の素材の一つとなれば幸いである。

2 憲法慣習という知恵の活用

くりかえしになるが，日本国憲法という原作，国会議員，議会関係者およ
び憲法研究者による憲法解釈と憲法附属法の解釈，それに議会の運用実例に
よる憲法慣習を統合したシナリオこそが，日本の議会制の憲法構造を形成し
ているといえよう。ここに，ごくわずかではあるが，苫米地事件（最大判昭
和35年6月8日民集14巻7号1206頁），議員提出法案不受理訴訟（最判平成11年
9月17日訟務月報46巻6号2992頁）など，最高裁判所の判決による決定を加え
ることができるだろう。

他方，憲法附属法である国会法などの法規が，ときには憲法慣習に違反す
ることがある。こうした場合，どちらが優先するのかを決めるのは，裁判所
ではなく議会自らである。最高裁判所は権力分立にもとづく司法権の限界に
より，議会の自律権に属する慣習について審査をすることができない。この
領域における「憲法の番人」は，最高裁判所ではなく衆参各院であり，裁判
官ではなく議長，議員，事務局や法制局の職員である。そこでは憲法裁判の
ような違憲か合憲かという結論に集約しきれない要素もあるだろう。たとえ
ば，憲法慣習に反すると国会内で激しく衝突しても数日後には議会運営が再
開されて正常化するという外部から見ればなんとも不思議な現象は日常茶飯
事に起きている。これは，意見が対立することはあるけれども，議会の運営
はコンセンサス方式に基づいて行われ，案件の表決は多数決方式とはいえそ
こに至るまでにはコンセンサス方式がベースになって議論するという憲法慣
習が生きていて，議会を運営するシナリオとして機能しているからである。
本書第4章で扱った両院協議会は，衆参両院の意思が異なった場合にそれを
調整してコンセンサスの形成をめざす憲法上の重要なしくみである。しかし，
コンセンサス方式は，多数決のような強制的な契機がないため，決定に時間
がかかるか，できなくなり，国政の停滞を招きかねないという批判もあろう。
2010年期のいわゆる「決められない政治」は，55年体制以降50年以上変わら

300

2 憲法慣習という知恵の活用

なかった与野党の立場が逆転したために，こうしたコンセンサス方式による合意形成がうまく機能しなかったために生じた現象といえよう。さらに近年は，政府が国会において議会軽視のような答弁をくりかえしたり，賛否が大きく分かれる法律案を強引な手法で政府・与党が通過させたり，憲法第53条に基づく衆参各院の議員からの臨時国会を召集する要求に応じなかったり，憲法第87条に基づく予備費に関する国会の事後承諾議決が得られなかったりといった多数決方式への傾斜が強まり，コンセンサス方式による合意形成を軽視した事例が拡大した。ところが，憲法違反や憲法慣習違反の手法を行った内閣を多くの国民が支持するという，既成の憲法学の考え方からは理解が困難な事象が生じた。これらの事象をどう理解すればよいか。これまでの憲法学では「政治責任」とみなされて十分に扱われなかったが，実は，ここに憲法学の重要な論点がある。

また，重要な国の最高法規が直接憲法の条文に規定されずに，憲法附属法に委ねられることもあるということは，日本国憲法は憲法附属法によって実質的に補完・増補されていることを意味する。たとえば，本書第3章で取り上げた委員会中心主義の原則は，憲法の条文の中に入れるべき重要な憲法原則であるので，これを改正するのであれば，単なる法律の改正ではなく，憲法改正と同等に扱われることが求められるであろう。法律の形式であるからといって軽々しく変更して良いものではない。議会運営に関する根本を変える場合も同様に，多数決方式で強引に改正することは控えなければならない。だからこそ，主としてコンセンサス方式で形成された議会運営の過去の実例が，不文で記憶され，あるいは先例とし記録されて，議会が守らなければならないルールとして確立している。国会法の改正という多数決方式で処理するべき事項の範囲を限定し，その時々の政権の意向によって閣法として単純多数決で改正することはできないコンセンサス方式を基礎とした議会制の基本原則を維持する知恵である。その際は，少数派の意見にも配慮し，妥協し，合意して運用することを大事にしてきた。そこで，本書はまた，平成年間後期における参議院少数与党内閣の時期の議会運営を念頭において，合意形成

や責任追及のあり方を検討し，社会が多様化し，価値観が多様化した今日ではどのような民主政のあり方がふさわしいのかという課題にも取り組んだ。

　権力の集中と分散——日本の民主政は多数派支配型か合意形成型か——といった問いかけは，憲法学や政治学の分野において熱心に行われてきたように思う。しかし，そこでは，議会制および議院内閣制を多数派支配型であると理解しようとし，政策の立案，決定，執行すべてを，衆議院を中心とした与党・政府が担うことが前提とされているのかのように見える。しかし，国民の多様な意見や利害を代表する議会は，討論を通じてさまざまな論点を明らかにし，合意を求めて妥協できるところは妥協し，少数者の意見も組み入れて調整しあうところである。議会は，公開の討議の府であり，それがあって初めて最後は決める決定の府になりうるのである。この趣旨を生かすため，コンセンサス方式が実際には表決方法のベースにあり，多用されてきた。

　コンセンサス方式は決定に時間がかかるという批判がある一方で，多数決方式の多用には「拙速」という批判がある。日本国憲法の条文（原作）が描いたのは，政権交代を前提とした議院内閣制，強い参議院を前提とした二院制であり，それを具体的にするためのシナリオでは，憲法附属法である国会法は強い衆議院を前提とした二院制の色彩を強めたが，憲法慣習では，より原作に忠実に，丁寧に議論をして最終的に決めるというコンセンサス方式による決定を重視する「国会のかたち」がデザインされてきたといえるだろう。議会とは多様な代表か多数派一強の代表か，という論争は，民意の具現を求められる国民代表議会でありながら，相反して抑制を求められてきた参議院において苦闘しながらも蓄積されてきた憲法慣習から考察し直すことも，今後の憲法学にとって重要ではないだろうか。

3　二院制を担う参議院

　臨時会の召集要求書が提出されて（憲法第53条），実際に内閣は国会を召集したものの，召集日に衆議院が解散されてその会期が1日間となり，実質的な審議が行われなかったいわゆる「冒頭解散」の例は，2017年9月末現在で

3 二院制を担う参議院

3例ある。すなわち，①参議院議員のみが1986年5月26日に要求して同年6月2日に召集された第105回国会（第2次中曽根内閣），②衆議院議員が1996年9月8日に，参議院議員が同月11日に要求して同月27日に召集された第137回国会（第1次橋本内閣），③衆参各院の議員が2017年6月22日に要求して，3か月以上経った同年9月28日に召集された第194回国会（第3次安倍第3次改造内閣）である。

参議院はこのうち①と②の際に，本会議で議席の指定のみを行って衆議院の解散にともなう国会の閉会を迎えた。③の例は，参議院が召集日に閉会中審査などを行ったことに特徴がある。9月28日，召集日に衆議院本会議が開かれる正午に先立ち，参議院は同日の10時に本会議を開いて，常任委員長の選任，特別委員会の設置および閉会中審査を行うための会期末処理を行い，その後に各委員会を開会して理事の選任などを行った。本会議休憩中に衆議院が解散され，同時に閉会となった。衆議院の解散権のあり方が問われた同解散は，国内外の政治課題が多いなかでの解散による政治空白も懸念された。「国会」としての活動は，内閣から緊急集会の開催を求められなければ行うことができない。これに対して参議院が自ら，国民代表議会として国会を担う一の議院として備えようとしたことがわかる。

いずれにせよ，生きた憲政に関する問題関心が広がり，実際の憲法慣習をふまえた今後の熟議が強く期待されるところであり，筆者も関わり続けたいと思う。

あとがき

　本書は，冒頭で述べたように，筆者がかつて参議院議長の立法調査スタッフ・議長秘書として直接に触れた実務からの関心を出発点とする。憲法慣習の豊かな素材とその機能に驚かされ，勉強になった。内閣総理大臣の指名について，衆議院議長は議長席にて投票するが，参議院議長は投票しないという衆参両院で異なる憲法慣習など，本書では十分に扱えなかった論点もある。選挙制度改革も論点の一つであったが，参議院改革協議会に専門委員会が設置されて委員間で議論されたため，後ろに退いた。

　実務に入り，それまでの大学などでの研究では得られなかった憲法の実相を知ることができた。期間は限られていたが，日本国中から当時（1911年竣工）の粋を集めてつくられた国会議事堂のなかでの仕事は，「国権の最高機関」としての位置づけやこれまで議会運営に携わってきた方々の意気込みが伝わってきて，身の引き締まる思いであった。

　法務担当の議長秘書という新しい役割をつくり，若輩の私を採用し，その時々の議会運営で生じた問題について憲法問題として理解して解説する仕事を命じられた江田五月議長，その仕事を全面的にサポートしてくださった江田五月事務所の職員および議長関係の参議院事務局の職員，迅速な資料の探索や提供を進めてくれた国立国会図書館の職員に心からの感謝を申し上げる。憲法慣習の運用を支える日本の立法補佐機関のすばらしさにも触れることができた。また，折々に憲法学，議会法学，行政法学，政治学などの専門家を議長公邸にお呼びして江田議長にご見識をご説明頂いて議論を行った。この勉強会の調整と準備も仕事の一つであったが，各学界最高水準の先生方のご意見を論点の表出時に現在進行形でお聞きできたことも有意義な経験となった。問い合わせに積極的に応じていただけた外部の研究者の方々にも協力を

305

あとがき

仰いで大量の本や論文のコピーに埋もれそうになりながら，大急ぎでメモを次々とまとめていた日々も，今ではなつかしい思い出となった。

信山社の渡辺左近氏と鳥本裕子氏には前著『女性と憲法の構造』でもお骨折りをいただいた。同書は2007年にジェンダー法学会西尾学術奨励賞（第1回）を受賞した。憲法学の立場からの実証的な研究に取り組むという研究者としては珍しいタイプの筆者をいつも励ましてくださり，今回もお世話になった。感謝に堪えない。また，本書の出版には所属大学から助成を得た。記して感謝したい。

2017年9月

大 西 祥 世

〔年表〕参議院に関連した主なできごと

国会回次	年 月 日	で き ご と
	1945年8月14日	ポツダム宣言の受諾
	1945年12月17日	改正衆議院議員選挙法の公布，女性参政権の実現
	1946年3月6日	政府，憲法改正草案要綱を発表
	1946年4月10日	第22回衆議院議員総選挙の実施，女性が初めて参政権を行使
	1946年5月3日	同選挙における第一党（日本自由党）党首である鳩山一郎の公職追放
	1946年7月4日	貴族院，第6次貴族院令により朝鮮および台湾在住者議員を除籍。女性議員の導入は見送り。
	1946年11月3日	日本国憲法の公布
	1946年12月25日	参議院議員選挙法の制定
	1947年3月19日	国会法，議院事務局法，皇室経済法，裁判所法，財政法，国会図書館法などの制定
	1947年4月25日	第23回衆議院議員総選挙の実施
	1947年4月30日	第1回参議院議員通常選挙の実施
	1947年5月3日	日本国憲法の施行
	1947年5月17日	緑風会（参議院の院内会派）の結成
1	1947年5月20日	第1回国会の開会
1	1947年5月24日	片山哲内閣の発足（社会党，民主党，国民協同党，緑風会の連立）
1	1947年6月23日	日本国憲法下における初めての国会開会式
1	1947年6月28日	衆参各院，議院規則を議決
2	1947年2月25日	国会図書館，初代館長に金森徳次郎を任命
2	1948年8月15日	議院法制局法，国立国会図書館法などの制定
2	1948年7月5日	国会法の改正（委員会中心主義の緩和）
4	1948年12月23日	内閣不信任決議案の可決，衆議院の解散（なれあい解散）
—	1949年1月23日	第24回衆議院議員総選挙（日本国憲法下で初めて）の実施
5	1949年3月30日	参議院法務委員会，浦和事件の調査報告書を議長に提出

年　表

5	1949年5月23日	参議院，予備費案件の一部（昭和22年度予備費）を不承諾（初例）
12	1949年11月18日	対日講和条約の国会承認および批准
13	1952年4月28日	対日講和条約の発効
13	1952年6月30日	参議院，参議院の審議権尊重に関する決議（会期延長とその議決をめぐる紛糾）
14	1952年7月28日	両院法規委員会の開催（最後の例）
14	1952年8月28日	衆議院の解散（抜き打ち解散。憲法第7条に基づく初めての解散）
―	1952年8月31日	参議院緊急集会の開催
15	1953年3月14日	内閣不信任決議案の可決，衆議院の解散（バカヤロー解散）
―	1953年3月18日	参議院緊急集会の開催
21	1955年1月24日	国会法の改正（会期制，両院協議会，両院法規委員会，常任委員会などの大改正）
28	1958年6月10日	参議院議院運営委員会，議事協議員選任（第100回国会まで存続）
―	1959年6月2日	第5回参議院議員通常選挙。非改選議員もあわせて与党（自民党）が参議院議員定数の過半数となる。
34	1960年6月19日	参議院，日米安保条約の承認の議案について議決に至らず，同条約は自然成立
40	1962年1月24日	参議院議院運営委員会理事会，参議院の運営に関する申合せ（会派所属議員数による常任委員長配分）
43	1963年（月日不明）	衆議院，第43回国会以後，すべての議員立法の発議の提出に「機関承認」を要求（1952年から一部導入）
48	1965年6月1日	緑風会（参議院の院内会派）の解散
82	1977年11月21日	参議院改革協議会の設置
85	1978年9月29日	参議院議院運営委員会，小会派の取り扱い（オブザーバー出席）を決定
91	1980年4月7日	国会法の改正（常任委員会を衆参両院で異なる構成に）
104	1985年1月24日	福永健司衆議院議長，国会開会式のリハーサル中のできごとを理由に辞職
104	1986年5月26日	国会法の改正（参議院に調査会を設置）
―	1989年7月23日	第15回参議院議員通常選挙。参議院少数与党内閣になる。

年　表

116	1989年12月1日	参議院，予備費案件（昭和62年度および昭和63年度一般会計予備費など）を不承諾
121	1991年8月5日	国会法の改正（常会の1月召集）
126	1993年6月18日	内閣不信任決議案の可決（13年ぶり4件目），衆議院の解散
127	1993年8月6日	衆議院，初の女性議長（土井たか子）の就任
127	1993年8月9日	細川護熙内閣の発足（38年ぶりの非自民政権。8会派の連立）
128	1994年1月29日	両院協議会で政治改革関連法の成案を得て，衆参両院の本会議で可決
129	1994年4月28日	羽田孜内閣の発足（衆議院連立少数内閣，参議院少数与党）
129	1994年6月30日	村山富市内閣の発足（46年ぶりの社会党政権。自民党，社会党，新党さきがけの連立）
―	1996年10月20日	第41回衆議院議員総選挙（小選挙区制比例代表並立制による初めての選挙）
142	1998年1月14日	参議院，押しボタン式投票による初の採決
143	1998年10月16日	参議院，防衛庁長官問責決議案の可決（大臣の問責決議可決の初例）
145	1999年7月1日	内閣官房副長官の増員（2人から3人に）
145	1999年7月30日	国会法の改正（衆参各院に憲法審査会を新設）
147	2000年4月26日	参議院議長の私的諮問機関「参議院の将来像を考える有識者懇談会」が報告書を提出
150	2000年12月6日	国会法の改正（中央省庁再編にあわせた常任委員会の改編）
160	2004年7月30日	参議院，初の女性議長（扇千景）の就任
162	2005年8月8日	衆議院の解散（郵政解散）
―	2005年9月11日	第44回衆議院議員総選挙。与党が衆議院議員定数の3分の2を超える。
―	2007年7月27日	第21回参議院議員通常選挙。野党（民主党など）が過半数になり，参議院少数与党内閣に。
167	2007年8月7日	参議院，初の野党出身議長（江田五月）および初の女性副議長（山東昭子）の就任
168	2007年11月14日	参議院，国会同意人事案件で不同意（56年ぶり）
169	2008年3月30日	衆議院，衆参両院議長のあっせんにより「つなぎ法案」を撤回
169	2008年4月8日	年金制度をはじめとする社会保障制度改革に関する両院合同会議の開催（第1回）

年 表

169	2008年5月28日	参議院，予備費案件（平成18年度一般会計予備費など）を不承諾
169	2008年6月11日	参議院，内閣総理大臣問責決議案を可決（総理大臣の問責決議可決の初例）
—	2008年9月2日	衆議院，「第7回G8下院議長会議」を議長国として開催（広島市）
171	2009年6月24日	参議院，予備費案件（平成19年度一般会計予備費など）を不承諾
—	2009年8月30日	第45回衆議院議員総選挙。野党（民主党など）が衆議院議員定数の3分の2を超える。
172	2009年9月16日	鳩山由紀夫内閣の発足（民主党，国民新党，社民党の連立）
—	2010年7月11日	第22回参議院議員通常選挙。野党（自民党など）が過半数になり参議院少数与党内閣に。
179	2011年11月2日	東京電力福島原子力発電所事故に係る両議院の議院運営委員会の合同協議会（第1回）
—	2012年12月16日	第46回衆議院議員総選挙。野党（自民党など）が衆議院議員定数の3分の2を超える。
182	2012年12月26日	第2次安倍晋三内閣の発足（自民党，公明党の連立）
—	2014年12月14日	第47回衆議院議員総選挙。与党が衆議院議員定数の3分の2を超える。
—	2016年7月10日	第23回参議院議員通常選挙。鳥取県および島根県，徳島県および高知県をそれぞれ合区。
193	2017年1月19日	衆参両院が合同で「天皇の退位等についての立法府の対応に関する全体会議」を開催（同年5月まで）
194	2017年9月28日	参議院，衆議院本会議開会の前に会期末処理
—	2017年10月22日	第48回衆議院議員総選挙。与党が衆議院議員定数の3分の2を超える。

＊参議院60周年記念事業実施委員会編『写真でみる参議院60年のあゆみ』
（参議院事務局，2007年）をもとに，大西が作成

基本参考文献

赤坂幸一「統治システムの運用の記憶」レヴァイアサン48号（2011年）65-98頁

赤坂幸一編『初期日本国憲法改正論議資料』（柏書房，2014年）

赤坂幸一＝奈良岡聰智『近藤誠二オーラルヒストリー　立法過程と議事運営』（信山社，2011年）

赤坂幸一＝奈良岡聰智『今野或男オーラルヒストリー　国会運営の裏方たち』（信山社，2011年）

赤坂幸一ほか『谷福丸オーラルヒストリー　議会政治と55年体制』（信山社，2012年）

浅井清『日本憲法講話』（巌松堂，1947年）

浅井清『国会概説』（有斐閣，1948年）

浅野一郎＝河野久編『新・国会事典（第3版）』（有斐閣，2014年）

芦部信喜『憲法と議会政』（東京大学出版会，1975年）

新正幸『憲法と立法過程』（創文社，1988年）

新正幸『立法過程と立法行為』（信山社，2017年）

網中政機「国会の構成としての二院制のあり方」名城法学60巻別冊（2010年）69-98頁

飯尾潤『日本の統治構造』（中公新書，2007年）

飯尾潤編『政権交代と政党政治』（中央公論新社，2013年）

出雲明子『公務員制度改革と政治主導』（東海大学出版部，2014年）

犬丸秀雄『日本国憲法制定の経緯』（第一法規，1989年）

今井威『議院内閣制の研究』（大学教育社，1980年）

入江俊郎『憲法成立の経緯と憲法上の諸問題』（第一法規，1976年）

岩崎美紀子『二院制議会の比較政治学』（岩波書店，2013年）

ジャスティン・ウィリアムズ「日本議会法の今昔（下）」法律タイムズ16号

基本参考文献

（1948年）10-15頁

ジャスティン・ウィリアムズ（市雄貴，星健一訳）『マッカーサーの政治改革』（朝日新聞社，1989年）

上田健介『首相権限と憲法』（成文堂，2013年）

鵜飼信成「人事院の地位・権限と憲法」公法研究1号（1949年）21-46頁

碓井光明「公共事業等予備費について」ジュリスト1169号（1999年）84-88頁

碓井光明ほか編『公法学の法と政策（下）』（有斐閣，2000年）

碓井光明『政府経費法精義』（信山社，2008年）

浦田一郎＝只野雅人編『議会の役割と憲法原理』（信山社，2008年）

江田五月「江田議長インタビュー」Kyodo Weekly 2008年2月11日号

江田五月＝江橋崇「インタビュー　参議院のこれから」ジュリスト1395号（2010年）4-21頁

大石眞『議院自律権の構造』（成文堂，1988年）

大石眞『議会法』（有斐閣，2001年）

大石眞『統治機構の憲法構想』（法律文化社，2016年）

大石眞＝大山礼子編『国会を考える』（信山社，2016年）

大石眞監修『なぜ日本型統治システムは疲弊したのか』（ミネルヴァ書房，2016年）

大石眞ほか編『各国憲法の差異と接点』（成文堂，2010年）

大島稔彦『立法学』（第一法規，2013年）

大西祥世「参議院における憲法と憲政」ジュリスト1395号（2010年）22-30頁

大西祥世「『政治的，経済的又は社会的関係において差別されない』の保障」立命館法学361号（2015年）1-50頁

大曲薫「国会法の制定と委員会制度の再編」レファレンス2010年10月号（2010年）31-46頁

大森政輔＝鎌田薫編『立法学講義補遺』（商事法務，2011年）

大山礼子『国会学入門（第2版）』（三省堂，2003年）

大山礼子『比較議会政治論』（岩波書店，2003年）

基本参考文献

大山礼子『日本の国会』（岩波新書，2011年）

岡田信弘編『二院制の比較研究』（日本評論社，2014年）

岡田信弘ほか編『憲法の基底と憲法論』（信山社，2015年）

奥村公輔『立法手続と権力分立』（信山社，2016年）

アルフレッド・C・オプラー（納谷廣美，高地茂世訳）『日本占領と法制改革』（日本評論社，1990年）

甲斐素直『財政法規と憲法原理』（八千代出版，1996年）

甲斐素直『予算・財政監督の法構造』（信山社，2001年）

加藤一彦『議会政治の憲法学』（日本評論社，2009年）

加藤一彦「両院協議会の憲法的地位論」現代法学20号（2011年）77-101頁

加藤一彦「両院関係と合意形成への方途」憲法問題22号（2011年）90-101頁

加藤一彦「参議院の緊急集会論」現代法学31号（2016年）45-91頁

川人貞史『議院内閣制』（東京大学出版会，2015年）

菅直人『大臣（増補版）』（岩波新書，2009年）

木下健『二院制論』（信山社，2015年）

木村琢麿「財政の法的統制——その限界と新たな可能性」公法研究72号（2010年）112-122頁

清宮四郎編『憲法』（青林書院，1959年）

刑部荘「両院制」国家学会雑誌60巻11号（1946年）371-406頁

憲法理論研究会編『政治変動と憲法理論』（三省堂，2011年）

河野一之『予算制度』（学陽書房，1952年）

小嶋和司『憲法と財政制度』（有斐閣，1988年）

小嶋和司『日本財政制度の比較法史研究』（信山社，1996年）

後藤致人『内奏』（中公新書，2010年）

小林直樹『立法学研究』（三省堂，1984年）

小堀眞裕『国会改造論』（文春新書，2013年）

駒村圭吾＝待鳥聡史編『「憲法改正」の比較政治学』（弘文堂，2016年）

今野彧男『国会運営の法理』（信山社，2010年）

基本参考文献

櫻井敬子『財政の法学的研究』（有斐閣，2001年）

佐々木惣一『憲法改正断想』（甲文社，1947年）

佐々木髙雄「緊急集会制度の成立過程」青山法学論集32巻3・4号（1991年）59-89頁

佐々木弘通＝宍戸常寿編『現代社会と憲法学』（弘文堂，2015年）

笹田栄司ほか『トピックからはじめる統治機構』（有斐閣，2015年）

佐藤功「解散をめぐる憲法論争──両院法規委員会における論議を中心として」法律時報24巻2号（1952年）123-134頁

佐藤功『憲法解釈の諸問題』（有斐閣，1953年）

佐藤功『憲法研究入門（下）』（日本評論社，1967年）

佐藤功『憲法（下）新版』（有斐閣，1984年）

佐藤達夫『日本国憲法成立史　第2巻』（有斐閣，1964年）

佐藤達夫＝佐藤功補訂『日本国憲法成立史　第3巻』（有斐閣，1994年）

佐藤吉弘『注解参議院規則（新版）』（参友会，1994年）

参議院事務局『平成19年版　参議院改革の経緯と実績』（2007年）

参議院の将来像を考える有識者懇談会『参議院の将来像に関する意見書』（2000年）

参議院法制局編『参議院法制局50年史』（1998年）

塩崎恭久『「国会原発事故調査委員会」立法府からの挑戦状』（東京プレスクラブ，2011年）

自治大学校編『戦後自治史Ⅲ，Ⅳ』（1960年，1961年）

清水伸『逐条日本国憲法審議録　第3巻』（原書房，1976年）

清水睦『憲法の論理と情動』（中央大学出版部，1971年）

清水唯一朗「議場の比較研究（1）日本の国会議事堂と議場」SFC研究所SPワーキングペーパー No.5（2013年）1-30頁

衆議院事務局編『逐条国会法　第1巻〜第8巻』（信山社，2010年）

衆議院＝参議院編『議会制度百年史』（大蔵省印刷局，1990年）

昭和17年4月帝国議会衆議院事務局編『議事解説』（1942年）（信山社，2011

年）

白井誠『国会法』（信山社，2013年）

杉原泰雄＝只野雅人『憲法と議会制度』（法律文化社，2007年）

鈴木隆夫『国会運営の理論』（聯合出版社，1953年）

鈴木隆夫『国会法の理念と運用』（信山社，2012年）

曽我部真裕＝赤坂幸一編『憲法改革の理念と展開　上巻』（信山社，2012年）

高野恵亮『戦後国会における議員立法』（志学社，2016年）

高橋和之『国民内閣制の理念と運用』（有斐閣，1994年）

高橋和之編『岩波講座現代の法3　政治過程と法』（岩波書店，1997年）

高橋和之『現代立憲主義の制度構想』（有斐閣，2006年）

高見勝利「『議員立法』三題」レファレンス2003年6月号（2003年）4-16頁

高見勝利『現代日本の議会政と憲法』（岩波書店，2008年）

高見勝利『政治の混迷と憲法』（岩波書店，2012年）

高見勝利編『刑部荘著作集』（慈学会出版，2008年）

高安健将「日本は議院内閣制か？」改革者2012年9月号（2012年）28-31頁

高柳賢三ほか『日本国憲法制定の過程Ⅰ，Ⅱ』（有斐閣，1972年）

竹中治堅『参議院とは何か』（中央公論新社，2010年）

竹中治堅監修，参議院総務委員会調査室編『議会用語事典』（学陽書房，2009年）

只野雅人『代表における等質性と多様性』（信山社，2017年）

橘幸信「『一事不再議の原則』考」千葉大学法学論集14巻2号（1999年）103-158頁

橘幸信「議員立法から見た『ねじれ国会』・雑感」ジュリスト1367号（2008年）80-87頁

田中信一郎『国会質問制度の研究』（日本出版ネットワーク，2012年）

田中嘉彦「日本国憲法制定過程における二院制諸案」レファレンス2004年12月号（2004年）25-48頁

寺光忠『国会の運営』（刑務協会，1947年）

基本参考文献

土井真一ほか編『岩波講座憲法 4　変容する統治システム』(岩波書店,
　2007年)

内藤一成『貴族院』(同成社, 2008年)

中島誠『立法学 (第 3 版)』(法律文化社, 2014年)

中村睦男 = 前田英昭編『立法過程の研究』(信山社, 1997年)

中村哲『国会』(要書房, 1952年)

成田憲彦「参議院の位置づけ」都市問題2013年 5 月号 (2013年) 42-49頁

西沢哲四郎「国会法立案過程における GHQ との関係」http://www.ndl.
　go.jp/constitution/shiryo/05/002_39/002_39tx.html

西原博史編『立法学のフロンティア 2　立法システムの再構築』(ナカニシ
　ヤ出版, 2014年)

日本財政法学会編『決算制度』(学陽書房, 1993年)

日本財政法学会編『財政法の基本課題』(勁草書房, 2005年)

野島禎一郎編『緑風会十八年史』(緑風会史編纂委員会, 1971年)

野中尚人 = 青木遥『政策会議と討論なき国会』(朝日新聞出版, 2016年)

長谷部恭男『憲法の理性 (増補新装版)』(東京大学出版会, 2016年)

原秀成『日本国憲法制定の系譜Ⅲ』(日本評論社, 2006年)

原田一明『議会制度』(信山社, 1997年)

原田一明「『ねじれ』国会と両院関係」横浜国際経済法学17巻 3 号 (2009
　年) 159-192頁

原田一明「議会の調査・監督機能」公法研究72号 (2010年) 151-164頁

平井平治『予算決算制度要論』(双珠社, 1948年)

平野貞夫『平野貞夫・衆議院事務局日記第 1 巻〜第 3 巻』(信山社, 2013年)

福元健太郎『日本の国会政治』(東京大学出版会, 2000年)

福元健太郎『立法の制度と過程』(木鐸社, 2007年)

法学協会編『註解日本国憲法　中巻下巻』(有斐閣, 1948年)

法学協会編『註解日本国憲法　下巻 (1) (2)』(有斐閣, 1953年)

前田英昭『国会の立法活動』(信山社, 1999年)

基本参考文献

前田英昭『戦間期における議会改革』（成文堂，2008年）

蒔田純『立法補佐機関の制度と機能』（晃洋書房，2013年）

待鳥聡史『代表制民主主義』（中公新書，2015年）

松浦淳介『分裂議会の政治学』（木鐸社，2017年）

松澤浩一『議会法』（ぎょうせい，1987年）

松澤浩一「国会法改正の史的概観（1）〜（3）」議会政治研究15号（1990
　年）28-33頁，同16号（1990年）33-42頁，同17号（1991年）26-39頁

松澤浩一「立憲政治と責任（上）（中）（下）」議会政治研究60号（2001年）
　46-50頁，61号（2002年）59-68頁，62号（2002年）67-76頁

松下圭一『国会内閣制の基礎理論』（岩波書店，2009年）

美濃部達吉『議会制度論』（日本評論社，1946年）

宮沢俊義『新憲法と国会』（国立書院，1948年）

宮沢俊義＝芦部信喜『全訂日本国憲法』（日本評論社，1978年）

向大野新治『衆議院』（東信堂，2002年）

棟居快行「二院制の意義ならびに参議院の独自性：国会の憲法上の位置付け
　から見た論点整理」レファレンス2015年4月号（2015年）1-19頁

村瀬信一『帝国議会』（講談社，2015年）

村西良太『執政機関としての議会』（有斐閣，2011年）

毛利透『統治構造の憲法論』（岩波書店，2014年）

森本昭夫「衆議院流と参議院流」立法と調査311号（2010年）109-129頁

森本昭夫「両院協議会改革の難航」立法と調査374号（2016年）169-179頁

森本昭夫「国会の議事運営についての理事会協議——多数決と全会一致の間
　合い——」立法と調査388号（2017年）79-98頁

安西文雄ほか『憲法学の現代的論点（第2版）』（有斐閣，2009年）

山崎広道編『法と政策をめぐる現代的変容』（成文堂，2010年）

山元一「グローバル化と政治的リーダーシップ」ジュリスト1378号（2009
　年）92-103頁

吉田栄司『憲法的責任追及制論Ⅰ』（関西大学出版会，2010年）

事 項 索 引

〈あ 行〉

アメリカ型　　55, 220, 231

委員会中心主義　　31, 33-, 63, 84-, 220, 276

イギリス型　　55, 220, 231

一院制　　18-, 119, 210, 215, 230, 273

一事不再議　　96-, 229, 248

ウェストミンスター型　　65, 211, 219, 260

おことば　　51

〈か 行〉

開院式　　45-48

開会式　　45-, 57, 307

会期制　　40-, 275

会期不継続の原則　　220

会計検査院　　201, 204-, 254-255

解散権　　129, 303

会　派　　28, 37-, 59-60, 73-75, 84, 93, 123, 237, 293

閣議決定　　66, 178

閣　法　　2, 56, 63-65, 67, 83, 103

可否同数　　59, 94, 117

官邸主導　　8

官僚主導　　72

議案（本会議および委員会の）　　2, 7, 35, 59, 64-, 96, 202, 220, 227-228, 264

議案（両院協議会の）　　117-118, 125, 138-

議院運営委員会　　7, 43-44, 73, 79-80, 89-90, 92-, 236, 250-252

議院運営委員会理事会　　7, 74, 81, 94, 108-110, 132

議院運営委員会両院合同代表者会議　　132-

議院事務局　　32, 60, 73

議院規則　　32, 59, 69, 80, 85, 96, 106, 122, 277, 307

議院内閣制　　4, 7-8, 27-28, 55, 61, 65, 68-69, 85, 152, 156-, 163, 207-, 284, 288-

議院法　　29-30, 38, 75, 116

議院法制局　　62, 105

議員立法　　2, 61-62, 64, 73-, 102-105, 228-229, 283

議会運営　　7, 28, 55-, 93, 220, 228-229

機関承認　　73-, 308

議事運営　　7, 55, 69, 74, 87, 89, 91-96, 106-, 219-220

貴族院　　18-19, 38, 46-48, 116-118, 150-151

議　長　　37-38, 42-43, 46-51, 55-, 76, 79, 81, 123, 129, 133, 229, 237-239, 277-278

決めすぎる政治　　10

決められない政治　　10, 225

協議委員（両院協議会の）　　117, 123-, 126-128, 133-137, 289

緊急集会（参議院の）　　31, 238, 261-, 308

均衡本質説　　163, 211

警告決議　　109-110

決　算　　201-

決算審査　　109, 246

原案（議案の）　　103

検査官（会計検査院の）　　132, 240, 243-246, 250-251, 254-256

319

事項索引

憲法慣習　　1, 7, 34, 47, 53-, 106-, 128,
　150, 209, 252, 267, 288
憲法附属法　　1, 24, 29-, 54-55, 57, 217
権力分立　　5, 67, 72, 74, 253
合意形成型　　→コンセンサス
皇室会議　　57-58
合同審査会　　67, 113, 130-
国政選挙　　2-3, 182
国政調査権　　38, 82, 91, 131, 220
国民代表議会　　11, 17-, 58, 63, 113,
　212-216, 288
国民内閣制　　8, 69, 72, 162-164, 234,
　258
国務大臣　　71-72, 112, 137, 149-150,
　157, 165, 236
国立国会図書館　　60-, 93, 236, 307
55年体制　　11, 125, 233-
国会対策委員会　　92-, 115
国会内閣制　　159, 161, 258-259
国会法　　29-, 40, 55, 106, 121-, 219
　-220, 236, 275
国会法の改正　　35, 62, 64, 78, 83, 94,
　307-309
国会法の改正（1955年の）　　33, 43, 62,
　78, 88, 101, 123, 129, 273, 283, 285,
　287-, 308
コンセンサス（方式）　　5-, 28, 57, 66,
　77-, 91

〈さ　行〉

再可決　　10, 64, 97, 120-121, 134-135,
　219
最高裁判所　　39, 75-76, 82, 266
最高裁判所長官　　58
財政国会中心主義　　180, 188, 192, 195,
　202
財政民主主義　　111, 185, 192, 203

「参議院議員枠」（国務大臣の）　　71
参議院少数与党　　9-10, 63-64, 127-,
　138, 155-, 163, 215, 233
GHQ草案　　19-20, 39, 175, 189, 230
GHQ民政局　　19-20, 165, 175, 274
指揮監督権　　65
事項別　　34-35, 78-81
施政方針演説　　45, 72, 112
事前審査（制）　　57, 65
事務次官等会議　　66, 72
衆議院の優越　　111, 122, 152, 162-, 216-
　219, 224, 232-233, 244-246
修正案　　102-, 117-118, 283
常　会　　41-42, 45, 178, 201
少数意見報告　　88-89
少数派　　41, 56, 91, 295
少数内閣　　15, 217
常置委員会　　30-31, 274-276
証人喚問　　83, 91-92
常任委員会　　30-37, 59-63, 77-, 130,
　139, 276
　　──の専門員，調査員　　61-62
条約（の承認，不承認）　　125-127
所信表明演説　　112-113, 172
人事官（人事院の）　　132, 240, 245, 250-
　251, 255
「慎重審議の府」　　26-, 218
信任決議　　165-
政権交代　　3, 10-11, 226
政治主導　　8, 72
政治責任　　75, 156-, 174, 195, 204
政　党　　7, 28, 37-38, 70, 95, 237
責任本質説　　163, 211
全会一致　　→コンセンサス
先　例　　32, 61, 75, 106-, 194, 247, 267
総合調整権　　8
族議員　　66, 78, 83

事項索引

措置要求決議　110

〈た 行〉

対 案　102-, 283
多数決　5-, 77, 90, 95
多数派支配型　6
中間報告　84-86
調査会（参議院の）　35-36, 83, 308
つなぎ法案　228-229, 309
「強い参議院」　126, 217, 232-235, 261-
帝国議会　33, 37, 45-49, 94, 116-,
　152, 279
天 皇　40, 45-51, 55-57, 236, 278
天皇の優諚　151
同意人事（国会の）　93, 110, 132, 219,
　235-, 283-284, 309
党議拘束　65, 137
党首討論　72, 113, 258
特定予備費　183-187, 191-192
特別委員会　30-31, 59, 93, 270-271
特別会　41-42, 180, 284-285, 291
独立行政委員会　240-, 249

〈な 行〉

内閣総理大臣　8, 56, 58, 72, 150, 153
　-156, 262, 277-279
内閣総理大臣の指名　3, 57, 70-71,
　111, 125, 158, 211, 246, 283-284
内閣提出法案　80, 104-105, 134, 221
内閣不信任決議　158, 164, 307-309
二院制　18-, 99-, 106, 128, 149-, 196,
　210, 212-215, 224, 263, 288
2007年期　57, 63, 68, 76, 78, 92, 104,
　108-, 133-134, 154-156, 163, 208, 225,
　227, 250, 253-254
2010年期　10, 63, 111, 133-134, 155-
　156, 163, 208, 225

日本銀行総裁　132, 242, 246-248, 250-
　251, 255
「ねじれ」国会　→参議院少数与党

〈は 行〉

派 閥　70
日切れ法案　228, 269-271
不承諾　180, 193-, 308-310
付託（議案の）　31, 34-35, 67, 78-, 84-86,
　93, 104, 117
不同意（人事案件の）　242-
分担管理原則　66
閉会中審査　31, 220, 274, 303
法的責任　156-
法令違憲判決　76-
補正予算　182, 189-
本会議中心主義　31

〈ま 行〉

みなし否決　104-105, 123, 134-135,
　224, 227-, 289
民 意　8-9, 163
問責決議　71, 149-, 211, 309-310

〈や 行〉

野 党　4, 9, 44, 56, 63-65, 69, 73, 85
　-86, 91, 103, 218
予算（の否決）　126-127
予算関連法案　64, 75, 83, 222, 283
予算の組替え　270
予算法規範説　195
予備費　174-, 219, 308-310

〈ら 行〉

「立法府の長」　207
立法補佐機関　63
「理の府」　28-29, 213

事項索引

両院協議会　　97, 110-111, 116-, 133-,
　167, 198, 205, 211, 216-217, 221, 223,
　243-244, 256, 289, 309
両院協議会規程　　122
両院合同会議　　130-, 309
両院法規委員会　　34, 128-, 308
両議院　　159, 196, 243-
「良識の府」　　28

緑風会　　28-29, 214, 307-308
臨時会　　41-42, 180, 275
臨時会の召集（内閣への要求）　　253,
　302
連合審査会　　79-80
連帯責任　　158, 253, 292
連立内閣　　9-, 208
「60日ルール」　　228

322

〈著者紹介〉

大西 祥世（おおにし・さちよ）

2005年	法政大学大学院社会科学研究科法律学専攻博士後期課程修了。博士（法学）。
同　年	政策担当秘書資格取得
2006年	財団法人地方自治総合研究所特別研究員
2007年	参議院江田五月議長立法調査スタッフ
2008年	椙山女学園大学現代マネジメント学部講師
2009年	参議院江田五月議長政策担当秘書
2010年	参議院事務局参事（議長秘書）
2011年	内閣府政策調査員
2012年	内閣府事務官
2014年	立命館大学法学部教授（現在に至る）

主要著書

『女性と憲法の構造』（信山社，2006年），「国連・企業・政府の協働による国際人権保障」国際人権27号（2016年），「『政治的，経済的又は社会的関係において，差別されない』の保障」立命館法学355号（2015年）等。

参議院と議院内閣制　　　　立命館大学法学叢書第20号

2017年（平成29年）11月25日　初版第1刷発行

著　者　大　西　祥　世
発行者　今　井　　　貴
　　　　渡　辺　左　近
発行所　信山社出版株式会社

（〒113-0033）東京都文京区本郷6-2-9-102
TEL 03（3818）1019
FAX 03（3818）0344

Printed in Japan　　　印刷・製本／亜細亜印刷・牧製本

Ⓒ大西祥世，2017．
ISBN978-4-7972-2453-5 C3332